国家社科基金重大项目“以中国式现代化推进中华民族伟大复兴研究”（22ZDA022）阶段性成果

广东省人民政协理论研究会资助项目

RENMIN ZHENGXIE XIESHANG MINZHU
LILUN YU SHIJIAN

人民政协协商民主
理论与实践

伍俊斌　郭丽兰◎主编

伍俊斌　郭丽兰　刘龑君　文小勇　李鹏　詹扬扬　尹胜　孙馨团团◎著

人民出版社

目　录

第一章　新时代人民政协理论的发展和创新

党的二十大报告指出："发挥人民政协作为专门协商机构作用，加强制度化、规范化、程序化等功能建设，提高深度协商互动、意见充分表达、广泛凝聚共识水平，完善人民政协民主监督和委员联系界别群众制度机制。"①伟大时代呼唤伟大思想，伟大思想引领伟大时代。习近平新时代中国特色社会主义思想，是新的历史条件下中国共产党治国理政的行动纲领，是实现中华民族伟大复兴中国梦的行动指南。党的十八大以来，以习近平同志为核心的党中央站在新时代，高屋建瓴，从治国理政的战略高度对人民政协理论提出了一系列新思想新观点，使人民政协理论在思想上和顶层制度安排上有了重大突破，赋予了人民政协的性质、地位、作用等以新的时代内涵。认真总结和研究习近平总书记对发展党的人民政协理论作出的原创性贡献，对新形势下做好政协工作具有重要的理论和现实意义。

第一节　新时代人民政协协商民主内涵的新论断

人民政协协商民主是我国社会主义民主政治的特有形式和独特优

① 习近平：《高举中国特色社会主义伟大旗帜　为全面建设社会主义现代化国家而团结奋斗——在中国共产党第二十次全国代表大会上的报告》，人民出版社 2022 年版，第 38—39 页。

势,党的十八大以来,习近平总书记关于社会主义协商民主的重要论述,对协商民主的基本内涵进行了明确规定,对协商过程中的关键因素、参与主体、协商内容、协商环节以及协商目标进行了集中阐释,深刻体现了党中央对于协商民主建设发展问题给予高度重视,也为各级各界开展协商民主提供了重要理论依据。

一、我国社会主义民主政治的特有形式和独特优势

人民政协协商民主是我国社会主义民主政治的特有形式和独特优势,它不仅是建立在中华民族深厚文化积累的基础上,而且是建立在中国共产党领导人民进行长期革命、建设和改革的实践基础上,建立在不同党派、不同团体、不同民族、不同阶层对中国政治制度的凝聚和创造上,建立在中国共产党领导人民不断寻求政治体制的创新上的民主形式。概而言之,它有着深厚的文化基础、理论基础、实践基础以及制度基础。

社会主义协商民主是我国人民民主的重要形式。社会主义协商民主不仅是发扬社会主义民主的重要途径,而且是构建社会主义和谐社会的重要条件,更是提高党的执政能力的重要环节。中国特色社会主义协商民主是以多元主体就共同关心或利益相关的问题,通过公平而有序的协商,形成各方都能够接受的方案,创造有序的民主政治形式。

虽然西方也有协商民主理论,但是它同我国社会主义协商民主,尤其是人民政协协商民主有着巨大的差别,我们不能把社会主义协商民主看作是西方协商民主的舶来品。虽然西方协商民主在理论上取得了一定成绩,但是中国特色社会主义协商民主作为一种制度形态却有着长期而丰富的实践基础和理论基础。尤其是作为中国特色社会主义协商民主重要形式的人民政协协商民主,它植根于中国国情,具有十分重要的中国特色和独特优势。

习近平总书记在《庆祝中国人民政治协商会议成立 65 周年大会上的讲话》中明确指出:"协商民主深深嵌入了中国社会主义民主政治全过程。中国社会主义协商民主,既坚持了中国共产党的领导,又发挥了各方

面的积极作用;既坚持了人民主体地位,又贯彻了民主集中制的领导制度和组织原则;既坚持了人民民主的原则,又贯彻了团结和谐的要求。所以说,中国社会主义协商民主丰富了民主的形式、拓展了民主的渠道、加深了民主的内涵。"①由此可见,中国协商民主长期以来一直嵌入中国的民主政治过程和历史文化之中,有着自己独特的内涵。习近平总书记指出:"协商民主是中国社会主义民主政治中独特的、独有的、独到的民主形式,它源自中华民族长期形成的天下为公、兼容并蓄、求同存异等优秀政治文化,源自近代以后中国政治发展的现实进程,源自中国共产党领导人民进行革命、建设、改革的长期实践,源自新中国成立后各党派、各团体、各民族、各阶层、各界人士在政治制度上共同实现的伟大创造,源自改革开放以来中国在政治体制上的不断创新,具有深厚的文化基础、理论基础、实践基础、制度基础。"②显然,这种民主是在中国共产党的领导之下,始终围绕国家的改革、发展、稳定等一系列重大问题以及有关群众切身利益的政治、经济、文化、社会等问题,在决策之前和决策实施之中要与人民群众广泛协商,最终达成统一共识的民主表现形式。这种民主始终把人民群众放在首位,坚持人民群众利益至上,"坚持以人民为中心"的发展理念和价值追求。有力回应了新时代利益格局的变化和价值多元化,以及新时代社会主要矛盾发生的变化,充分发挥我国社会主义民主政治的独特优势。中国协商民主深深嵌入了中国社会主义民主政治全过程,既坚持了中国共产党的领导,又发挥了各方面的积极作用;既坚持了人民主体地位,又贯彻了民主集中制的领导制度和组织原则;既坚持了人民民主的原则,又贯彻了团结和谐的要求。

二、社会主义协商民主的主要内容

党的十八大以来,习近平总书记关于新时代中国特色社会主义协商

① 习近平:《在庆祝中国人民政治协商会议成立65周年大会上的讲话》,人民出版社2014年版,第15—16页。

② 习近平:《在庆祝中国人民政治协商会议成立65周年大会上的讲话》,人民出版社2014年版,第15页。

民主的重要论述,将协商民主领域从政治协商延伸到社会协商,涵盖了政党协商、人大协商、政府协商、政协协商、人民团体协商和基层协商、社会组织协商等渠道,形成了程序合理、环节完整的社会主义协商民主体系。

(一)坚持党的领导、人民当家作主和依法治国的有机统一

习近平总书记指出:"坚持党的领导、人民当家作主、依法治国有机统一是社会主义政治发展的必然要求。"①因此,在建设新时代中国特色社会主义协商民主的过程中,一是要牢牢坚持党的领导,因为坚持党的领导,是建设新时代中国特色社会主义协商民主最根本的前提,是发展新时代中国特色社会主义协商民主最重要的优势;二是要始终坚持人民当家作主,因为中国的历史是由人民创造的,中国的命运是由人民把握的,中国的未来是由人民谱写的;三是要坚定不移地坚持依法治国,因为法律具有巨大的效力和强制的约束力,依法治国具有保障国家安全有序、保障国家健康发展的关键作用。三者的有机统一不仅是新时代中国特色社会主义协商民主建设发展的必然要求和根本准则,而且也是中国民主政治的突出特点和显著优势。

(二)坚持以人民为中心的价值取向

习近平总书记十分强调以人民为中心发展思想的重要性,强调国家所有大政方针必须围绕人民群众来拟定,一切工作部署必须围绕人民群众的切身利益来展开。协商民主也不例外,必须紧紧依靠人民、服务人民,把各项政策部署落实到保障人民切身利益的工作实处。

协商民主在坚持和贯彻以人民为中心的价值取向的过程中,必须切实保证人民群众始终享有并充分享有民主权利。如果人民只享有投票权,而没有广泛参与、持续参与、充分参与等权利,那么这样的民主就是形式上的民主,不符合我国社会主义民主建设原则和发展目标。因此,在发

① 习近平:《决胜全面建成小康社会 夺取新时代中国特色社会主义伟大胜利——在中国共产党第十九次全国代表大会上的报告》,人民出版社2017年版,第22页。

展协商民主过程中，必须时刻以保证人民根本利益为核心，始终把人民放在心中最高位置，使人民群众始终充分享有选举、决策、管理、监督以及持续参与日常政治生活等权利。

（三）坚持协商于决策之前和决策实施之中

针对协商环节问题，习近平总书记指出，“要协商于决策之前和决策之中”①。因此，在建设社会主义协商民主的过程中必须要真协商，必须坚持在决策之前进行协商。在决策之前进行广泛协商，才能够集思广益，获得协商的最优解，使后续工作得以高效进行。此外，在建设新时代中国特色社会主义协商民主的过程中，要实现真协商，还必须坚持在决策实施过程中开展协商。这不仅可以实时验证决策的效果、把握工作的效率，而且有利于发现决策和工作过程中存在的问题，以便及时对决策和工作出现的问题进行调整和优化，保证决策的可行性和工作的实效性。

第二节　新时代人民政协性质定位的新阐述

人民政协的性质定位问题，也就是关于人民政协是一个什么性质、履行什么职能、发挥什么作用的组织机构的问题。对人民政协而言，这个问题是一个带有根本性的重大问题。准确把握人民政协的性质定位，不仅是做好人民政协工作的关键，也是发展协商民主的前提。

一、新时代关于人民政协性质定位的新阐述

习近平总书记在中央政协工作会议暨庆祝中国人民政治协商会议成立70周年大会上的讲话中指出：“人民政协作为统一战线的组织、多党合作和政治协商的机构、人民民主的重要实现形式，是社会主义协商民主的重要渠道和专门协商机构，是国家治理体系的重要组成部分，是具有中

① 习近平：《在庆祝中国人民政治协商会议成立65周年大会上的讲话》，人民出版社2014年版，第19页。

国特色的制度安排。人民政协要坚持性质定位,坚定不移走中国特色社会主义政治发展道路。"[①]这一鲜明的性质定位,科学回答了我们要建设什么样的人民政协的时代课题,为新时代人民政协更好发挥职能作用指明了方向、提供了遵循。

习近平总书记关于人民政协性质定位的新阐述,主要体现在以下三个方面:

(一)强调人民政协章程中对人民政协性质的明确规定

人民政协章程中对人民政协性质的明确规定,也就是"三个是",即人民政协是统一战线的组织,是多党合作和政治协商的机构,是人民民主的重要实现形式,"体现了中国特色社会主义制度的鲜明特点"[②]。

(二)强调人民政协是社会主义协商民主的重要渠道

人民政协是"集协商、监督、参与、合作于一体,是社会主义协商民主的重要渠道"[③],并以宪法、政协章程和相关政策为依据,以中国共产党领导的多党合作和政治协商制度为保障。

(三)强调人民政协属于"专门协商机构"

从国家政治制度层面来看,人民政协是中国共产党领导的多党合作和政治协商制度的重要机构,从人民政协本身来看,人民政协的性质、职能是各党派团体和各族各界人士围绕国家政治、经济、文化、社会等各个方面的问题以及有关统一战线重要问题进行协商的专门机构。要发挥好人民政协专门协商机构作用,把协商民主贯穿履行职能全过程,坚持发扬民主和增进团结相互贯通、建言资政和凝聚共识双向发力,积极围绕贯彻落实党和国家重要决策部署情况开展民主监督。

习近平总书记对以上三个层面都作了进一步的阐述,是党的十八大

① 习近平:《在中央政协工作会议暨庆祝中国人民政治协商会议成立70周年大会上的讲话》,人民出版社2019年版,第4页。

② 习近平:《在庆祝中国人民政治协商会议成立65周年大会上的讲话》,人民出版社2014年版,第5页。

③ 习近平:《在庆祝中国人民政治协商会议成立65周年大会上的讲话》,人民出版社2014年版,第8页。

以来对人民政协性质的标志性定性。

人民政协是从中国民主政治土壤中生长起来的,其性质定位的不断丰富和发展,有着浓厚的中国特色。人民政协是我国最大的爱国统一战线组织,是建立在党派联盟基础上的党派性组织。毛泽东同志早在1950年就指出,人民政协不仅是人民团体,而且是党派的协商机关,是党派性的机关。关于人民政协不是权力机关的论述,邓小平同志在1980年修订政协章程时也强调指出,不要把政协搞成权力机构,政协可以讨论,提出批评意见,它不同于人大。

二、准确把握新时代人民政协的性质定位

(一)从新的历史起点的维度来把握

中国特色社会主义进入新时代,中共中央对人民政协工作作出一系列重大部署。人民政协认真贯彻习近平新时代中国特色社会主义思想,坚持人民政协性质定位,紧扣统筹推进"五位一体"总体布局、协调推进"四个全面"战略布局,积极投身实现"两个一百年"奋斗目标、实现中华民族伟大复兴中国梦的伟大实践,开拓了自身工作新局面,推动自身建设上到了一个新高度。人民政协必须把握新时代新使命,以强化统一战线组织功能汇聚实现中华民族伟大复兴中国梦的磅礴力量,以推动人民政协制度更加成熟更加定型彰显中国特色社会主义制度的优越性和先进性,以发挥专门协商机构在国家治理体系中的重要作用展现社会主义协商民主的独特优势,为实现新时代党的历史使命凝心聚力。

(二)从社会主义民主政治发展的本质要求的维度来把握

社会主义民主政治发展的本质要求是人民当家作主。保证人民当家作主,要求我们治国理政时在人民内部各方面进行广泛协商。协商民主是党领导人民有效治理国家、保证人民当家作主的重要制度设计,同选举民主相互补充、相得益彰。人民政协在协商中促进广泛团结、推进多党合作、实践人民民主,既秉承历史传统,又反映时代特征,充分体现了我国社会主义民主有事多商量、遇事多商量、做事多商量的特点和优势。作为

“人民民主的重要实现形式”,人民政协必须正确把握好新的性质定位,切实将协商理念寓于履职全过程、贯穿于开展工作各方面,找到全社会意愿和要求的最大公约数这个人民民主的真谛,更加有序地推进国家民主政治向着更加完善的方向发展。

(三)从国家治理体系与治理能力现代化这个维度来把握

党的十九届四中全会作出坚持和完善中国特色社会主义和推进国家治理体系和治理能力现代化若干重大问题的决定,这里的现代化也包括现代性政治的一系列基本特征,比如权力有限、大众参与、法治政府等。人民政协是实现国家治理体系和治理能力现代化的重要组成部分,发挥人民政协作用是实现国家治理体系和治理能力现代化的重要途径。人民政协界别众多、联系广泛,可以畅通民意表达渠道,更好听取各界群众的意见和建议;人民政协有求同存异、体谅包容的优势,可以协调关系、化解矛盾、理顺情绪,增进社会各阶层和不同利益群体的和谐。

人民政协是党领导的政治组织和民主形式,是国家治理体系的重要组成部分,是具有中国特色的制度安排。从国家治理体系和治理能力现代化这个维度上准确把握好性质定位,人民政协要以改革思维、创新理念、务实举措大力推进履职能力建设,充分发表意见、坦诚深入交流,广纳群言、广谋良策、广聚共识,努力在推进国家治理体系和治理能力现代化的进程中发挥更大作用,促进党和政府民主决策和人民当家作主。

第三节　新时代人民政协履职原则和能力建设的新观点

习近平总书记明确提出人民政协是国家治理体系的重要组成部分,深刻阐明了加强人民政协履职能力建设的重要性和紧迫性。中国特色社会主义进入新时代,赋予人民政协以新的职责和使命,为人民政协更好发挥作用提供了广阔的舞台。人民政协要担负起时代赋予的历史重任,必须着力加强自身履职能力建设。

一、提高人民政协履职能力的现代化水平

习近平总书记高度重视人民政协履职能力建设，在庆祝人民政协成立65周年大会上指出："人民政协是国家治理体系的重要组成部分，要适应全面深化改革的要求，以改革思维、创新理念、务实举措大力推进履职能力建设，努力在推进国家治理体系和治理能力现代化中发挥更大作用"①。他还殷切寄语，"希望人民政协继承光荣传统，提高履职能力现代化水平，为实现'两个一百年'奋斗目标、实现中华民族伟大复兴的中国梦作出新的更大贡献"。②

党的十八届三中全会提出的"全面深化改革的总目标"和习近平总书记的讲话，提出了两个重要命题：一是人民政协在推进国家治理体系和治理能力现代化中如何发挥更大的作用；二是如何提升人民政协履职能力的现代化水平。把握这两个重要命题的关键，在于深化对"国家治理体系和治理能力现代化"的认识，深化对"人民政协是国家治理体系的重要组成部分"的认识。习近平总书记强调："国家治理体系和治理能力是一个国家的制度和制度执行能力的集中体现"③。在党的十九届四中全会上作出的《坚持和完善中国特色社会主义制度、推进国家治理体系和治理能力现代化若干重大问题的决议》中，更是从国家治理体系和治理能力现代化的角度，明确提出坚持和完善中国共产党领导的多党合作和政治协商制度。"发挥人民政协作为政治组织和民主形式的效能，提高政治协商、民主监督、参政议政水平，更好凝聚共识。完善人民政协专门协商机构制度，丰富协商形式，健全协商规则，优化界别设置，健全发扬民主和增进团结相互贯通、建言资政和凝聚共识双向发力的程序机制。"④

① 习近平：《在庆祝中国人民政治协商会议成立65周年大会上的讲话》，人民出版社2014年版，第10页。

② 习近平：《在庆祝中国人民政治协商会议成立65周年大会上的讲话》，人民出版社2014年版，第6页。

③ 习近平：《切实把思想统一到党的十八届三中全会精神上来》，《求是》2014年第1期。

④ 《中共中央关于坚持和完善中国特色社会主义制度、推进国家治理体系和治理能力现代化若干重大问题的决议》，人民出版社2019年版，第11页。

立足这一论断,国家治理体系的现代化主要是制度体系的现代化,要求中国特色社会主义制度更加成熟更加定型,有一整套更完备、更稳定、更管用的制度体系;而国家治理能力的现代化主要是制度执行能力的现代化,要求党、国家机构和社会建立与制度体系相匹配、相适应的执行能力。当然,将二者作这样的区分是相对的。治理体系中有对能力的要求,治理能力中也有对制度的要求。如果把整个国家比作一个复杂的机械系统,要让这个机械系统安全、有序、高效地运转,首先要有一套科学、完善、好用的操作规程。这套规程作为一个体系而存在,既包括整体的规范要求,也包括对系统各组成部分和环节具体的规范要求;既包括横向协调的规范要求,也包括纵向贯通的规范要求。操作规程的生命在于执行,这就要求操作者具备相应的能力,能够熟练掌握、高效执行各项规程,进而使系统整体的功能得到充分发挥。规程的科学性与执行的准确性同等重要。规程不科学,执行中就容易出现交叉重叠、职能缺失、程序混乱、推诿扯皮的情况,以致效率低下、资源浪费、反应迟钝,甚至还会引发"安全事故";规程再科学,如果没有能力执行或者执行不到位,也只是"一纸空文",规程对于机械系统的价值就体现不出来。从某种意义上来说,也可以理解为"知"和"行"的关系。现代化的国家治理,必须要追求知行合一的崇高境界。这不是对少数人的要求,而是对国家机器运转的整体要求。

二、发挥人民政协在国家治理体系和治理能力现代化中的作用

就我国而言,国家治理体系主要是指党领导人民治理国家的制度体系,包括根本政治制度、基本政治制度、基本经济制度、中国特色社会主义法律体系,以及经济、政治、文化、社会、生态文明建设和党的建设等各领域的体制机制。这是一整套相互衔接、相互联系的制度体系。国家治理能力则是指运用制度体系管理国家和社会各方面事务的能力,包括治党治国治军、促进改革发展稳定、维护国家安全利益、应对重大突发事件、处理各种复杂国际事务等方面的能力。治理体系与治理能力二者之间是相辅相成、密不可分的。一方面,治理体系是治理能力形成的基础,治理能

力的提升有赖于治理体系的建构；另一方面，治理能力彰显治理体系的功能，治理能力强大是治理体系完备的表现，只有不断提升治理能力才能充分发挥治理体系的效能。

人民政协作为国家治理体系的重要组成部分，具有深厚的制度基础、价值基础、理论基础和实践基础。

第一，从法理上来看，《宪法》规定，“中国共产党领导的多党合作和政治协商制度是我国的一项基本政治制度，将长期存在和发展。”①人民政协是中国人民爱国统一战线的组织，中国共产党领导的多党合作和政治协商的重要机构，我国政治生活中发扬社会主义民主的重要形式，作为特殊的政治设计和制度安排，属于国家治理体系的重要组成部分。

第二，从制度价值来看，国家治理体系的现代化，其核心要求是公共治理的法治化、公权力运行的规范化和人民民主的健全化。因此，必然要求拓展社会主义民主的深度与广度，推动科学决策民主决策，保障公民有序政治参与，实现国家权力与公民权利的协调互动，追求多元主体利益的合理协调和社会的和谐稳定。人民政协以宪法、政协章程和相关政策为依据，以中国共产党领导的多党合作和政治协商制度为保障，集协商、监督、参与、合作于一体，是社会主义协商民主的重要渠道和专门协商机构，契合国家治理现代化的价值需求。

第三，从治理主体来看，“多元共治、广泛参与”是现代国家治理的内在要求，体现着现代政治文明的先进理念。人民政协作为最具广泛的代表性和最大政治包容性的组织，与国家权力系统之外的各种社会组织和力量有着广泛而密切的联系，是联系国家权力体制外各种社会力量的重要制度化平台，在国家与社会，政府与民间，行政体制内与行政体制外的互动中，起到联系、协同各类资源的枢纽作用，有利于形成“多元共治”的国家治理格局。

第四，从发展实践来看，人民政协植根于中国历史文化，产生于近代

① 《中华人民共和国宪法》，人民出版社2018年版，第6页。

以后中国人民革命的伟大斗争,发展于中国特色社会主义光辉实践,具有鲜明中国特色,是实现国家富强、民族振兴、人民幸福的重要力量。作为独特的制度设计,人民政协从其诞生之日起,就植根于一个核心取向,即团结和吸纳执政党系统之外和国家权力系统之外的政治力量和社会力量,从而扩大执政党执政的政治基础和国家权力的社会基础。这一核心取向,既符合政党政治逻辑,也符合国家治理逻辑。综上所述,人民政协履职能力现代化是与国家治理体系和治理能力现代化相匹配和相适应的,是国家治理逻辑在我国民主政治建设和人民政协协商民主建设中的具体体现和运用。作为国家治理体系的重要组成部分,人民政协只有不断提高自身履职能力,才能在党和国家大局中发挥更大作用。要实现"从各层次各领域扩大公民有序政治参与,充分发挥我国社会主义政治制度优越性"的目标,使"各方面制度更加成熟更加定型,国家治理体系和治理能力现代化取得重大进展",人民政协责无旁贷。应紧紧围绕这个总目标,切实把改革创新精神贯穿到履行职能的各方面和全过程,进一步改进履职方式、提高履职能力、增强履职实效,着力推进履职能力现代化建设,努力在党和国家事业发展中发挥更大作用。

第四节　新时代做好人民政协工作的新要求

人民政协作为具有鲜明中国特色的制度设计和政治组织,在发展社会主义民主政治和加强社会主义协商民主建设中肩负着特殊的重要使命。习近平总书记科学总结人民政协的历史经验,明确了做好人民政协工作必须遵循的原则。在中国共产党的坚强领导和各民主党派的团结合作下,人民政协在其发展进程中创造了辉煌的历史,积累了弥足珍贵的经验。这些经验既是我们宝贵的精神财富,也为新时代做好人民政协工作确立了重要原则。有原则作遵循,才能方向不偏;有路径为依托,才能步伐不乱;有能力可承担,才能行稳致远。

一、新时代做好人民政协工作的根本遵循

习近平总书记在中央政协工作会议暨庆祝中国人民政治协商会议成立70周年大会上提出了新时代加强和改进人民政协工作的总体要求。他指出:"以新时代中国特色社会主义思想为指导,增强'四个意识'、坚定'四个自信'、做到'两个维护',把坚持和发展中国特色社会主义作为巩固共同思想政治基础的主轴,把服务实现'两个一百年'奋斗目标作为工作主线,把加强思想政治引领、广泛凝聚共识作为中心环节,坚持团结和民主两大主题,提高政治协商、民主监督、参政议政水平,更好凝聚共识,担负起把党中央决策部署和对人民政协工作要求落实下去、把海内外中华儿女智慧和力量凝聚起来的政治责任,为决胜全面建成小康社会、进而全面建设社会主义现代化强国作出贡献。"①

新时代加强和改进人民政协工作的总体要求,从战略和全局的高度,深刻阐述了新时代人民政协的前进方向。总体目标中既包含了工作的"主轴"、"主线"和"中心环节"这三个关键点,也包括了工作的主题、措施和成效的整体要求,是新时代加强和改进人民政协工作的总纲领。沿着这个总体要求,人民政协承担起新时代肩负的使命担当,努力开拓有为政协的工作局面,以扎实的工作成效谱写人民政协事业发展新篇章,在新的历史起点上把人民政协事业继续推向前进。

二、新时代做好人民政协工作的目标路径

推进协商民主广泛多层制度化发展,充分发挥人民政协作为协商民主重要渠道作用。重点推进政治协商、民主监督、参政议政制度化、规范化、程序化。习近平总书记强调:"必须构建程序合理、环节完整的社会主义协商民主体系,确保协商民主有制可依、有规可守、有章可循、有序可遵。"②由

① 习近平:《在中央政协工作会议暨庆祝中国人民政治协商会议成立70周年大会上的讲话》,人民出版社2019年版,第7页。

② 习近平:《在庆祝中国人民政治协商会议成立65周年大会上的讲话》,人民出版社2014年版,第19页。

此可见,推进人民政协履职能力现代化建设,要以工作的改革创新推动制度的发展完善,进而构建高效运转的有机系统。通过拓展协商内容、丰富协商形式、规范协商程序、增加协商密度、提高协商成效,推进政治协商、民主监督、参政议政制度化、规范化、程序化,进而构建程序合理、环节完整的人民政协协商民主体系,使人民政协事业发展实现有制可依、有规可守、有章可循、有序可遵。

三、新时代做好人民政协工作的能力要求

发展人民政协事业,离不开政协委员主体作用的充分发挥,离不开各级政协组织的高效运转,离不开广大政协干部能力素质的锻炼提高。应该立足不同层面、不同角度,有针对性地提出相应的能力要求。

(一)对政协委员的能力要求

习近平总书记向政协委员提出了"懂政协、会协商、善议政"和"守纪律、讲规矩、重品行"的期望和要求。这十八个字思想深邃、内涵丰富、通俗易懂、意味深长。要做到"懂政协、会协商、善议政",就要不断提高履职能力,摒弃"零碎的想法、一般的观感、笼统的表态",及时了解现实情况,摸清真实情况,找准存在问题,做到建言建在需要时、议政议到点子上、监督监在关键处。要做到"守纪律、讲规矩、重品行",就要不断锤炼道德品行,自觉践行社会主义核心价值观,充分发挥在政协工作中的主体作用、在本职工作中的带头作用、在界别群众中的代表作用。

(二)对政协组织的能力要求

习近平总书记强调,人民政协要着重提高政治把握能力、调查研究能力、联系群众能力、合作共事能力,这是对人民政协各级组织的要求和希望,也是四项重要原则的具体化。这四项能力相互联系,融会贯通。政治把握能力在调查研究、联系群众、合作共事中得以体现,调查研究能力在联系群众、合作共事中得以提升。提高政治把握能力要保持理论上的清醒和政治上的坚定,始终坚持党对人民政协的领导不动摇,坚持人民政协的性质定位不含糊。提高调查研究能力要掌握政策、吃透上情,深入群

众、吃透下情，找准问题，建议中肯。提高联系群众与合作共事能力，就要积极发扬社会主义民主，不断促进大团结大联合。

（三）对政协干部的能力要求

长期以来，随着人民政协工作实践的深入发展，对政协干部“五个模范”要求不断得以明确，也即：合作共事的模范、发扬民主的模范、求真务实的模范、廉洁奉公的模范和密切联系群众的模范。“五个模范”体现了人民政协的性质定位，既有对机关工作的一般要求，也体现了政协机关与其他机关的不同之处，具有鲜明的政协特点。

上述三个层面的能力要求相互融通，这是必然的。因为三者都不是孤立存在的，也不是单独发挥作用的。政协委员主体作用的发挥有赖于政协组织搭建的履职平台和提供的服务保障，而机关干部的能力是政协组织能力的具体体现。

人民政协在新时代如何实现履职能力现代化，在战略层面上，已经有了理论指引和文件指导；从实践层面看，全国和各级地方政协组织从不同层面开展了许多创新探索，积累了新鲜宝贵经验。但从坚持问题导向的角度，从“推动协商民主广泛多层制度化发展”的角度来看，仍需付出长期艰苦的努力。既需要理论上的不断发展、完善和成熟，也需要思想认识上的不断深化；既需要制度上的日臻完善，也需要对制度的执行更加深入和彻底。

第一，思想和认识的现代化。人民政协履职能力现代化首先要确立现代化的思想和认识，需要与之相适应的现代思维理念。这其中既包括对人民政协性质定位和职能作用的认识，对政协事业特点和规律的认识，也包括对履职能力现代化自身的认识。一是要从实践和执行的角度认识履职能力现代化。履职能力现代化是一个理论命题，更是一个重大的实践命题。推动履职能力现代化，关键是要把习近平总书记关于人民政协的系列重要讲话和重要指示落到实处。要根据习近平总书记指示精神和中央文件要求，结合自身实际，制定具体实施办法，使中央的精神和要求转化为工作的创新发展，转化为服务人民群众的具体行动，转化为服务党和国家大局的现实力量。二是要以动态和发展的眼光认识履职能力现代化。物质的运动是永恒的,静止是相对的。现代化是一个复杂的系统概念,是一个动态的概念,是一个不断发展和完善的过程,不是静止的。不能说工作的创新发展就是履职能力的现代化,也不能说到某一个具体的时间点上就完全实现了现代化,就不需要再发展了。某一项具体能力可以通过短期努力得以提升,但改革发展中各种新问题的出现,决定了各项事业的发展都不会一蹴而就,人民政协履职能力现代化建设也必然是一个动态的历史的过程。因此,要把人民政协履职能力现代化放到社会主义现代化建设的全局和全过程中去认识、去推动、去检验。三是要以系统和全局的思维认识履职能力现代化。习近平总书记强调:"社会主义协商民主,应该是实实在在的、而不是做样子的,应该是全方位的、而不是局限在某个方面的,应该是全国上上下下都要做的、而不是局限在某一级的"。① 现代化是一个系统集成的概念。不能说某一层级、某一地区的政协工作做得相对比较好,就是履职能力现代化;也不能说人民政协的某一项职能得到了较好的发挥,就是履职能力现代化。需要各项职能都能更加自如、更加充分的发挥,更强调整体的水平和质量。四是要以开放和比较的态度认识履职能力现代化。社会主义协商民主,是我国社会主义民主政治的特有形式和独特优势。人民政协作为中国特色社会主义协商民主的重要渠道和专门协商机构,其履职能力的现代化最终要能体现出特有形式和独特优势,体现出相对西方政治发展模式的优越性。习近平总书记指出,协商民主的优势体现在广泛达成决策和工作的最大共识,广泛畅通各种利益要求和诉求进入决策程序的渠道,广泛形成发现和改正失误和错误的机制,广泛形成人民群众参与各层次管理和治理的机制,广泛凝聚全社会推进改革发展的智慧和力量。② 这在根本上体现的是社会主

① 习近平:《在庆祝中国人民政治协商会议成立 65 周年大会上的讲话》,人民出版社 2014 年版,第 19 页。

② 参见习近平:《在庆祝中国人民政治协商会议成立 65 周年大会上的讲话》,人民出版社 2014 年版,第 17—18 页。

义制度的优越性，体现的是中国特色社会主义道路的优越性。

第二，制度和体系的现代化。1981 年，邓小平同志在指导宪法修订时提出："为了保障人民民主，必须加强法制。必须使民主制度化、法律化，使这种制度和法律不因领导人的改变而改变，不因领导人的看法和注意力的改变而改变。"[①]2014 年 2 月 17 日，习近平同志在省部级主要领导干部学习贯彻十八届三中全会精神全面深化改革专题研讨班开班式上发表重要讲话强调，"今天，摆在我们面前的一项重大历史任务，就是推动中国特色社会主义制度更加成熟更加定型，为党和国家事业发展、为人民幸福安康、为社会和谐稳定、为国家长治久安提供一整套更完备、更稳定、更管用的制度体系"。[②] 推进人民政协履职能力现代化建设，需要充分发挥人的主观能动性，但要尽量克服随意性和主观臆断，有赖于建立健全"管长远"的制度机制。一是建立健全人民政协事业发展的制度机制，不仅要让文件"落地"，还要生根、开花、结果。人民政协协商民主要实现广泛多层制度化发展，必须要有制度机制的保障，铺设好制度机制的"轨道"。随着中央关于政协各种文件的出台，人民政协协商民主在顶层设计上已经有了依据和遵循。当前的一项重要任务是从制度机制层面对推进人民政协协商民主加以细化、具体化，增强制度的约束力和可操作性。二是提高不同层级政协组织工作的协同性，努力克服"边际效应递减"的问题。一个科学完善的系统应该是各个组成部分相互联动、整体配合的。"全国政协组织是一家"，各级政协组织之间在履职中的协同能力，是制度执行能力的重要体现。政协章程规定，"中国人民政治协商会议全国委员会对地方委员会的关系和地方委员会对下级地方委员会的关系是指导关系"，这是由人民政协的性质定位决定的。全国政协对地方政协的指导关系主要体现在政治方向、履职原则、工作思路和联系协作等方面。以系统建设的高度推进人民政协履职能力现代化建设，就要充分尊重

① 《邓小平文选》第二卷，人民出版社 1994 年版，第 146 页。
② 《习近平谈治国理政》第一卷，人民出版社 2018 年版，第 104—105 页。

人民群众的首创精神,充分尊重基层政协组织的实践探索。同时,要加强工作联系和指导,帮助基层弥补能力短板,畅通履职能力建设的"最后一公里"。

第三,能力和素质的现代化。推进人民政协履职能力现代化建设,离不开党委政府的重视和支持,离不开社会各界的广泛参与,做到"懂政协、会协商、善议政"。一是准确把握人民政协的性质定位,以此为纲,才能"壹引其纲,万目皆张"。《中国人民政治协商会议章程》中有几个关键词和关键立意:人民政协是中国人民爱国统一战线组织,是中国共产党领导的多党合作和政治协商的重要机构,不是权力机关、立法机关,也不是决策机构;人民政协是我国政治生活中发扬社会主义民主的重要形式,团结和民主是政协的两大主题;民主监督主要是通过提意见建议和批评进行,要反映所联系方面及人士的意见和要求,等等。二是从严践行共同的价值观,才能汇聚起强大的正能量。政协委员共同的价值观,在植根于社会主义核心价值观的基础上,应充分体现政协的特点,包括:遵守《中华人民共和国宪法》《中国人民政治协商会议章程》,坚持和完善中国共产党领导的多党合作和政治协商制度;围绕党和国家的中心工作、大政方针、重要决策和人民群众普遍关心的问题,履行政治协商、民主监督、参政议政职能;发挥人民政协作为国家治理体系重要组成部分的作用,为推动中国特色社会主义制度更加成熟更加定型服务;为贯彻"五位一体"总体布局和"四个全面"战略布局,贯彻创新、协调、绿色、开放、共享的发展理念作出新贡献,等等。三是自觉恪守履行职责的制度、程序和规范。政协委员履行职责,离不开制度规则的保障和支撑。《中国人民政治协商会议章程》《政协全国委员会委员履职工作规则》《加强和改进调研工作实施办法》《提案办理协商办法》《专门委员会通则》《委员视察考察工作条例》《反映社情民意工作条例》等规章制度,形成了较为完善的政协工作和政协委员履职的制度体系、程序规定和规范要求,每个委员都应受其约束,并自觉遵守。四是始终坚持政协特有的话语体系和表达方式,以此为本,才能彰显特色优势。政协委员由有关方面协商产生,由各方面代表性人士组成。长期以来，在特定的社会语境中，形成了自身独特的话语体系和表达方式。政协委员不仅要能说、敢说、会说，而且要说得好、说得准、说得对。在语言风格上，观点鲜明而不尖酸刻薄，分析深刻而不偏激极端，问题抓得准而不失之片面，措施针对性强而不失之琐碎，以所见可以占未发，睹小节足以知大体。在具体要求上，有科学态度、理性精神、道义担当和家国情怀，有进言社会并参与公共事务的自觉，有传递民意民声、汇聚真知灼见，立意为公、执言为民的胸襟。

新时代下推进人民政协履职能力现代化建设，非一朝一夕之事，需要多措并举、持续用力、日积月累、久久为功。在思想和认识的现代化、制度和体系的现代化、能力和素质的现代化基础之上，还应该加强统战职能，更好发挥人民政协作为统一战线组织的作用；加强理论研究，更好地指导实践活动的开展；加强新闻传播，提高信息化建设水平，增强公众和媒介对政协的了解和认知；加强环境建设，为委员履职创造良好的社会生态；加强服务保障，提高服务和保障履职的能力水平。认识没有止境，推动人民政协履职能力现代化建设的实践探索也是没有止境的。

第二章　培育适应时代需要的中国特色协商文化

习近平总书记在中央政协工作会议暨庆祝中国人民政治协商会议成立70周年大会上的讲话中指出，"人民政协是中国共产党把马克思列宁主义统一战线理论、政党理论、民主政治理论同中国实际相结合的伟大成果，是中国共产党领导各民主党派、无党派人士、人民团体和各族各界人士在政治制度上进行的伟大创造。"①以人民政协文化为核心的中国特色协商文化植根于中国优秀传统文化，产生于近代中国人民革命的伟大斗争，发展于中国特色社会主义光辉实践，具有鲜明中国特色，是实现国家富强、民族振兴、人民幸福的重要力量。正如阿尔蒙德所说，"一个稳定的、有效的民主政府的发展，不仅仅依赖于政府和政治的结构，它依赖于人们对政治程序的取向，依赖于政治文化。"②中国特色协商文化扎根于中国优秀传统文化土壤，历经新民主主义革命、社会主义改造、社会主义建设时期的发展，形成了具有中国特色社会主义协商文化。

① 习近平：《在中央政协工作会议暨庆祝中国人民政治协商会议成立70周年大会上的讲话》，人民出版社2019年版，第2页。

② [美]加布里埃尔·A.阿尔蒙德、西德尼·维巴：《公民文化——五国的政治态度和民主》，马殿玉、阎华江等译，浙江人民出版社1989年版，第586页。

第一节　中国特色协商文化的传统根基

优秀传统文化是中华民族生存发展的不竭源泉，是华夏儿女团结奋进的共同精神家园。中国特色协商文化植根于中华民族的深厚文化土壤，基于文化自觉的中国特色协商文化离不开对中华优秀传统文化的继承和发展。习近平在庆祝中国人民政治协商会议成立65周年大会上的讲话指出："协商民主是中国社会主义民主政治中独特的、独有的、独到的民主形式，……具有深厚的文化基础、理论基础、实践基础、制度基础。"①

一、"和合理念"是传统协商的文化根基

"和合"文化构成了中国传统协商文化的理论源泉。"和合"文化体现了协商文化在人们心理层面的内化，形成了中国传统协商文化的心理支撑。《尚书》《周礼》《国语》作为中国传统经典文化的重要著作，里面蕴含了很多贵合执中、以和为贵的思想。"和而不同""和实生物""同则不继""以他平他"，通过协商交流，解决困境，最终使社会达到和谐的状态。

天人合一是传统和合思想对天人关系，人与自然关系的认识。世界是一个有机联系的整体，人是自然界的一部分，人与自然应和谐相处。孔子强调，"和为贵""君子和而不同"②，孟子指出，"天时不如地利，地利不如人和"③，天人合一既是传统和合思想中对人与自然关系的认识，也是和合思想中人与人关系的认识论基础。而人与人关系的和合，包括和而不同的原则、以和为贵的价值取向以及己所不欲勿施于人的自律等，是和

① 习近平：《在庆祝中国人民政治协商会议成立65周年大会上的讲话》，人民出版社2014年版，第15页。

② 《论语·子路》，陈晓芬译注，中华书局2016年版，第177页。

③ 《孟子·公孙丑下》，万丽华等译注，中华书局2016年版，第76页。

合思想的主要内容。儒家强调,“公事不私议”,“公议”是引导协商实践的原则。通过协商,分歧得以展示、宽容和接纳,于是,便实现了“道”。兼容并蓄、求同存异的和合思想蕴含协商文化。从“和合”的视域出发,强调在承认事物多样性的基础上,实现不同因素间的平衡与互补,寻求共赢,蕴含着丰富的协商民主因子,承认多样性、强调平衡性、蕴含互惠性,是中国社会主义协商民主“合作、共识”诉求的源头。习近平总书记在全国政协十三届一次会议民盟、致公党、无党派人士、侨联界委员联组会上的讲话中指出,中国共产党领导的多党合作和政治协商制度不仅符合当代中国实际,而且符合中华民族一贯倡导的天下为公、兼容并蓄、求同存异等优秀传统文化,是对人类政治文明的重大贡献。① 尊重差异,包容多样,是人民政协文化的重要特征,也是人民政协的文化气度。

二、“民本思想”是传统协商的政治基础

在人民与国家之间的关系上,肯定民众在国家形成、发展中的地位与作用,认为民众是国家的基础、政治的根本,在社会生活、国家政治中具有基础性、决定性作用,通过协商交流,切实维护百姓利益,解决百姓遇到的难题。《尚书》的“民为邦本,本固邦宁”②,孔子的“节用而爱人,使民以时”③,孟子的“民为贵,社稷次之,君为轻”④,荀子的“君者,舟也;庶人者,水也。水则载舟,水则覆舟”⑤,表达都是立君为民、君的命运取决于民的向背。民惟邦本,上天立君为民,安定民生以使人民获得生存所必须的条件,就是国家的基本职能,君主的基本责任,也即所谓德惟善政,政在养民。

---

① 《习近平在看望参加政协会议的民盟致公党无党派人士侨联界委员时强调　坚持与党合作发展社会主义民主政治　为决胜全面建成小康社会而团结奋斗》,《人民日报》2018年3月5日。

② 《尚书译注》,李民、王健译注,上海古籍出版社2004年版,第93页。

③ 《论语·学而》,陈晓芬译注,中华书局2016年版,第3页。

④ 《孟子·尽心下》,万丽华、蓝旭译注,中华书局2016年版,第325页。

⑤ 《荀子·王制》,安小兰译注,中华书局2016年版,第81页。

民本思想提醒统治者时刻以民为本、与民协商，注重听取人民的意见和建议，提醒统治者时刻保持与老百姓之间的亲疏关系，约束统治者的政治统治行为。民本思想是统治者实行统治的政治根基，是统治者实现与民协商的基础和保障。统治者必须倾听人民的意见，表达人民的声音，并服务于人民。协商是不可缺少的，它是制衡专制、避免政治决策失误并促成有利于人民的政策的手段。如盛行于汉代的“三老”问政制度，就建立了一条民意的上达通道、民众与国家间的信息交流通道。从主体关系来说，民本与民主存在着本质区别，但在实际运行中，民本重视公众利益、强调政治需要协商、主张政治需要监督，起着重要的协商作用。

三、“中和之道”是传统协商的价值原则

“中庸之为德也，其至矣乎”①，“过犹不及”，《中庸》充分肯定“中也者，天下之大本也；和也者，天下之达道也。致中和，天地位焉，万物育焉。”②把“中和”视为天地万物良序运行的法则，强调坚持适度原则，避免片面与极端，以“致中和”，途径是秉承“中道”，通过把握恰当的度，为协商过程中具体处理好“多”和“一”的关系，使个体与社会、自我与他者的关系保持平衡。通过包容与吸纳各方利益诉求、克制与妥协形成基本共识以达到平衡的作法，为协商议事的运行提供了方法原则。③

四、“大同”是传统协商的理想目标

大同思想中蕴含着协商文化内涵，反映了人们对美好生活和理想社会制度的高度向往，是中国传统社会对理想社会的一种预想。《礼记·礼运》中提出“大道之行也，与三代之英，丘未之逮也，而有志焉。大道之行也，天下为公，选贤与能，讲信修睦”④。孙中山先生把“天下为公”作

---

① 《论语·雍也篇》，陈晓芬译注，中华书局2016年版，第74页。

② 《中庸》，王国轩译注，中华书局2016年版，第56页。

③ 参见江泽林：《协商文化的“根”“源”与创造性转化》，《中国政协》2019年第23期。

④ 《礼记·礼运》，胡平生、陈美兰译注，中华书局2016年版，第127页。

为大同世界的核心思想，他指出，“民生主义就是社会主义，又名共产主义，即是大同主义。”①“大同”思想强调集体责任感、文化差异性、文化包容性，使得每个人都有机会表达自己的利益和愿望，有选择议题和控制议题的平等权利。“天下为公”思想主张“天下”为天下人共有、共享、共治，推崇“选贤与能，讲信修睦”，协商民主在运作过程中，以整体利益、国家和民族大义为己任，倡导在公与私、义与利的关系中公而忘私、重义轻利，主张公众参与，强调人人平等、团结和谐、互利共赢，这与协商民主强调公共利益，尊重协商主体权利和地位等原则是一致的。

“天人合一”的思维方式、“天下为公”的责任意识、“贵和执中、以和为贵”的处世方式、“和而不同、兼收并蓄”的价值追求，中国传统协商文化固定化为一套政治制度，进而使参与协商上升为政治参与者的一种伦理义务和人格精神。中国古代的协商议政方式多样，既包括在政权体制内君对民的“咨询”、君臣之间“朝议”、言官“谏议”等形式，也包括在政权体制外的士人“清议”、基层“乡议”等形式。这些制度形式成为传统协商文化的载体，并逐步走向成熟。② 中国传统协商文化强调道德在公共协商中的核心地位和作用发挥，促进对抗性治理模式向协商性治理模式发展。无论是天人合一、民本意识、大同社会，传统协商文化的特点在于重“群”、重整体、重“大同”。中国特色社会主义协商民主绝不是西方的舶来品，而是在继承和创新中国传统文化基础上形成与发展的。社会主义协商民主是中国共产党在中国传统文化和制度基础上进行的伟大创造，既传承了传统协商文化的精华，又实现了对传统协商文化的超越。

① 《孙中山选集》，人民出版社 1956 年版，第 802 页。
② 参见江泽林：《协商文化的“根”“源”与创造性转化》，《中国政协》2019 年第 23 期。

第二节　中国特色协商文化的形成发展

马克思主义对中国传统协商文化进行了充分改造和提炼，激活了中国传统协商文化中蕴含的活力，使其重新焕发了生命力。中国特色协商文化在充分政治协商中初现雏形。从中国共产党一大、二大的内部科学决策开始，到国共第一次合作时期统一战线的广泛建立，抗日战争时期敌后战场建立的抗日民主政权所依据的“三三制”原则，以及群众路线的形成，再到后来的“五一口号”，新中国成立后第一次中国人民政治协商会议的成功召开，《中国人民政治协商会议共同纲领》的颁布，直至中国共产党领导的多党合作和政治协商制度的建立。协商民主得益于“群众路线”与“统一战线”两大革命文化要素的共同催生，而此二者也正是中国共产党政治优势的两大重要方面。①

一、中国特色协商文化发展的两大理论基石

群众路线是中国特色社会主义协商民主的灵魂，是中国共产党注重基层声音、密切联系人民群众的最直接体现，它是我们党注重同基层人民进行协商的重要途径和方式。中国共产党对协商民主的基本定性是，“协商民主是中国共产党的群众路线在政治领域的重要体现。”②中国共产党领导的协商民主，其根基在广大人民群众，群众路线自然成为协商民主的重要条件和基石。群众路线推动了中国特色社会主义协商民主主体的培育，加强了协商民主的社会基础。作为协商主体的人民群众是否具有积极主动参与社会公共事务的意识和热情，是否能够自觉按照规则和程序进行协商，同时在协商过程中是否尊重别人的参与权和自由表达的权利，一句话，是否既具有协商意识，又具有协商能力，直接

① 参见夏澍耘：《社会主义协商民主的文化生成》，《红旗文稿》2016年第6期。

② 《习近平谈治国理政》第二卷，外文出版社2017年版，第294页。

关系到协商民主的发展。

统一战线是团结一切可以团结的力量,争取一切可以争取的同盟者的重要法宝。统一战线体现了党对中国特色社会主义协商文化不断追求的重要标志。统一战线各方承认彼此之间的差异性、对立性,尊重对方的相异性和独特性,但更注重在自由讨论、平等对话基础上寻找共识,统一战线成员基于共同利益而确立的共同目标和要求。《中国共产党章程》明确提出,"进一步发展和壮大由全体社会主义劳动者、社会主义事业的建设者、拥护社会主义的爱国者、拥护祖国统一和致力于中华民族伟大复兴的爱国者组成的最广泛的爱国统一战线。"①在不同的历史时期,统一战线有不同的历史任务、不同的表现形式,但无论哪个历史时期,都是强调通过有效的协商和协调机制,在照顾各方利益的基础上形成广泛的共识,以调动一切积极因素完成各阶段的历史任务。统一战线是协商民主的实施平台。社会主义协商民主包括政治协商、基层协商以及社会协商等多种方式。统一战线就是政治协商的重要平台,统一战线组织及其牵涉的广阔领域是协商民主实践的重要领域。"统一战线是多党合作和政治协商制度的政治基础和理论基础,而多党合作和政治协商制度是统一战线的组织形式与制度形式"。②

二、中国特色协商文化的发展历程

1922 年,中国共产党第二次全国代表大会通过《关于"民主的联合战线"的议决案》,号召联合全国一切革命党派,联合资产阶级民主派,组织民主的联合战线。国共合作时期,"共商"得以延续,国共两党以政治协商的方式解决国事的良好愿望和积极探索,推进了国民革命的迅速发展。延安时期,中国共产党在抗日根据地实行"三三制"的政权组织形式,并建立了广泛的人民监督机制,创建了全新的人民民主实现

① 《中国共产党党章》,人民出版社 2017 年版,第 16 页。

② 张庆黎:《坚持和完善中国共产党领导的多党合作和政治协商制度》,《人民日报》2019 年 11 月 25 日。

方式，也成为我国协商民主的雏形。"三三制"原则是中国共产党第一次运用协商民主形式来组织建立抗日民主政权的重要依据。各根据地的抗日民主政权都奉行了"三三制"的组织和施政原则，在政权机构中共产党员占三分之一，非党的左派进步分子占三分之一，不左不右的中间派占三分之一，保证了抗日民族统一战线的性质，同时也为日后的政权组织确立了基点。依据"三三制"原则建立的抗日民主政权最大程度调动了人民抗战的积极性和参与性。中国共产党进行了初步的协商民主实践，并对其中的"民主商量""民主合作"等经验进行了总结，如毛泽东同志指出，共产党员必须倾听党外人士的意见与要求，并将之反映到党内及工作部门内，而党及工作部门的领导人，则有责任将这些意见和要求，"适时地列入议事日程，加以讨论及解决"，①"三三制"政权特点之一就是，"要各方协商，一致协议，取得共同纲领，以作为施政的方针"。② 这一实践，具备了构成多样、主体平等、目标明确、遇事协商的组织特点，是后来形成的民主联合政府与多党政治协商的雏形。

中国共产党领导的多党合作和政治协商制度的形成标志着中国协商民主进入了新的发展阶段，表明了协商民主作为制度形式最终确立形成。毛泽东同志在《论联合政府》中提出，"中国现阶段的历史将形成中国现阶段的制度，在一个长时期中，将产生一个对于我们是完全必要和完全合理同时又区别于俄国国家制度的特殊形态，即几个民主阶级联盟的新民主主义的国家形态和政权形态。"③1949 年 9 月，中国人民政治协商会议在北平召开。它代行国家权力机关的职权，讨论通过了具有临时宪法性质的《中国人民政治协商会议共同纲领》等历史性文件。第一届人民政协会议的召开标志着中共领导的国家层面协商民主制度的正式确立，同时也是国家层面协商民主实践的正式开始。"人民政协全国委员会，便

① 《毛泽东文集》第二卷，人民出版社 1993 年版，第 395 页。
② 《周恩来选集》（上卷），人民出版社 1980 年版，第 253 页。
③ 《毛泽东选集》第三卷，人民出版社 1991 年版，第 1062 页。

是同中央人民政府协议事情的机构。一切大政方针,都先要经过全国委员会协议,然后建议政府施行。”①这表明了人民政协既是统一战线的制度载体,又是协商民主发挥作用的议事平台。1989 年中央发布《关于坚持和完善中国共产党领导的多党合作和政治协商制度的意见》中明确提出,中国共产党领导的多党合作和政治协商制度是我国一项基本政治制度。② 1995 年中共中央转发的《政协全国委员会关于政治协商、民主监督、参政议政的规定》中,对人民政协的作用进行了深入分析,将其与发扬社会主义民主联系在一起,指出以人民政协为平台的协商民主是与选举民主同时存在的民主形式。2007《中国的政党制度》白皮书中确认了“选举民主”和“协商民主”的概念,并强调“选举民主”和“协商民主”相结合,是中国特色社会主义民主的一大特点。随后,党和国家领导人在不同场合都论述引用过社会主义协商民主的概念,认为通过充分协商可以增进社会共识,对发展社会主义民主政治,坚持和发展中国特色社会主义都有着积极意义。

党的十八大报告明确把“健全社会主义协商民主制度”作为全面深化改革时期政治体制改革的重要任务之一,并鲜明指出“社会主义协商民主是我国人民民主的重要形式”,并对如何健全社会主义“协商民主制度”进行了规划和部署,这一制度要求“推进协商民主广泛、多层、制度化发展。……就经济社会发展重大问题和涉及群众切身利益的实际问题广泛协商,广纳群言、广集民智,增进共识、增强合力。”③党的十八届三中全会《关于全面深化改革若干重大问题决定》更是将协商民主提升到更高的层次,将协商民主的发展纳入到新的议程中,“协商民主是我国社会主义民主政治的特有形式和独特优势”④,推动协商民主广泛、多

① 《建党以来重要文献选编(1921—1949)》第 26 卷,中央文献出版社 2011 年版,第 700 页。
② 《关于加强社会主义协商民主建设的意见》,人民出版社 2015 年版,第 2 页。
③ 《坚定不移沿着中国特色社会主义道路前进　为全面建成小康社会而奋斗—在中国共产党第十八次全国代表大会上的报告》,人民出版社 2012 年版,第 26 页。
④ 《中国共产党第十八届中央委员会第三次全体会议文件汇编》,人民出版社 2013 年版,第 104 页。

层、制度化发展，将协商民主作为新时期全面深化改革的重要内容，建设具有中国特色的社会主义协商民主。2015年中央印发《关于加强社会主义协商民主建设的意见》中指出，"协商民主是在中国共产党领导下，人民内部各方面围绕改革发展稳定重大问题和涉及群众切身利益的实际问题，在决策之前和决策之中开展广泛协商，努力形成共识的重要民主形式。"

党的十九大报告指出，发挥社会主义协商民主的重要作用。有事好商量，众人的事情由众人商量，是人民民主的真谛。协商民主是实现党的领导的重要方式，是我国社会主义民主政治的特有形式和独特优势。要推动协商民主广泛、多层、制度化发展，统筹推进政党协商、人大协商、政府协商、政协协商、人民团体协商、基层协商以及社会组织协商。党的十九届四中全会的《坚持和完善中国特色社会主义制度　推进国家治理体系治理能力现代化若干重大问题的决定》指出，坚持和完善中国共产党领导的多党合作和政治协商制度。坚持社会主义协商民主的独特优势，构建程序合理、环节完整的协商民主体系，完善协商于决策之前和决策实施之中的落实机制，丰富有事好商量、众人的事情由众人商量的制度化实践。党的二十大报告指出，"协商民主是实践全过程人民民主的重要形式。完善协商民主体系，统筹推进政党协商、人大协商、政府协商、政协协商、人民团体协商、基层协商以及社会组织协商，健全各种制度化协商平台，推进协商民主广泛多层制度化发展。"①党的十八大以来，中国特色社会主义协商民主的精神内涵、表现形式、实现途径、制度建设更丰富更深化更完善，形成了中国特色社会主义协商文化。

---

① 习近平：《高举中国特色社会主义伟大旗帜　为全面建设社会主义现代化国家而团结奋斗——在中国共产党第二十次全国代表大会上的报告》，人民出版社2022年版，第38页。

第三节　中国特色协商文化的主要特点和独特优势

一、中国特色社会主义协商文化的主要特点

中国特色社会主义协商文化在生成背景、理论基础、内涵精神、文化渊源、政治功能等方面与西方协商民主存在本质区别。具有鲜明的中国特色。

一是生成背景方面。西方协商文化是在西方代议制民主政治体制遭受诘问,对代议制和选举民主存在的弊端进行修补和改良,而中国特色社会主义协商文化是在中国传统协商文化的现代化转型背景下,历经新民主主义革命、社会主义改造、改革和建设,与西方协商文化碰撞交流中,在当代社会主义先进文化的培育和推动下形成的。

二是理论基础方面。西方协商文化的理论渊源是自由主义、共和主义和批判主义理论,中国特色社会主义协商文化的理论基础主要是马克思主义政党理论、统一战线理论和人民民主理论。

三是内涵精神方面。西方协商文化强调的是审议、慎思和辩论精神,而中国特色社会主义协商文化则强调咨询、商议精神。

四是文化渊源方面。西方协商文化源自自由主义,而中国特色社会主义协商文化来自于中华民族长期形成的天下为公、兼容并蓄、求同存异等优秀传统政治文化。

五是政治功能方面。西方协商文化是在不触动选举民主主体地位的基础上,对资本主义世界的权力结构与利益分配机制所作的一种修补,处于民主发展的边缘化层面。而中国特色社会主义协商文化则是以宪法和基本政治制度为保障,以专门的协商机构为依托,以共同思想政治为基础,秉持民主集中制原则,推动国家治理体系和治理能力现代

化为目标的政治文化。①

二、中国特色社会主义协商民主具有独特优势

中国特色社会主义协商民主在长期的革命、建设和改革实践中，吸收人类的有益政治文明成果基础上逐渐发展起来的民主形式，具有中国特色文化基因和独特优势。中国特色社会主义协商民主是党领导人民在政治生活中的伟大创造，是我国的一项基本政治制度。通过中国人民政治协商会议这个平台行使政治协商、参政议政、民主监督等重要职能，促进了决策的民主化、科学化、法治化，同时衍生出听证会、民主恳谈会、社区议事会等社会协商形式，作为协商制度的重要组成。中国特色协商文化是建立在社会共同利益基础之上，彰显了全面实现人民当家作主的各项权利，进一步推进有序的政治参与。中国特色协商文化认为，协商是一种重要的手段，是民主建设的重要途径，协商民主与选举民主是我国社会主义民主的两种基本形式。

中国特色社会主义协商民主是根植于社会主义民主实践基础之上，以坚持社会主义制度和中国共产党的领导为前提和基础，与中国共产党领导的多党合作和政治协商基本政治制度相联系、与我国政治体制基本架构相对应、以协商讨论为特点的一种国家民主形式。中国特色协商文化强调中国共产党的领导，在党的领导下，人民探究和讨论公共政策，其目的是引导公众有序、理性地进行参与，通过协商形成社会共识。

第四节　推进新时代中国特色协商文化的发展

中国特色协商文化为协商民主制度的发展提供内生动力，蕴含着“由心到行”的实践逻辑，促进了人们对中国特色协商民主制度的心理认

① 参见亢升、张娟：《新时代中国特色协商文化的意蕴和培育进路》，广东省人民政协内部资料2020年；史博：《中西协商民主制度比较研究》，吉林大学博士学位论文2017年，第106页。

同。由于主体不同,中国特色协商文化呈现出不同的协商文化形态。根据2015年中共中央《关于加强社会主义协商民主建设的意见》对协商民主的论述,中国特色协商文化可细分为政党协商文化、人大协商文化、政府协商文化、政协协商文化、人民团体协商文化和基层协商文化。① 中国特色协商文化具有包容共存、责任共担、平等共议、合作共赢等核心理念。通过整合各类协商文化资源,继承发挥中国优秀传统协商文化优势,形成中国特色社会主义协商文化。

一、强化中国特色社会主义政治文化认同,筑牢新时代中国特色协商文化的根基

中共中央印发《关于加强社会主义协商民主建设的意见》明确规定,坚持协商于决策之前与决策实施之中,增加决策的科学性与实效性。②协商民主让人们在政治态度和政治信仰上达成共识,使政治关系在人们的意识形态上,形成共同的存在形式,有助于强化政治文化认同。协商民主文化是有利于协商民主有效运行进而民主科学地决策的政治文化,体现在进行相应决策活动的人们在决策过程中所遵守的行为模式、道德原则、价值观念等,具体包括协商决策思想、协商决策理念、协商决策心理、协商决策道德、协商决策作风、协商决策习惯等内容。中国特色协商文化是一种共决型文化、商谈型文化、包容型文化、平等型文化、监督型文化。③

中国特色协商文化首先是基于制度层面的文化认同,即中国共产党领导的多党合作和政治协商制度这一国家基本政治制度。当代中国的政党制度具有鲜明的特色,是以中国共产党和各民主党派之间的合作为基础,其中中国共产党是法定的执政党,居于核心的领导地位,各民主党派则是参政党,在中国共产党的领导下积极参与我国的民主政治建设,从而

① 参见《关于加强社会主义协商民主建设的意见》,人民出版社2015年版,第1页。
② 参见《关于加强社会主义协商民主建设的意见》,人民出版社2015年版,第4页。
③ 参见杨守涛:《协商民主需要何种文化基础》,《团结报》2014年11月4日。

构成独具特色的合作型政党关系。新型政党制度是从中国土壤萌发和生长起来的，它具有中国传统优秀文化基因、遵循马克思主义理论指导，培育对中国新型政党制度的理性认知，倡导“求同存异、增进共识”的文化主张。

二、推进政协协商文化建设，增强新时代中国特色协商文化的引领力

富有政协特色的协商文化是中国特色协商文化建设的关键一环。界定富有政协特色的协商文化的内涵、丰富其培育路径，是重要的时代课题。

(一)富有政协特色的协商文化内涵

政协协商文化是指以马克思主义为指导，源于中国传统协商文化，立足于中国共产党领导的文化系统，有丰富的内涵。①

1. 从历史逻辑看

政协特色的协商文化是中国传统协商文化的现代化转型背景下，历经新民主主义革命、社会主义革命和建设、改革开放和社会主义现代化建设新的历史时期，与西方协商文化碰撞交流中，在当代社会主义先进文化的培育和推动下形成的。习近平总书记在庆祝中国人民政治协商会议成立 65 周年大会上的讲话中指出，协商民主“源自中华民族长期形成的天下为公、兼容并蓄、求同存异等优秀政治文化，源自近代以后中国政治发展的现实进程，源自中国共产党领导人民进行革命、建设、改革的长期实践，源自新中国成立后各党派、各团体、各民族、各阶层、各界人士在政治制度上共同实现的伟大创造，源自改革开放以来中国在政治体制上的不断创新，具有深厚的文化基础、理论基础、实践基础、制度基础。”②

---

① 参见张儒娟：《浅析协商文化在中国的培育与推进》，《科教导刊》2013 年 5 月(中)，第 202 页。

② 习近平：《在庆祝中国人民政治协商会议成立 65 周年大会上的讲话》，人民出版社 2014 年版，第 15 页。

"和合理念"是政协协商文化的文化根基。中国共产党领导的多党合作和政治协商制度不仅符合当代中国实际,而且符合中华民族一贯倡导的兼容并蓄、求同存异等优秀传统文化,是对人类政治文明的重大贡献。尊重差异,包容多样,是人民政协文化的重要特征,也是人民政协的文化气度。"民本思想"是政协协商文化的政治基础。民本重视公众利益、强调政治需要协商、主张政治需要监督,起着重要的协商作用。人民政协秉持有事好商量、众人的事情由众人商量的民主真谛,始终保持同人民群众的血肉联系。"中道共识"是政协协商文化的价值原则。《礼记·中庸》把"中和"视为天地万物良序运行的法则,强调坚持适度原则,避免片面与极端,以"致中和"。通过协商过程中处理好"多"和"一"的关系,通过包容与吸纳各方利益诉求、克制与妥协形成基本共识以达到平衡的作法,为协商议事的运行提供了方法原则。"天下为公"是政协协商文化的理想目标。政协协商民主在运作过程中,以整体利益、国家和民族大义为己任,倡导在公与私、义与利的关系中公而忘私、重义轻利,主张公众参与,强调人人平等、团结和谐、互利共赢。从理论渊源上讲,政协协商文化体现的是"天人合一""群己相融",社会与国家联系贯通的中国优秀传统文化。

2. 从实践逻辑看

政协特色的协商文化是中国共产党把马克思列宁主义统一战线理论、政党理论、民主政治理论同中国实际相结合的伟大成果,是中国共产党领导各民主党派、无党派人士、人民团体和各族各界人士在政治文化上进行的伟大创造。

马克思主义对中国传统协商文化进行了充分改造和提炼,激活了中国传统协商文化中蕴含的活力,使其重新焕发了生命力。富有政协特色的协商文化是在马克思主义民主理论、我们党的群众路线和统一战线理论指导下逐步建立和发展起来的。从中国共产党一大、二大的内部科学决策开始,到国共第一次合作时期统一战线的广泛建立,抗日战争时期敌后战场建立的抗日民主政权所依据的"三三制"原则,以及群众路线的形成，再到后来的“五一口号”，新中国建立后第一次中国人民政治协商会议的成功召开，《中国人民政治协商会议共同纲领》的颁布，直至中国共产党领导的多党合作和政治协商制度的建立。政协协商文化得益于“群众路线”与“统一战线”两大革命文化要素的共同催生，而此二者也正是中国共产党政治优势的两大重要方面。中国共产党领导的多党合作和政治协商制度的形成标志着中国协商民主进入了新的发展阶段，表明了协商民主作为制度形式最终确立形成。

3. 从理论逻辑看

政协特色的协商文化是政协在履行职能实践中逐步形成的，为全体成员所认同并遵守的、带有本组织特点的使命、愿景、宗旨、精神、价值观和践行理念，以及这些理念在履行职能实践、管理制度、成员行为方式与政协对外形象体现的总和，包含包容共存、责任共担、平等共议、合作共赢等核心理念。

政协协商文化是中国特色协商文化的重要组成部分，是关于政协协商民主的认知、理念、思想、制度和理论等要素的总和，涵盖人民政协的理论体系、思想理念、价值观念、思维方式、制度形态、工作方法以及其特有的风格、风范、风度，具有协商主体多元、智力密集、内容广泛、视角多维等特点，呈现了包容性、协商性、平等性和共识性。政协协商文化具有完备的制度组织架构、规范的协商内容、形式和程序，协商文化传统浓厚，协商活动特色鲜明，是范围更宽、更普遍、更经常的协商文化。

（二）富有政协特色的协商文化培育

政协协商文化根植于中国特色社会主义事业伟大实践，是对爱国统一战线、中国共产党领导的多党合作和政治协商制度以及协商民主实践的精神凝练。

1. 坚持党对政协特色协商文化建设的全面领导

全国政协十三届三次会议提出，接受和拥护中国共产党的领导，是人民政协成立时各党派团体和各族各界人士的共识，也是政协章程规定的根本政治原则。[1] 人民政协文化的首要前提,就是要确保把党的领导落实到政协工作的全过程和各方面,坚决维护习近平总书记党中央的核心、全党的核心地位,坚决维护党中央权威和集中统一领导,在事关道路、制度、旗帜、方向等根本问题上同党中央保持高度一致。中国特色社会主义制度最大的优势是中国共产党领导,引导广大政协委员深刻认识中国特色社会主义最本质的特征,增进对中国共产党和中国特色社会主义的政治认同、思想认同、理论认同、情感认同。

党兴则政协兴,党强则政协强。人民政协是在中国共产党领导下建立的,也是在中国共产党领导下发展的,目的在于解决好人心向背、力量对比的问题,把党和人民的事业建立在更加广泛、更加强大、更加牢固的社会基础之上。人民政协肩负着把党的意志和决策部署转化为各族各界人士的共识和行动的重要责任。坚持党的全面领导是政协协商文化建设必须恪守的根本政治原则,也是人民政协作为具有中国特色的制度安排的最大优势。习近平总书记在中央政协工作会议暨庆祝中国人民政治协商会议成立 70 周年大会上强调,"中国共产党的领导是包括各民主党派、各团体、各民族、各阶层、各界人士在内的全体中国人民的共同选择,是成立政协时的初心所在,是人民政协事业发展进步的根本保证。要把坚持党的领导贯穿到政协全部工作之中,切实落实党中央对人民政协工作的各项要求。"[2]

中国共产党的领导是中国特色社会主义最本质的特征。人民政协作为专门的协商机构,就是要通过自身的有效运行和民主程序,把党的主张转化为社会各界的共识,把党的决策部署落实到各党派团体、各界别、各阶层,这是实现党对各项工作领导的制度设计。人民政协承担引导群众听党话、跟党走的政治任务。各界别把自己所联系的群众,最广泛最紧密

---

① 参见汪洋:《在全国政协十三届三次会议闭幕会上的讲话》,人民网 2020 年 5 月 27 日, http://cpc.people.com.cn/n1/2020/0527/c64094-31726437.html。

② 习近平:《在中央政协工作会议暨庆祝中国人民政治协商会议成立 70 周年大会上的讲话》,人民出版社 2019 年版,第 4 页。

地团结在党的周围，这是政协协商文化承担的政治责任。

通过党的思想政治引领，确保政协协商文化的方向。人民政协是中国共产党领导的一个政治共同体，必须旗帜鲜明讲政治，不断巩固共同思想政治基础，坚持用党的最新理论武装头脑指导实践，巩固已有共识、推动形成新的共识。充分发扬民主，营造良好协商氛围，促进不同观点意见的充分表达和深入交流，求同存异、聚同化异，增进一致而不强求一律、尊重差异而不扩大分歧、包容多样而不丧失主导。

发挥政协协商文化建设中党的领导这一中国特色政治优势。一方面，党委政府加强对人民政协工作的支持。党政领导要懂协商，会协商，问计于民、问政于民，旗帜鲜明讲协商自觉。党委政府就重大方针政策和重要事务在决策前和决策执行中同各民主党派、无党派人士和各界代表人士进行协商。另一方面，政协党组要把方向、管大局、保落实。政协开展工作主要靠政协的党组织、委员中的党员发挥作用，通过协商凝聚共识，带动广大委员来实现党的意图。政协委员利用自身专业知识和影响力，向社会及时宣传解读党的政策，主动回应群众关切，政协组织和政协中的党组织，牢牢把握人民政协在新时代的新方位新使命，不断提升凝聚共识的能力和水平，用党的创新理论团结教育引导各党派团体，用党的方针政策统一步调和行动，调动政协委员的积极性和主动性，实现思想政治的有效引领。

2. 培育政协特色协商文化的多元主体

协商主体是协商文化发展的基础，脱离了协商主体，协商文化将不复存在。因此只有协商主体是健全、完善的，协商文化才能是丰富、健康、充满生机与活力的。

一是拓展政协协商主体范围，强化民主协商意识。在人民政协这个协商平台上，所有主体都秉承有事好商量，凡事商量着来的原则，协商渗透于人民政协工作的方方面面，是人民政协处理问题、开展工作的最基本原则。多元主体是政协特色协商文化区别于其他政治组织的鲜明风格。人民政协是中国共产党领导的各党派、各团体、各民族、各阶层大团结大联合的组织。中国共产党、各民主党派以及各界代表人士是主要的协商主体,健全同党外知识分子、非公有制经济人士、新的社会阶层人士的沟通联络机制,促进政党关系、民族关系、宗教关系、阶层关系、海内外同胞关系和谐发展。

以广东省为例,从2008年到2017年,广东省政协邀请了来自59个国家和地区的215位海外侨胞列席会议,聘请23位海外侨胞作为省政协特约侨胞代表人士。这些侨胞的建言献策具有广泛代表性、现实影响力。邀请海外华侨华人列席政协会议是广东省政协的一项制度创新。再如,2019年,广东省政协十二届一次会议邀请了8名港澳爱国青年社团优秀代表列席会议。这些青年代表列席地方政协大会彰显了政治认同、文化培植、实践范导等多方面的意义,进一步推动了地方协商工作制度的创新。这样就形成了全国政协大会和地方政协大会相结合,各民族和各界别委员相结合,海内外各界代表就党和国家作出的重大决策、重大部署或关涉地区发展的重要问题展开充分讨论、深入协商,以民主和谐方式建设推动中国社会全面进步的崭新局面。①

二是加强政协协商主体建设,增强对大众政治文化的影响力。其一,人民政协的理论基础、价值观念以及政协组织、委员的履职情况对大众政治文化的影响。各界别委员大多具有良好的教育背景和较高学历,在实践工作中往往也是各行各业的业务骨干,这就使他们有条件理性地参与政治议题的讨论,并提出具有较强科学性和可行性的解决方案,促进形成求同存异、聚同化异,凝聚政治共识的社会政治文化。其二,组成政协各界别的代表性对大众政治文化的影响。作为人民政协组织优势的“界别”,发源于社会各界,凭借界别代表性所拥有的广泛群众基础,通过对社会心态的调整影响大众政治文化。

3. 构建政协特色协商文化的立体结构

协商民主要切实管用、作用实在,就要上下互动、左右相连,形成多样

① 参见杨竞业、肖莉:《新时代协商文化的培育与提升》,广东省人民政协内部资料2020年。

化、立体化、程序合理、环节完整的体系。习近平总书记强调,“社会主义协商民主,应该是实实在在的、而不是做样子的,应该是全方位的、而不是局限在某个方面的,应该是全国上上下下都要做的、而不是局限在某一级的。”①党的十八大以来,政协协商民主实践全面覆盖到中央、地方和基层社区,开创了协商民主的新境界,构建了程序合理、环节完整的政协协商文化立体结构。从中央和地方结构来看,突出政协协商文化的中国特色与地方特色,发展区域特色的政协协商文化,根据地域特有的历史、实践特点和群众基础,使民主协商精神成为地方特色精神文化名片,增进本地的协商文化建设,将树立协商精神、培育协商文化贯穿于中国特色社会主义民主政治建设的始终。

从国家层面看,全国人民政协通过全体会议、专题协商会、双周协商座谈会、网络议政远程协商会、对口协商会、提案办理协商会,建构起常态化、多层次、各方面有序参与的协商议政格局。如双周协商座谈会以专题为内容、以界别为纽带、以专委会为依托、以多项交流为方法,这一协商形式以其内容广泛、议题具体、氛围民主、讨论深入、成果丰富的特点,成为政协协商民主的重要平台和独特协商文化呈现。

从地方层面看,以广东省为例,不断创新中国特色协商民主形式。广东省政协打造了“粤商·省长面对面协商座谈会”“委员议事厅”等协商民主新品牌,在全国范围具有典型意义。以“清且亲”为价值目标,以“粤商·省长面对面协商座谈会”为媒介,广东省政协探索构建新型政商关系的民主协商制度,打造具有岭南特色的协商文化,把“观事、商事、治事”的新实践提升到“众事众理、共商共建、共荣共享”的新境界。为提高协商质量和效率,直面社会迫切需求,发扬务实与重商的文化传统,2017年初,广东省政府与广东省政协经过反复商讨,达成了举办“粤商·省长面对面协商座谈会”的思想共识。协商座谈会 2017 年成功搭建,并从

① 习近平:《在庆祝中国人民政治协商会议成立 65 周年大会上的讲话》,人民出版社 2014 年版,第 19 页。

2018 年开始成为一项制度安排,每半年举办一次,由省政协和省政府主办,根据每次的主题选择承办单位。在协商座谈会中,省政协主席主持会议,省长和政府相关职能部门主要负责人出席,知名政协委员、实体经济企业家、相关专家学者、行业协会代表等参加。协商座谈会的主要目的在于充分发挥政协协商平台优势,构建"亲""清"新型政商关系,凝聚社会各界力量,提升粤商发展信心,推动广东社会经济发展。

历次"粤商·省长面对面协商座谈会"既取得了丰硕成果,又促进了务实高效的协商文化培育。2017 年 7 月举办的首届"粤商·省长面对面协商座谈会"围绕"优化实体经济营商环境"这一主题进行协商交流,协商成果被吸纳到广东支持"实体经济十条"政策中。2018 年 5 月和 10 月分别聚焦"促进广东民营经济发展""粤港澳大湾区先进制造业发展"两大主题举行了协商座谈会,很多协商成果被吸纳到广东"民营经济十条"、大湾区建设实施方案和有关文件法规当中。2019 年 6 月和 10 月的协商座谈会,分别围绕"全面提升我省产品和服务质量,加快推进质量强省建设"和"广东现代产业体系建设"两大主题召开。目前这一协商民主形式在部分市县政协也得到了实践,帮助企业解决发展中遇到的实际问题。截至 2019 年,政协广东省委共召开了 4 场协商座谈会,参加协商座谈会的粤商代表超过 120 人,从实体经济营商环境、民营经济高质量发展、企业技术创新主体地位、产品和服务质量方面助推了广东省的经济社会发展。① 2017 年至 2020 年,分别聚焦"优化实体经济营商环境""促进广东民营经济发展""粤港澳大湾区先进制造业发展""全面提升广东省产品和服务质量,加快推进质量强省建设""广东现代产业体系建设"等主题,助推了广东省经济社会发展。这一新探索,也受到了中共有关领导同志的充分肯定。②

习近平总书记强调,"涉及人民群众利益的大量决策和工作,主要发

① 参见广东政协网系列相关报导,网址:http://www.gdszx.gov.cn/yssz/。

② 参见胡雪莲、洪晓龙、王锐:《培育适应时代需要的中国特色协商文化——以广东省政协在不同时期的不同举措为中心》,广东省人民政协内部资料,2020 年。

生在基层。要按照协商于民、协商为民的要求,大力发展基层协商民主,重点在基层群众中开展协商。”①围绕基层社会实际问题,完善制度化协商机制,加强基层协商文化建设。如着力建设中国特色社会主义先行示范区的深圳市,也在培育中国特色社会主义协商文化方面取得了重要经验。在政协广东省委和深圳市政府的领导下,关注社情政情、汇聚民智民意,深圳市政协在2014年推出了“委员议事厅”活动。自2014年2月起,每月举办一期。“委员议事厅”由深圳市政协主办,各民主党派、市政协部分专委会承办,深圳报业集团、广电集团、出版发行集团协办。通过政协委员、专家学者、政府官员“讲”和普通市民“议”,委员从“会议空间”建言走向了“公共空间”议事,真正做到了“众人的事情众人商量”。2014年11月19日《人民日报》的《把协商平台搬到市民中间》一文,对这种具有鲜明时代气息的议政建言新平台在推进协商民主、引领协商文化中的示范意义予以充分肯定。② 截止到2019年12月,政协深圳市委共举办“委员议事厅”活动超过70场。2020年5月26日,深圳市政协委员议事厅首次引进网络直播,围绕“疫情防控常态化,我们如何做得更好”主题,展开2020年首场“委员议事厅”,吸引了超过百万网友在线观看互动。这种“协商议政——互联网”的有益探索,更好反映了社会的呼声,提高了委员参政议政和民主协商的效果。③ “委员议事厅”作为由社会各界广泛参与并表达意见的协商平台,传递了理性声音,引领了社会发展过程中的协商文化,为培育适应时代需要的中国特色协商文化提供了“深圳样板”。④

又如佛山顺德区政协不断完善“清单式”月度协商制度,围绕“村改”“头号工程”实施不同阶段出现的重点问题,持续开展协商式民主监督,

① 习近平:《在庆祝中国人民政治协商会议成立65周年大会上的讲话》,人民出版社2014年版,第20页。

② 参见《把协商平台搬到市民中间》,《人民日报》2014年11月19日。

③ 参见深圳新闻网:http://www1.szzx.gov.cn/node_239022.htm,2020年5月25日。

④ 参见胡雪莲、洪晓龙、王锐:《培育适应时代需要的中国特色协商文化—以广东省政协在不同时期的不同举措为中心》,广东省人民政协内部资料2020年。

助推共建共治共享社会治理格局，营造各具特色的基层协商文化。

从覆盖领域上看，政协协商文化从国家治理拓展到社会生活管理。通过拓宽协商渠道、丰富协商类型、建立健全协商方式，不断提升政协协商文化的延展性。从实现方式上看，运用互联网、大数据等现代履职手段，增强资政建言的前瞻性、精准性，提升政协协商文化凝聚共识的针对性、有效性。加强基层"网上政协""掌上政协"建设，实现线上线下相结合，拓展委员联系群众、服务社会的空间，扩大政协协商文化的社会影响，营造全社会参与协商的文化氛围。

4. 提高政协协商质量，增强政协协商文化影响力

政协协商专业性强，必须优化"商"的主体结构，完善"商"的环节设计，提升"商"的能力成色，在"商"中不断增强政协协商文化的影响力。

通过优化政协委员界别代表性，增强政协协商文化的影响力。人民政协作为发扬社会主义民主的重要形式，界别设置应尽量吸纳不同阶层、不同群体的代表人士。根据时代变化，界别的比例构成不断调整，提高了某些界别基层代表的比例，并减少界别之间的交叉重叠，细化界别的内部分层，规范特邀界别的内部构成。对于增加新社会阶层界别，在审慎、稳定、微调的前提下，体现横向独立性、纵向专业性、内部联系性。合理调整、完善界别设置是提升政协协商文化影响力的重要途径。

通过提升政协委员能力，增强政协协商文化的影响力。习近平总书记所说："在中国社会主义制度下，有事好商量，众人的事情由众人商量"，"我们要坚持有事多商量，遇事多商量，做事多商量，商量越多越深入越好"。[①]"多商量、好商量、会商量"不仅需要有调研、商量、协作的能力，还需要有平等的能力、亲和的能力、引导的能力。遵循政协协商的特点和规律，努力提高政协协商的质量和实效，形成具有革新力、创造力的文化基础。加大政协委员学习培训力度，开阔政协委员眼界，熟悉政协各

① 习近平：《在庆祝中国人民政治协商会议成立65周年大会上的讲话》，人民出版社2014年版，第14页。

类会议等协商活动的规则程序，掌握对话的技巧、沟通的艺术、说服的能力，提升政协委员协商境界。人民政协事业是党和国家事业的重要组成部分，应将政协协商文化列入各级党校、社科院、社会主义学院、高校、党史和文献研究部门的学习培训课程。以深入学习“习近平总书记关于加强和改进人民政协工作的重要思想”为主要内容，丰富政协委员的培训方式，不断通过加强学习明共识，协商交流聚共识，团结—批评—团结增共识，形成政协委员践行“懂政协、会协商、善议政”的政协协商文化生动局面。

通过专门协商机构的双向发力，增强政协协商文化的影响力。在履职协商活动中，优化互动环节，加大相互交流力度，增强凝聚共识实效。如广州市“有事好商量”民生实事协商平台、“委员讲坛”和“委员会客厅”等形式，就相关问题开展“面对面零距离协商”“焦点式协商”“链条式协商”“智库式协商”，发挥各自优势，以道交友、以诚待人、以理服众、以商求同，既助力科学民主决策，又推动工作贯彻落实；既反映民声，又引导民意，体现了双向发力的特色和优势。政协协商活动必须严格按照协商流程进行，协商过程及协商结果必须向社会公开。推动政协协商形成有来有往、良性互动、层层深入的文化形态，真正商出特色、商出办法、商出共识、商出感情。

5. 健全政协特色协商文化的制度体系

制度问题更带有根本性、全局性、稳定性和长期性，更需谋定而后动。政协协商文化外化需通过协商制度得以实现，这种外化是主体的共识话语、共同遵循的制度、多部门共同建立的政策系统生成的文化效应。在人民政协制度建设中，无论是摸着石头过河，还是加强顶层设计，都离不开理论的宏观指导和跟进参与，以及时把行之有效的经验做法固定下来、上升为制度规定，增强制度链条的完整性、系统性、开放性、配套性。

基于科学合理的知识理论构建科学完善的协商制度，有效推进政协协商走上良性化发展轨道。社会不同利益相关方通过常态化、制度化、组织化的平台参与政治生活，用平等理性的协商沟通，表达所代表群体的合理诉求,增加彼此之间的了解,在重要的社会议题上达成共识,形成良好的政协协商文化。

发挥人民政协作为专门协商机构的作用,坚持党委会同政府、政协制定年度协商计划的制度,完善协商于决策之前和决策实施之中的落实机制,对明确规定需要政协协商的事项必须经协商后提交决策实施,对协商的参加范围、讨论原则、基本程序、交流方式等作出规定。从协商制度的内容看,涉及话题选择机制、提案制作机制、议事回避机制、监督办理机制,对必要的微观协商和重要宏观协商的科学运用,对参与协商的没有利害关系的专委会、代表人士的合理选择与灵活安排,建立健全完善听证制度、检举制度、民主监督制度、群众批评和建议制度,并公之于众、约之于法、成之于行,成为稳定、成熟、定型的协商制度。建立政府与人民政协联合督办工作机制,组织跟进落实协商成果制度。利用第三方评估等方式,对协商成果、质量成效等建立评价机制,及时发现问题,有针对性地开展再协商、再办理制度。

健全成熟的协商制度体系在实践中形成政协协商的规范和伦理,是政协协商文化根植践行的有效保障。2011 年,广东省委在全国率先公布实施《中共广东省委政治协商规程》和《广东省办理政协提案工作规程》,对政治协商各个环节、各个程序的牵头单位、办理时限等都作出明确规定,要求由广东省委领导牵头督办落实重要的、有价值的提案,对政治协商各个环节、各个程序的牵头单位、办理时限都作了明确规定,还把是否重视政治协商纳入领导班子和领导干部考核的重要内容,与各级官员的切身利益紧密联系起来。在会议协商、专题协商、界别协商、提案督办协商、政府施策协商等多种协商形式基础上形成协商的规范、伦理和制度,为培育政协协商文化提供长效的制度保障。

通过加强政治协商制度的程序设计,用程序的公开来保证结果的公正,用程序的科学来保证制度的科学,使协商民主成为可操作的由制度规定的民主。从程序设计和规范上确保政治协商的民主制度可以转化为可操作的民主实践,实现了从“关心协商”到“必须协商”、从“可以协商”到

"程序协商"的重大转变,使得政治协商从"软办法"上升为"硬约束"。目前市县政协工作不同程度还存在定性模糊、职能模糊、责任模糊、工作方式模糊等问题,亟须通过加强市县政协的制度建设,为基层政协文化土壤培育提供有效支撑。

6. 培育政协特色协商文化的生长土壤

"有事多商量、遇事多商量、做事多商量"这句话涵括了丰富的意义,也具有包容差异、尊重表达、汇聚意见的协商伦理。坚持在协商中"不抓辫子、不打棍子、不扣帽子",发扬"团结—批评—团结"的优良传统,广开言路,集思广益,推动协商各方更好掌握对话技巧、沟通艺术、说服能力,促进不同思想观点的充分表达和深入交流,形成既畅所欲言、各抒己见,又理性有度、合法依章的良好协商氛围。

优化政协协商环境。"多商量、好商量、会商量"不仅是指调研、商量、协作的能力,还包括平等的能力、亲和的能力、引导的能力。遵循政协协商的特点和规律,努力提高政协协商的质量和实效,形成具有革新力、创造力的政协协商文化。政协委员来自方方面面,对一些问题的看法和认识不一定相同,但政治立场不能含糊、政治原则不能动摇。不断提高政协委员思想水平和认识能力,全面增强履职本领,精心培养和全面提升政协委员的政治把握能力、调查研究能力、联系群众能力、合作共事能力、全面表达能力等。以广东省政协为例,省市两级政协提案委员会的工作实现从"关门办案"向"开门办案"转变,从"文来文往"向"人来人往"转变,从"要我履职"向"我要履职"转变,从"线下约见商谈"向"线上线下兼谈"转变,从"解释现实"向"改变现实"转变,①提升了协商履职能力、优化了政协协商环境。

增强政协文化的主体意识。政协文化引导着政协委员的政治价值取向,引领着政协委员的政治热情和政治判断,从而影响着政协工作的实

① 参见杨竞业、肖莉:《新时代协商文化的培育与提升》,广东省人民政协内部资料,2020年。

践,激发政协委员协商动力,增强协商议政工作的主动性。人民政协是一个协商机构、协商平台。政协不是权力机关、不是立法机构,而是具有中国特色的、体现"我有你没有、我能你不能"政治优势的政治组织和民主形式。政协作为组织和承担协商任务的机构,是发扬民主、参与国事、团结合作的重要平台,明确政协协商包括政协内部各界别委员之间的协商,推动政协协商广泛多层制度化发展。协商作为文化首先是一种工作方式、工作方法和行为模式。在人民政协这个协商平台上,所有主体都秉承有事好商量、凡事商量着来的原则,协商渗透于人民政协工作的方方面面,是政协处理问题、开展工作的最基本原则,是政协组织区别于其他政治组织的最鲜明的风格。

增强政协文化对政治文化的影响力。一是人民政协的理论基础、价值观念以及政协组织、委员的履职情况对社会文化的影响。"界别"作为人民政协的组织优势,发源于社会各界,凭借界别代表性所拥有的广泛群众基础,可以对社会心态、舆论、文化等产生影响。二是基于组成政协各界别的代表性对社会文化产生影响。各界别委员大多具有良好的教育背景和较高学历,在实践工作中往往也是各行各业的业务骨干,这就使他们有条件也有可能理性地参与政治议题的讨论,并提出具有较强科学性和可行性的解决方案。坚持大团结、大联合,寻求最大公约数,在爱国主义、社会主义旗帜下,把共同目标作为奋斗动力源和方向标,求同存异、聚同化异,致力凝聚海内外中华儿女实现中华民族伟大复兴中国梦的最大政治共识。

三、优化公民协商环境,培育新时代中国特色协商文化的土壤

(一)强化公民的协商参与意识

在中国社会主义制度下,有事好商量、众人的事情由众人商量,找到全社会意愿和要求的最大公约数,是人民民主的真谛。协商民主是党领导人民有效治理国家、保证人民当家作主的重要制度设计,同选举民主相互补充、相得益彰。大众协商意识和能力的成长,是现代社会发育、成长

的重要标志之一。阿尔蒙德认为，公民文化不是现代文化，而是一种现代与传统的混合文化。协商主体具有认同并支持政治参与的协商意愿，拥有协商所需要的知识、技术和文化层次的协商能力，实质是要求协商者是有意愿并有能力积极参与政治的公民。

（二）提高公民的协商参与能力

包含提高公民的政治认知能力，持续公共辩论和商讨能力，理性倾听和表达理性能力，拓展协商民主的传播渠道，提高社会教育水平，强化传统媒体作用，重视网络媒介作用等。民众积极参与的基础上形成国家与民众、政府与社会之间的合作共赢，而非消极对抗的关系，实现民众集体性的政治认同。在民主参与过程中，民众参与是相互之间的协商、沟通与合作，形成推动现代中国社会多方共享的增量民主。

公民协商文化培育是需要前提和条件的，包括知识、制度、思想、观念、信仰等的整体推进，更离不开人的全面发展与现代化水平的大幅提高。协商文化也是公民文化，它是现代社会发育、成长的重要标志之一。协商文化的发育与成长需要外部有目的、有计划地对该种政治意识、政治价值与政治习惯进行培植和灌输。这既包括对公民进行协商意识与能力的培育，也包括协商民主的实践运作。“协商民主意味着政治共同体中的自由、平等公民，通过参与政治过程、提出自身观点并充分考虑其他人的偏好，根据条件修正自己的理由，实现偏好转换，批判性地审视各种政策建议，在达成共识的基础上赋予立法和决策合法性”。① 公民民主参与意识和决策意识的增强，促进执行事务的科学性，有助于形成良好的协商文化氛围和协商民主机制。

协商文化不仅仅是一种心理形态、一种制度化的精神力量，同时也是一种良好的工作作风、工作方法和民主传统。因此，协商文化不仅仅表现在人民政协内部以及中国共产党与民主党派、各人民团体之间，而是深入到政党、权力机关、行政机关、司法机关、社会组织、经济组织以及网络等

① 陈家刚：《协商民主：概念、要素与价值》，《中共天津市委党校学报》2005 年第 4 期。

诸多领域。实现中国特色社会主义现代化强国,实现中华民族伟大复兴的中国梦,需要全体人民的广泛参与,需要共同协商、共同谋划。

四、突出协商文化的中国特色,呈现新时代中国特色协商文化的丰富性

协商民主在我国的发展涵盖了各行各业各领域,协商的形式由中央到地方也在不断创新,并特别注重基层协商,要求发展基层民主。协商民主发展已上升到国家的制度层面,产生了以国家为中心、四面开花的实践效果。协商民主与基层民主相结合,完善人民有序政治参与,密切党同人民群众的血肉联系,促进决策科学化民主化。

发展区域特色的协商文化,根据地域特有的历史、实践和群众基础,使民主协商精神成为地方特色精神文化名片,增进本地的协商文化建设、体现既相通包容又具特色、相辅相成的文化理念。如广州市白云区三元里街道社区共治议事会,通过完善和拓展基层民主协商制度,填补来穗人员参与属地社区自治共治的"制度空白",并将党支部建在议事会上,引领共治议事高质量发展,议事会在参与共建共治社区区域性、群众性、公益性事务中发挥日趋重要作用。一是共治议事多元化。议事会13名议事代表有社区党组织、社区居委会、社会组织(物业公司、业主委员会、驻地单位等)、威望高的老同志(退休老干部、老党员、老劳模等)、群众代表(社区居民、来穗人员)、专业人士(经济、建筑、法律等专业技术、咨询人士)等6个方面的人员,其中来穗人员议事代表占30%以上,共治议事参与主体呈现多元。共治议事以民生为主要内容、以协商为主要规则、以融合为主要目标,积极探索来穗人员融入社区的路径和方法,全面增强基层社区广大群众的归属感、参与感、幸福感。二是共治议事高效化。将党支部建在社区共治议事会上,推行社区党总支(支部)书记与议事会党支部书记、议事会党支部书记与议事长"双肩挑",实现党的领导与群众自治高度统一,协商议题由党支部把关,协商过程由党支部牵头,协商结果由党支部督办,引领社区共治议事高质量发展,彰显党组织在基层各类组织

机构中的领导核心地位,确保共治议事正确政治方向。①

根据中央层面的整体设计,推进地方协商制度创新,不断把政治协商、民主监督、参政议政落到实处,不断创造出新的民主协商形式。发挥区县政协的作用,使协商民主向基层乡镇延伸等方面不断改革和完善。在完善制度的基础上,以人民政协作为发展协商文化的重要阵地和引领者,将培育协商文化贯穿于我国社会主义民主政治建设的始终。

① 此部分材料来自于"培育适应时代需要的中国特色协商文化研究(2020GD20TW04－02)"课题调研。

第三章　新型政党制度的重要政治形式和组织形式

社会主义协商民主是中国共产党和中国人民的伟大创造，是实现党的领导的重要方式，是我国社会主义民主政治的特有形式和独特优势。中国人民政治协商会议是具有中国特色的制度安排，是社会主义协商民主的重要渠道和专门协商机构。本章着重从人民政协的性质定位与制度属性、政协协商和政党协商的关系、民主党派在人民政协开展经常性工作的运行机制三个维度，探索人民政协作为实行多党合作和政治协商制度的重要政治形式和组织形式。

第一节　人民政协的制度安排与我国政党制度的关系

人民政协的制度属性即关于"人民政协是什么样的制度"，是事关人民政协根本问题的回答。党的十八以来，以习近平同志为核心的党中央高度重视人民政协工作，习近平总书记深情回顾了人民政协波澜壮阔的发展历程，在新的历史起点上深刻总结了人民政协实践发展和理论探索取得的基本经验，深刻回答了新时代人民政协面临的一系列重大问题，围绕新时代人民政协的理论和实践提出了一系列新观点、新论断、新思想，为党的人民政协理论的发展作出了许多原创性的贡献。其中，关于人民政协性质定位的全新概括，为全面系统梳理和把握人民政协的制度属性这一事关人民政协的根本性问题提供了思想指引。

在庆祝人民政协成立65周年大会上，习近平总书记指出，准确理解和把握人民政协性质定位是做好人民政协工作的前提和基础。2019年3月4日，习近平总书记在看望参加十三届全国政协二次会议的文化艺术界和社会科学界委员联组会上再次强调，要明确人民政协性质定位。新修订的《中国人民政治协商会议章程》指出："中国人民政治协商会议是中国人民爱国统一战线的组织，是中国共产党领导的多党合作和政治协商的重要机构，是我国政治生活中发扬社会主义民主的重要形式，是国家治理体系的重要组成部分，是具有中国特色的制度安排。"①这一论述是对人民政协性质定位更新、更全、更系统的概括，是对人民政协历史贡献的新总结，也是对新时代人民政协使命任务的新部署。人民政协发展的历史经验表明，准确把握人民政协性质定位始终是推进人民政协工作的基石。新时代进一步加强和改进人民政协工作仍然需要准确理解和把握人民政协的性质定位，认识人民政协的制度属性。这一根本要求需要我们从中国共产党对人民政协性质定位的重大论断出发，梳理和阐明人民政协作为具有中国特色的制度安排与中国共产党领导的多党合作和政治协商制度之间的内在关系。

一、准确理解人民政协是具有中国特色制度安排的科学内涵

准确把握人民政协的性质定位和制度属性，需要准确理解人民政协是具有中国特色制度安排的科学内涵。一方面，人民政协是具有中国特色的制度安排，这一重大论断是人民政协作为我国国家治理体系重要组成部分的逻辑结果。人民政协作为统一战线的组织、中国共产党领导的多党合作和政治协商的重要机构、社会主义协商民主的重要渠道和专门机构，是人民民主的重要实现形式，具有拓宽人民有序政治参与和凝聚社会各界智慧力量的独特作用，为达成共识，形成合力，化解矛盾提供了有

① 《中国人民政治协商会议章程》，人民出版社2018年版，第10—11页。

效途径和机制,是中国特色国家治理的重要形式,是国家治理体系的重要组成部分。党的十八届三中全会指出,国家治理体系和治理能力是一个国家制度和制度执行能力的集中体现。国家治理体系是在党领导下管理国家的制度体系,包括经济、政治、文化、社会、生态文明和党的建设等各领域体制机制、法律法规安排,也就是一整套紧密相连、相互协调的国家制度。因此,人民政协作为我国国家治理体系中不可替代、不可或缺的重要组成部分,是事关中国特色社会主义事业全局,具有长期性、战略性、根本性的顶层制度设计,理应从国家制度安排的角度明确功能定位。另一方面,人民政协是具有中国特色的制度安排,意味着人民政协是我国政体设计的题中之义。党的十九大报告提出,人民代表大会制度是坚持党的领导、人民当家作主、依法治国有机统一的根本政治制度安排。同时提出,人民政协是具有中国特色的制度安排。把握人民政协的性质定位、理解人民政协作为中国特色的制度安排的科学内涵,必须理解和认识人民代表大会制度作为根本政治制度的内涵和要求,辨明人民代表大会制度作为根本政治制度安排与人民政协作为中国特色的制度安排之间的关系。毛泽东同志在设计未来国家的政体时,提出"民主集中制"思想,认为中国可以采取全国人民代表大会、省人民代表大会、县人民代表大会、区人民代表大会直到乡人民代表大会的系统,并由各级代表大会选举政府。全国人大一届一次会议召开后,由于政协不再代行人大职权,有的人认为政协从此"大权旁落",成了"清淡馆",希望把政协与人大并重,使政协成为"国家权力机关"或"半权力机关"。对此,毛泽东同志明确表示:人大是权力机关,并不妨碍我们成立政协进行政治协商。人大的代表性当然很大,但它不能包括所有方面,所以政协仍有存在的必要而不是多余的。① 人民政协不仅是人民团体,而且是各民主党派的协商机构,是党派性的机构。改革开放以来,面对人民政协应当向西方一样"上议院化"的错误主张,邓小平同志明确提出,西方的民主是三权分立、多党竞选,中国

① 参见《毛泽东传》第三册,中央文献出版社 2011 年版,第 1277 页。

不搞三权分立、两院制，因为我们实行的是全国人民代表大会一院制，这个最符合中国实际。[①] 中国特色的两会制与西方的两院制存在本质区别。人民政协不是参议院，但是人民政协与人大在实践中实现了协商民主与选举民主的互补，人民政协作为人大的补充具有不可替代性，这正如协商民主是选举民主的补充形式，但是选举民主和协商民主各有优势，无法互相替代。这一制度安排客观上形成了区域利益即纵向表达与界别利益即横向表达纵横交错的统一和互补，在充分保障主权在民的前提下，最大限度吸纳各界人士参政以体现社会各界的广泛代表性。正因为如此，人民通过选举、投票行使权利，人民内部各方面在选举和投票之前进行充分协商，尽可能就共同问题取得一致意见，成为我国社会主义民主的两种重要形式。在庆祝人民政协成立 65 周年大会上，习近平总书记再次强调："在中国，这两种民主形式不是相互替代、相互否定的，而是相互补充、相得益彰的，共同构成了中国社会主义民主政治的制度特点和优势。"[②]在此基础上，习近平总书记明确提出"人民政协就是适合中国国情、具有鲜明中国特色的制度安排"。这意味着，从政治体制层面和基本制度层面讨论人民政协已经不足以涵盖人民政协的制度属性，因为人民政协已经上升为中国特色社会主义的制度安排，成为具有根本性、长期性、稳定性、战略性的国家制度，成为我国人民民主专政国体决定的人民代表大会制度政体设计的重要补充，这也是党的十九大报告提出两个制度安排的深刻寓意。

二、正确认识人民政协是中国共产党领导的多党合作和政治协商的重要机构

准确把握人民政协的性质定位和制度属性，需要正确认识人民政协是中国共产党领导的多党合作和政治协商的重要机构，明确人民政协与

① 参见《邓小平文选》第三卷，人民出版社 1993 年版，第 220 页。

② 习近平：《在庆祝中国人民政治协商会议成立 65 周年大会上的讲话》，人民出版社 2014 年版，第 15 页，第 6—7 页。

我国政党制度的联系与区别。一方面，要准确理解人民政协作为统战组织和作为中国共产党领导的多党合作和政治协商的重要机构之间的内在关系。人民政协作为多党合作和政治协商的重要机构，这一性质定位源于中国共产党领导的多党合作和政治协商与统一战线工作领域的分化。这一分化使中国共产党领导的多党合作和政治协商从统一战线中分离出来，并上升为我国基本政治制度的形式加以规范；这一分化使中国共产党领导的多党合作和政治协商本质上仍然具有统一战线的属性，但在成为我国政党制度的内容后，具有了更高的政治地位，成为中国特色社会主义制度体系中三大基本政治制度之一，成为国家层面政治制度安排的重要组成部分。追溯这一历史过程，党的十四大正式确认中国共产党领导的多党合作和政治协商制度是我国的一项基本政治制度，是具有中国特色的社会主义政党制度，并把人民政协作为这一制度的组织和实施机构。为了适应这一变化，1994 年修订后的《中国人民政治协商会议章程》中增加了人民政协“是中国共产党领导的多党合作和政协协商的政治机构”。这一重大变化赋予了人民政协新的角色和功能，也明确地把人民政协与中国特色社会主义制度联系在了一起，使人民政协具有了国家制度的内在属性。简而言之，由于中国共产党领导的多党合作和政治协商制度是当代中国三大基本政治制度之一，是我国的政党制度，人民政协作为这一制度的组织机构，意味着人民政协已经融入中国特色社会主义制度体系。人民政协发展历史上的这一重要变化，使人民政协具有了鲜明的制度属性，成为了我国政治体制的重要组成部分。

另一方面，要准确理解人民政协与中国共产党领导的多党合作和政治协商制度之间的关系。人民政协是中国共产党领导的多党合作和政治协商重要机构，人民政协在组成上与中国共产党领导的多党合作和政治协商存在交叉，但绝不能因此就认为人民政协是中国共产党领导的多党合作和政治协商制度的组成部分，更不能把人民政协直接等同于中国共产党领导的多党合作和政治协商制度。邓小平最早将“政治协商”与“多党合作”结合在一起。[①] 党的十三大报告明确提出“人民政协是包括各民主党派、各人民团体和社会各方面代表的爱国统一战线组织……要坚持‘长期共存、互相监督，肝胆相照、荣辱与共’的方针，完善共产党领导下的多党合作和协商制度，进一步发挥民主党派和无党派爱国人士在国家政治生活中的作用。”[②]这一论述首先肯定了人民政协是统一战线的组织，这一定位是人民政协成立之初就已具备的属性，作为统一战线组织的人民政协，从构成上看包括了党派构成即中国共产党、各民主党派，以及各人民团体、各地区、人民解放军、各少数民族、国外华侨及其他爱国民主分子的代表，范围上已经超出了作为我国政党制度的中国共产党领导的多党合作和政治协商制度的构成。改革开放以后，人民政协的构成随着时代需要逐步调整，形成 34 个界别，党派团体成为人民政协的参加单位和组成部分。这就意味着把人民政协制度安排视为中国共产党领导的多党合作政治协商制度的组成部分是不准确的。党的十三大报告进一步指出，“人民代表大会制度，共产党领导下的多党合作和政治协商制度，按照民主集中制的原则办事，是我们的特点和优势，决不能丢掉这些特点和优势，照搬西方‘三权分立’和多党轮流执政。”[③]这一论述清楚地表明中国共产党领导的多党合作和政治协商制度实质上就是我国的政党制度，是具有中国特色的新型政党制度，与西方“三权分立”存在本质区别。其中，“共产党领导”是这一制度的根本政治原则，没有共产党的领导，多党合作和政治协商就丧失了前提；“多党合作”表述的是政党关系，在中国共产党领导下，执政党和民主党派之间是合作关系，而非西方式的竞争、对抗、轮流执政关系；“政治协商”描述的是政党制度的内容和指向。我国的政党制度是在政党间开展政治性协商，目标上要建构协商式政治，而

① 参见陈惠丰：《关于人民政协在我国政治体制中的地位问题》，《中国人民政协理论研究会会刊》2010 年第 2 期。

② 中共中央文献研究室：《改革开放三十年重要文献选编（上）》，中央文献出版社 2008 年版，第 494 页。

③ 中共中央文献研究室：《改革开放三十年重要文献选编（上）》，中央文献出版社 2008 年版，第 494 页。

人民政协恰恰是开展政党间政治协商、构建政党间协商式政治的重要机构。这便是人民政协作为统一战线的组织与人民政协作为中国共产党领导的多党合作和政治协商的重要机构两大职能间存在的交叉重叠之处。人民政协是中国共产党领导的多党合作和政治协商的重要机构,人民政协的构成包括了党派团体,构成上已经超出了政党制度的范围,是不是意味着人民政协作为制度安排包含了中国共产党领导的多党合作和政治协商制度呢?显然不是。因为中国共产党领导的多党合作和政治协商制度的实践方式并非只能依靠人民政协才能实现,这也正是人民政协作为中国共产党领导的多党合作的重要机构而非"唯一机构"的原因所在。中国共产党可以通过直接与民主党派的领导人进行座谈,通过正常程序和制度安排民主党派的优秀分子担任国家和地方各部门各单位重要领导职务等方式来实践政党制度。因此,中国共产党领导的多党合作和政治协商制度是具有中国特色的新型政党制度,是一项制度而不是所谓两项制度即政党制度和政协制度的叠加。人民政协作为统一战线的组织,从构成上看包括了党派团体,因此人民政协作为我国政党制度即中国共产党领导的多党合作和政治协商的重要机构而不是唯一机构是符合历史和逻辑的。与此同时,中国共产党领导的多党合作和政治协商制度是我国的政党制度,人民政协是中国共产党领导的多党合作和政治协商的重要机构,但这并不意味着中国共产党领导的多党合作和政治协商就是人民政协。

第二节　政协协商和政党协商的关系

政协协商和政党协商同属政治协商,是中国共产党领导的多党合作和政治协商制度的重要内容,是我国协商民主的重要表现形式,也是中国共产党实现科学决策、民主决策的重要环节和提高执政能力的重要途径。两者既有联系,又有区别,互相补充,但两种协商方式并不互相包含,更不能互相替代。

一、政协协商和政党协商的制度基础

2005年2月，中共中央颁布《关于进一步加强中国共产党领导的多党合作和政治协商制度建设的意见》，明确提出政治协商的两种基本方式，即“中国共产党同各民主党派政治协商”和“人民政协的政治协商”。① 这两种协商形式是以中国共产党为核心主体的协商形式。从论述上看，政党协商和政协协商都是中国协商民主的重要载体，关系紧密，存在着交集交叉。《中国人民政治协商会议章程》对政协协商进行了理论规定，提出：“中国人民政治协商会议是中国人民爱国统一战线的组织，是中国共产党领导的多党合作和政治协商的重要机构，是我国政治生活中发扬社会主义民主的重要形式，是国家治理体系的重要组成部分，是具有中国特色的制度安排”。② “中国人民政治协商会议是社会主义协商民主的重要渠道和专门协商机构。”③2006年2月，《中共中央关于加强人民政协工作的意见》提出，“人民政协的政治协商是中国共产党领导的多党合作的重要体现，是党和国家实行科学民主决策的重要环节，是党提高执政能力的重要途径。”④

以广东省为例，2006年《中共广东省委关于加强人民政协工作的意见》和2011年《中共广东省委关于加强新形势下人民政协工作的决定》对人民政协政治协商的主要内容、主要形式、主要程序进行细化。2011年中共广东省委印发《中共广东省委政治协商规程》，在全国率先对政协协商和政党协商的内容、形式、程序进行了细致区分规定。《中共广东省委政治协商规程》提出，政治协商是中国共产党领导的多党合作和政治

---

① 《中共中央关于进一步加强中国共产党领导的多党合作和政治协商制度建设的意见》，载《改革开放三十年重要文献选编》，中央文献出版社2008年版，第1477、1478页。

② 《中国人民政治协商会议章程》，人民出版社2018年版，第10—11页。

③ 《中国人民政治协商会议章程》，人民出版社2018年版，第15页。

④ 《中共中央关于加强人民政协工作的意见》，载《十八大以来重要文献选编》（下），中央文献出版社2008年版，第261—262页。

协商制度的重要组成部分,是实现科学决策、民主决策、依法决策的重要环节,是中国共产党提高执政能力的重要途径。规程适用于政党协商和政协协商。《中共广东省委政治协商规程》把政治协商民主制度转化为可操作的民主实践,从程序设计和规范上体现政治协商的制度化、程序化、规范化。①

党的十八大以来,随着社会主义协商民主总体布局的逐步推进和对社会主义协商民主认识的逐步加深,政协协商与政党协商的概念正式诞生。2015 年 1 月,党中央颁发了《关于加强社会主义协商民主建设的意见》②,正式明确了政协协商和政党协商在创新国家治理和提升民主品质方面的制度优势和各自重点,直接促进了这两种协商方式的进一步细化和分工。对进一步完善政协协商提出具体要求,明确政协协商的主要内容,完善政协会议及其他协商形式,加强政协协商与党委和政府工作的有效衔接,加强人民政协制度建设等。对政协协商和政党协商的内容、形式、制度机制建设等内容进行了细化。③

2015 年 6 月,中共中央办公厅印发了《关于加强人民政协协商民主建设的实施意见》,对政协协商的内容、形式、加强政协协商与党委和政府工作的有效衔接,加强人民政协制度建设、提高政协协商能力、完善和加强党对人民政协协商民主建设的领导等进行具体规定。④ 2015 年 5 月,中共中央印发《中国共产党统一战线工作条例(试行)》,提出,政党协商是中国共产党同民主党派的政治协商,就政党协商的内容和形式进行规定。2015 年 10 月,中共中央办公厅印发了《关于加强政党协商的实施意见》,为政协协商和政党协商的制度化、规范化和程序化建设奠定了框架和基础。

---

① 参见《广东省政协委员手册》,2018 年,内部资料。

② 参见《中共中央关于加强社会主义协商民主建设的意见》,人民出版社 2015 年版。

③ 参见《广东省政协委员手册》,2018 年,内部资料。

④ 参见《关于加强人民政协协商民主建设的实施意见》,人民出版社 2015 年版。

二、政协协商与政党协商的联系和区别

政协协商和政党协商在协商组织形式、协商主体、协商内容、协商形式、协商程序等方面有相同、相似或者交叉的部分，但两种协商方式存在差异性。①

（一）协商组织形式

政协协商是依托人民政协这一中国共产党领导的多党合作和政治协商的重要机构进行的间接协商，主要是由人民政协来组织和协调。在人民政协这一制度化的平台上，各民主党派有代表本界别整体的党派提案或发言，但共产党不作界别性提案和发言。

政党协商是由中共党委或者党委统战部具体负责组织、安排、协调，执政党、参政党领导人以各种正式和非正式的形式参加。政党协商是中国共产党主要领导人与民主党派主要领导人之间的高层次的、面对面的直接协商，它不存在任何中间环节，属于政党最高核心层的协商。②

（二）协商制度基础

中国共产党领导的多党合作和政治协商制度是我国的一项基本政治制度。人民政协是介于政党、国家、社会之间的重要组织机制和制度力量，是协调中国政治关系、社会关系和利益关系的重要制度平台。

政党协商是规范党际关系、沟通政党意愿、强化党际监督、实现参政党"一个参加、三个参与"的重要途径。政党协商更侧重于政党制度，政协协商指向更为广泛的社会主义民主政治。③

（三）协商主体

政协协商的主体广泛，目前由 34 个界别组成，包括中国共产党、民主

① 参见王江燕：《政党协商与政协协商的联系和区别》，《上海市社会主义学院学报》2014年第4期。

② 参见王江燕：《政党协商与政协协商的联系和区别》，《上海市社会主义学院学报》2014年第4期。

③ 参见李金河、王江燕：《政党协商与政协协商的相互促进和协调发展研究》，《中共浙江省委党校学报》2016年第6期。

党派和无党派人士,也包括各级党委、人大、政府、人民团体等。政党协商的参加主体包括中国共产党、民主党派和无党派人士,工商联则作为具有统战性的人民团体和商会组织参加政党协商。

政协协商中的中国共产党和各民主党派强调其身份的界别性、社会性。政党协商的主体突出强调其身份的政党性。人民政协政治协商的参与者包括各政党,参与政党协商的各民主党派和无党派人士也大多在人民政协任职,进入政协任职的中国共产党和民主党派成员也都在本党派担任一定职务,两者统一于中国共产党领导的多党合作和政治协商制度与社会主义协商民主制度。通过相关文件规定和人员的双重任职得以体现。

(四)协商内容

政协协商是界别协商,更侧重于意见表达,是党和政府吸纳、整合民意的渠道,通过各界人士协商收集反映社情民意,进而向党委、政府提出意见和建议。政党协商注重全局性、根本性、战略性和方向性。有些问题只能是政党协商,不适宜政协协商。比如在重大决策前、有关国计民生的重大改革措施出台前,还有关于党和国家领导人选建议、优化民主党派的政治安排和实质安排等相关问题。① 从协商内容角度,政党协商问题一般具有较强的前瞻性、战略性、宏观性。政协协商更多关注社会公共生活中的热点问题,重点研究在国家政策、战略贯彻落实情况以及与大众百姓切身利益相关的大事小情,协商问题一般具有较强的协调性、咨政性、具体性。

(五)协商形式

政协协商和政党协商的形式部分相同,都通过协商会、座谈会、通报会等方式开展的协商活动。政党协商有民主党派向中共党委直接提出书面建议的“直通车”方式,显示出渠道优势。而与政党协商的小规模高层

① 参见李金河、王江燕:《政党协商与政协协商的相互促进和协调发展研究》,《中共浙江省委党校学报》2016 年第 6 期。

次专题性相比，政协协商表现为大规模广范围综合性。人民政协完备的组织体系、制度化的会议和经常性工作为政协协商提供了良好保障。会议协商既是政党协商也是政协协商的主要形式，政协协商的各类会议更加规范化和经常化。除了会议发言和提案的方式，专题协商、对口协商、界别协商、提案办理协商以及2013年开始恢复的双周座谈会都是政协协商方式更加多样的充分体现。①

（六）协商程序

从协商的程序看，政协协商和政党协商都是按照多党合作制度规定的政治协商制度实施的。两者会议协商的程序都是由中国共产党根据年度工作重点提出规划或建议，协商议题提前告知提供相关材料；都要求协商中通报情况、听取意见、争取共识；都要求协商后要认真研究意见建议并及时反馈情况。在书面协商方面，都是以书面形式就相关课题向党委积极建言献策，经过党委和政府采纳和落实而发挥作用。在约谈协商方面，由各级党委根据不同党派、界别分工情况，组织定期或不定期的谈心活动，委托统战部与各政协界别、民主党派代表谈心交心，沟通思想。

（七）协商范围和频次

人民政协存在国家、省、市、县四级系统组织，是自下而上汇集民意，层层协商的纵向互动交流的民主形式是政协反映社情民意信息的直接通道；政党协商则往往表现在中上层，尤其是在中央层面政党协商的作用和影响力更大。政协协商侧重于界别之间的协商，体现社会协商民主的精神；政党协商侧重于党际之间的协商，体现多党合作的精神。政协协商频率高于政党协商，作为“四套班子”之一，组织体系健全，协商主体、内容、形式、程序完整丰富、协商频率高。

三、实现政协协商与政党协商良性互动的对策建议

在政治协商实践中，规范统筹两种协商方式，实现政协协商和政党协

① 参见李金河、王江燕：《政党协商与政协协商的相互促进和协调发展研究》，《中共浙江省委党校学报》2016年第6期。

商相互配合,避免两者因协商内容、过程交叉和重叠而造成的政治资源浪费和政治效率低下,推动中国特色社会主义协商民主广泛多层制度化发展。

(一)加强党的领导

加强党的领导是新时代政协协商和政党协商协同发展的前提。在党的领导下,强化两种政治协商方式的制度化、规范化、程序化。2018 年中共中央办公厅印发了《关于加强新时代人民政协党的建设工作的若干意见》,指出,中国共产党领导是中国特色社会主义最本质的特征,也是人民政协这一制度安排和政治组织最本质的特征。在政协各级组织和各项活动中,党居于领导地位,坚持中国共产党领导是人民政协必须恪守的根本政治原则。

重视整体协调、理顺关系,明确负责政协协商和政党协商工作的相关部门,切实开展协商前的情况交流、具体协商的组织联络和相关意见的采纳等有关工作,集思广益,在党内外培养营造宽松和谐的氛围。建立政协党组同参加政协的各民主党派、无党派人士经常性联系制度,及时了解统一战线内部思想动态,不断增强固守政治底线的定力,找到最大公约数、画出最大同心圆。建立政协党组成员联系相关界别党员委员、党员委员联系党外委员制度,建立联系无党派人士界、宗教界委员机制。①

(二)完善人民政协的联系和沟通机制

1. 加强政协协商与党委、政府工作的联系和沟通。

《关于加强人民政协协商民主建设的实施意见》中指出,党委和政府工作与加强政协协商有效衔接。以党委和政府工作为轴心带动政协协商与政党协商的协调互动。规范党政领导及部门负责人参加政协协商与政党协商活动是非常重要的环节。

(1)规范协商议题提出机制。建立党委同政府、政协重点协商议题

① 参见《关于加强新时代人民政协党的建设工作的若干意见》,2018 年 10 月 14 日,http://www.gov.cn/zhengce/2018-10/14/content_5330653.htm。

会商机制,议题由党委和政府交办,由党委召开的秘书长联席会议研究提出,由政协与党委和政府及有关部门沟通协商提出。

(2)健全知情明政制度。党委召开的有关重要工作会议安排政协领导同志参加。国务院或地方政府召开全体会议和有关会议,视情邀请政协有关领导同志列席。有关部门召开的重要会议视情邀请政协有关方面负责同志参加。建立相关部门定期通报情况制度,为政协委员履行职责提供便利、创造条件。政协全体会议召开前,根据需要可组织情况通报会,请有关部门通报年度工作情况。协商活动举办前,有关部门应提供需要协商的相关材料。

(3)完善协商成果采纳、落实和反馈机制。党委会同政府、政协制定协商成果采纳、落实和反馈办法。协商后形成的视察报告、调研报告、政协信息、大会发言专报、重要提案摘报等成果,党政领导同志作出批示的,及时告知政协办公厅(室);对领导同志要求有关部门落实的,将落实情况抄送政协办公厅(室)。

2. 加强人民政协与统战部门的联系和沟通。

在既有的工作格局下,人民政协和党委统战部具体承载着政协协商和政党协商的日常工作。两个工作部门的相互配合和协调至关重要。两者在职能、机构、目标上的一致性导致政协协商和政党协商在某些方面出现交叉重叠现象。

(1)人民政协主动与统战部密切配合,就政协协商的计划、任务、动态等积极进行交流。政协的重大协商活动,及时通知统战部,以便配合协作。统战部门对政协工作负有了解情况、调整关系、安排有关人事的责任,要充分了解和熟悉政协协商工作;在研究有关政党协商的工作时,统战部门应主动邀请政协党组负责同志参加。涉及协商内容交叉的工作,人民政协和统战部门应协同进行。

(2)由分管统战工作的领导同志牵头,建立政治协商督办落实联席会议制度,召集“四套班子”办公厅、统战部门、组织部等部门定期召开会议,研究、沟通和协调政治协商的组织实施、跟进落实、督办反馈等工作,并每年组织上述部门对政治协商的落实情况进行检查。由办公厅牵头联合相关部门开展检查、汇总各部门对民主党派、无党派人士政治协商的落实情况。政协办公厅负责落实、汇总党委政府在政协同各民主党派和各界代表人士政治协商的落实情况。办公厅根据需要定期或不定期进行督查,确保工作取得实效。

(三)完善人民政协的联动机制

实现政协协商和政党协商联动的制度化、规范化、程序化。完善的制度机制是政治协商实现经常性和有效性的关键。完善政协协商和政党协商的程序建设,建立有选题程序、论证程序、报批程序、审定程序、反馈程序一整套规范程序构成的协商机制。

建立民主党派在政协开展经常性工作的运行机制。全国政协已经建立担任副秘书长的民主党派成员在秘书长会议上每月通报本党派工作情况制度,起到沟通情况和协商调查研究、视察考察等共同事务作用。发挥主席会议、秘书长会议的作用,有效实行多党合作和政治协商。基层地方政协协商比政党协商要生动活泼,也更容易见成效。因此,要协调发展政协协商和政党协商,合理配置两种资源,形成有效联动机制。①

(四)提升民主党派建设水平

民主党派是政协协商和党际协商的双重主体。民主党派成员既是政党协商的参与主体之一,也是政协协商的参与主体之一,前者主要处于政党政治领域,后者主要处于国家与社会领域。作为两者的契合之处,民主党派的建设成为促进两者良性互动的基点。

建立健全民主党派人才队伍制度建设,加强民主党派本身的党派特性,可以将一部分在社会上有影响力的人士吸纳进入民主党派,支持民主党派的活动,民主党派提出具有党派特性的提案和建议,在政治协商中更好地发挥作用。在民主党派内部成立政协协商队伍与政党协商队伍的团

① 参见张庆黎:《坚持和完善中国共产党领导的多党合作和政治协商制度》,《人民日报》2019年11月25日。

队培育机制以及沟通联络机制。加强民主党派成员与政协委员在政治协商范围内的合作与对话。建立由民主党派成员、政协委员、人大专门委员会委员组成的日常联络机制,组成联合调查小组,就共同关心的问题展开调研,并向有关部门提出政策建议。增强政协委员联络站建设,以“代表、委员之家”为活动平台加强同本区域民主党派组织的互动,推动民主党派成员下基层考察调研,建立民主党派成员进社区制度。①

(五)有效发挥政协协商的优势

人民政协组织结构上的广泛性、包容性和开放性使它成为“下通各界,上达中央,沟通各界”的制度中介。人民政协有系统的组织,层级丰富,是自下而上汇集民意、层层协商的纵向互动交流民主形式。在政协协商中,政策建议经由人民政协传导到国家权力运行平台,通过制度化平台传导的民情民愿被层层汇总、整理与分析;各个界别团体发表、交换和修改各自的意见与建议,形成一个或者少数几个的意见方案,提交给国家权力机构审议,党和政府根据协商共识调整国家发展战略。

第三节　民主党派在人民政协的性质定位

理解民主党派在人民政协的性质定位,需追溯民主党派自身演变的历史过程,考察其追随中国共产党革命、建设、改革的历史特点,从民主党派在统一战线中发挥的作用、与中国共产党的关系、在新型政党制度中的方位等角度,历史地、辩证地深入探析。

一、民主党派是统一战线的重要组成部分

民主党派在中国政治生活中的独特作用是历史发展的产物。民主党派在中国政治生活中发挥的重要作用可追溯到新民主主义革命时期。从

① 参见魏晓文、郭一宁:《论政党协商与政协协商的互动关系》,《社会主义研究》2015 年第 5 期。

成员背景来看,在新中国成立以前,中国各民主党派的构成基础是民族资产阶级、城市小资产阶级、知识分子、爱国民主人士等。除此之外,还有部分革命知识分子和少数共产党员。土地革命时期,宋庆龄等于 1932 年 12 月发起成立了中国民权保障同盟,为保障人民的民主自由权利,营救政治犯,反对国民党的非法拘禁和杀戮,开展了多项活动,与中国共产党领导的抗日斗争相一致。抗日战争期间,各民主党派斡旋于国共两党之间,为维护抗战大局,拯救民族危亡,巩固抗日统一战线做了大量工作。抗战胜利后,国民党日益暴露其独裁本质,内战阴云笼罩全国。民主党派及时揭露国民党的反动面目,坚定地与中国共产党站在一起,选择接受中国共产党的领导,影响到了时局的发展。中国共产党发布"五一口号"后,各民主党派纷纷发表通电、决议表示响应。民主党派的加入壮大了人民民主统一战线的力量,并最终促成了中国人民政治协商会议的召开和新中国的成立。社会主义改造基本完成后,各民主党派的社会基础也在不断发生调整。进入改革开放新时期,民主党派成为各自所联系的一部分社会主义劳动者和一部分拥护社会主义的爱国者的政治联盟。他们都是在中国共产党领导下,以社会主义劳动者为主体,为社会主义建设服务的政治力量。

历史发展规律决定了民主党派是统一战线的重要组成部分。民主党派的发展伴随着统一战线的发展,两者密不可分。民主党派是统一战线的重要组成部分,统一战线为民主党派发挥政治功能提供载体。在社会主义革命建设发展过程中,民主党派积极调动成员和所联系的阶级、阶层参与到各项工作中。民主党派在重大历史时期的关键抉择,扩大了统一战线的阵营,发挥出统一战线的巨大功效,为共和国的成立、建设、改革各项事业建立了功勋。

二、民主党派坚持中国共产党的领导

民主党派作为统一战线的组成部分,坚持中国共产党的领导。中国共产党在领导中国人民推翻"三座大山"、建立新中国、实行社会主义改

造和建设等任务的过程中发挥了中流砥柱的作用，统一战线形成并服务于这一伟大历史进程。因此，统一战线坚持中国共产党的领导是历史形成的结果。民主党派作为统一战线的组成部分，接受中国共产党的领导，是其根据历史发展事实作出的选择。民主党派接受中国共产党的领导，客观上形成了领导与被领导的政治关系。毛泽东在 1954 年 12 月同缅甸总理吴努的谈话中指出："中国的各种党派是有差别的，并不在一个水平上，有领导和被领导的分别。"[①]在政治上，中国共产党与各民主党派之间是领导与被领导的关系，具体表现为中国共产党与各民主党派在国家政权中是执政党与参政党的关系。中国共产党作为执政党，是中国特色社会主义事业的领导核心。各民主党派作为参政党，广泛参与国家政权建设。在政党关系上，民主党派是合作党，不是反对党，民主党派接受中国共产党的领导、与中国共产党通力合作。从制度设计和政策规定看，中国共产党对民主党派的领导是政治领导，领导的内容是政治原则、政治方向和重大方针政策的领导，领导主体是党委而不是部门、是集体而不是个人，领导的主要方式是中国共产党制定正确的路线方针政策、党员干部发挥模范带头作用、切实照顾同盟者利益、民主协商以及不断加强自身建设等。民主党派接受中国共产党的领导，是对中国共产党政治主张的赞同，是对中国共产党领导能力与执政水平的认同。因此，从政治领导层面更能有效理解民主党派与中国共产党之间的实质关系。

民主党派参政的权利受到宪法保护。民主党派在接受中国共产党领导的同时，仍依法享有宪法规定的权利和义务范围内的政治自由、组织独立和平等法律地位。民主党派依法参加国家政权，参与国家事务的管理，参与中国共产党和国家大政方针以及人民生活重大的协商和决定，同中国共产党亲密合作，又互相监督。各民主党派都必须以宪法为根本活动准则，负有维护宪法尊严、保证宪法实施的职责。各民主党派都联系着特定的阶层和群体，代表各自所联系群众的合法的具体利益，从而使各方面

① 《毛泽东文集》第六卷，人民出版社 1999 年版，第 375 页。

的意见都能够充分地得到反映,使中国共产党的决策更正确,更广泛地代表人民的利益。由此可见,民主党派的参政权,是来自宪法赋予的权利,而不是对中国共产党执政权的分割,更不是要弱化中国共产党的执政地位。民主党派与中国共产党相向而行,通过与中国共产党的合作,参与或影响国家政权的决策。因此,民主党派参与政权建设与中国共产党的合作密不可分。

民主党派成员在国家机关中担任领导职务是实现参政议政的重要内容。民主党派成员担任国家机关领导职务的程序是,先由统战部门、组织部门和政府人事部门考察和培养,经与民主党派协商后,推荐适合任职条件的人选并依法任命。民主党派成员任职后,独立履行职权,能够独当一面地开展工作,与其他同在国家机关任职的干部一样,列为国家公务人员管理,必须严格遵守政令、法纪,依法履行职权。

民主党派在实践中拓展基本职能。参政议政、民主监督,参加中国共产党领导的政治协商是民主党派的基本职能,也是中国共产党领导的多党合作和政治协商制度的重要内容。民主党派在实践中不断探索发挥作用的新领域,体现自身在我国政治体系和政治生活中的重要作用和价值。"参政议政"主要反映了民主党派与国家政权的关系,"民主监督"反映了民主党派与执政党关系的一个重要方面,"参加中国共产党领导的政治协商"反映了民主党派参与国家重大决策的途径和方式。近年来,各民主党派结合自身所长,聚焦社会热点和民生难点,积极履行职责,产生了良好的社会效果。

三、民主党派是人民政协的重要组成单位

民主党派是中国特色社会主义政党制度中不可或缺的重要组成部分。习近平总书记指出:"中国共产党领导的多党合作和政治协商制度是我国的一项基本政治制度,是从中国土壤中生长出来的新型政党制度"。中国特色社会主义政党制度的"新"就新在中国的政党制度是中国共产党领导的多党合作制。在中国的政党序列中,除了执政党中国共产

党以外，还有作为参政党的各民主党派。中国特色社会主义政党制度既不同于政党轮流执政，也与一党制相区别，自成一体，独具特色，因此称为新型政党制度。民主党派作为参政党，在中国政治生活中发挥着重要作用。

中国共产党与民主党派的关系构成了中国共产党领导的多党合作和政治协商制度的重要内容。中国共产党与民主党派的合作具有多种特征。其一，规范性。中国共产党和民主党派的合作具有明确的制度规范指引，具体体现在改革开放以来中共中央制定和颁布实施的一系列规范性文件和党内法规。其二，多样化。中国共产党和民主党派的合作既有政党组织间的合作，也有政党成员在政权机关内的合作。其三，宽领域。中国共产党和民主党派的合作既有政治领域中的合作，也有经济社会领域中的合作。其四，广协商。中国共产党和民主党派的合作拥有政治协商这一特色机制。主要包括政党协商和政协协商两种形式，具体来看有统战部组织的中国共产党与民主党派之间的高层会谈，以及人民政协提供的常态化党际对话协商平台。

人民政协为民主党派提供了广阔的履职空间。民主党派是人民政协的重要组成部分，为人民政协事业的创建和发展作出了重要贡献。人民政协的发展历程与民主党派密切相连，民主党派参与了人民政协的创建和发展全过程，人民政协在不断完善的过程中也为民主党派充分履职提供了广阔的空间。民主党派是人民政协的参加单位，人民政协对民主党派参与人民政协的各项工作负有直接责任。参加政治协商是民主党派的重要政治实践。政治协商在中国共产党领导的多党合作和政治协商制度中具有重要地位，是多党合作的重要内容。人民政协是专门协商机构，发挥着协商民主主渠道的作用，理应为民主党派搭建更好的协商平台。随着人民政协的不断发展，其作为中国共产党领导的多党合作和政治协商机构，正成为各民主党派参与国家治理的重要平台。因此，人民政协的发展为民主党派基本职能的拓展提供了具体的载体，民主党派通过参加人民政协的活动，为自身建设激发出新的生机与活力。

从多党合作的视角看民主党派在人民政协中的性质定位。理解民主党派在人民政协中的性质定位要牢牢抓住“合作”这一关键词,避免只从民主党派与人民政协的关系来看待这个问题。“合作”指的是中国共产党与各民主党派是合作的关系。即中国共产党与民主党派的合作要体现在具体的空间、事项、议题、形式当中。而人民政协的协商平台,恰好满足了党际“合作”对这些要素的要求。人民政协的协商活动具有固定的协商场所、丰富的协商事项、稳定的协商议题、有效的协商形式。因此,中国共产党与民主党派在人民政协的合作是具体的、有形的、规范的、常态化的。深刻理解中国共产党与民主党派的合作关系是揭示民主党派在人民政协性质定位的基础。民主党派与人民政协的关系必须借助其与中国共产党的合作关系才能得到完整的解释。这即是说,人民政协是中国共产党与民主党派开展合作的平台和载体,民主党派是人民政协开展统战工作的对象,民主党派参与人民政协工作体现了人民政协在中国特色社会主义政党制度中的独特地位。值得注意的是,民主党派既是人民政协开展统战工作的对象,又是人民政协的重要组成部分,这与民主党派在人民政协中的性质定位并不矛盾。造成这样情形的原因在于人民政协自身的独特定位,而这是另一个维度需要探讨的问题。

总而言之,从历史进程、政党关系、政党制度等角度考察民主党派发生作用的机理,能够比较准确地揭示民主党派的性质定位,为指导民主党派在人民政协开展经常性工作找到理论依据。

第四章　人民政协在国家治理体系中的作用和运行机理

党的二十大报告指出："从现在起，中国共产党的中心任务就是团结带领全国各族人民全面建成社会主义现代化强国、实现第二个百年奋斗目标，以中国式现代化全面推进中华民族伟大复兴。"①这就为我们人民政协在推进国家治理体系和治理能力现代化进程中，为建成社会主义现代化强国、实现中华民族伟大复兴发挥其独特的作用提供了重大契机和实践遵循。

成立70多年来，人民政协作为中国人民爱国统一战线的组织、中国共产党领导的多党合作和政治协商的重要机构、我国政治生活中发扬社会主义民主的重要形式，在推进国家治理体系和治理能力现代化中发挥着不可替代的作用。在国家治理体系不断完善的今天，人民政协在国家治理体系中的作用已经体现在其性质、组织主体、特殊功能、民主与治理效能等方方面面。作为专门协商机构的人民政协，坚持发扬民主和增进团结相互贯通、建言资政和凝聚共识双向发力，把发展全过程人民民主的要求落实到政治协商、民主监督、参政议政和凝聚共识各项工作中，深入推进专门协商机构建设，服务推进国家治理体系和治理能力现代化。尤其是党的十八大以来，中国特色社会主义进入新时代，人民政协必须紧跟

① 习近平：《高举中国特色社会主义伟大旗帜　为全面建设社会主义现代化国家而团结奋斗——在中国共产党第二十次全国代表大会上的报告》，人民出版社2022年版，第21页。

新时代步伐,立足新方位,担负新使命,有效地发挥人民政协作为专门协商机构独特功能。

历史地看,中国共产党作为执政党始终高度重视人民政协的民主协商与政治监督的特殊功能,把人民政协发展作为执政党治国理政总体方略的重要组成部分。进入新时代以来,习近平总书记更是多次就人民政协工作发表重要讲话,并提出了一系列新思想、新观点、新论断,对人民政协的功能和使命作出了新的定位,为推进新时代人民政协在国家治理体系和治理能力现代化中的功能发挥指明了方向。正是在此意义下,我们如何高举党的二十大旗帜,坚持以习近平新时代中国特色社会主义思想为指导,准确把握人民政协在国家治理体系的性质定位,全面深入探讨人民政协在国家治理过程中充分发挥作用的运行机理,就成为新时代全面提升政协工作水平的关键所在,也是推进政协协商民主在国家治理体系中科学发展的内在要求。按照党的十八届三中全会,十九届四中、五中全会精神以及党的二十大精神,发挥人民政协在国家治理体系和治理能力现代化中的重要作用,要求精准把握人民政协在国家治理体系中的重要定位,科学地把脉人民政协在国家治理过程中的运行机理,这对于发挥专门协商机构的职能作用,实现人民政协专门协商机构职能具有重大意义。

第一节　人民政协参与国家治理现代化的历史进程

新民主主义革命的胜利、新中国的成立,实现了我们民族独立和人民解放的百年梦想。经历了社会主义改造,我国正式建立起现代意义上的社会主义制度。而在新中国成立之初,人民政协就得以确立并与共和国一同成长,伴随着国家治理走向成熟,一直发挥着重要的作用。与人民共和国的姓名一样,人民政协也同样冠以"人民",这集中体现了中国共产党的本质属性——人民性和中国共产党一贯秉持的马克思主义根本立场——人民立场。这从本质上反映了社会主义中国国家治理的人民性所在。习近平总书记强调指出:“人民立场是中国共产党的根本政治立场,是马克思主义政党区别于其他政党的显著标志。党与人民风雨同舟、生死与共,始终保持血肉联系,是党战胜一切困难和风险的根本保证”,因此,“全党同志要把人民放在心中最高位置,坚持全心全意为人民服务的根本宗旨,实现好、维护好、发展好最广大人民根本利益,把人民拥护不拥护、赞成不赞成、高兴不高兴、答应不答应作为衡量一切工作得失的根本标准,使我们党始终拥有不竭的力量源泉”。① 人民政协作为民主协商机构,从其诞生之日起就与新中国国家治理联系在一起,也决定了人民政协的根本立场就是人民立场,即实现人民主体地位,保证人民当家作主的地位。这也决定了人民政协在参与国家治理的进程中必须一切以人民的利益为出发点,围绕国家大政方针政策的科学制定,形成国家各项治理制度规范,为着人民对美好生活愿望的目标,更好地带领各界人民积极主动创造幸福生活,同时有效地保证广大人民能够真正参加国家治理,构建充满活力、生动活泼、安定有序的政治经济与社会秩序,发挥人民政协不可替代的功用。

一、人民政协参与社会主义制度建立和国家治理

历经百年沧桑的中国共产党带领人民建立新中国,确立社会主义制度,进行改革开放伟大实践,开辟中国特色社会主义道路,走入改革开放,进入中国特色社会主义新时代,我们的国家治理经历了社会主义革命、建设与改革开放的 70 多年风雨历程,人民政协在 70 多年来的国家治理进程中也历经复杂的发展与转型过程。从 1949 年新中国成立到 1956 年社会主义制度基本建立,国家治理的经验有待探索和积累,这是任何国家从“统治型”到“治理型”模式转型必经的一个过程。从国家理论的角度看,

① 习近平:《在庆祝中国共产党成立 95 周年大会上的讲话》,人民出版社 2016 年版,第 18 页。

任何性质的国家都具有“统治”功能与属性。社会主义国家同样具有这一职能和属性,有关这一点,其实马克思早就有过天才的设想:“工人革命的第一步就是使无产阶级上升为统治阶级,挣得民主。无产阶级将利用自己的政治统治,一步一步地夺取资产阶级的全部资本,把一切生产工具集中在国家即组织成为统治阶级的无产阶级手里,并且尽可能快地增加生产力的总量。”①新中国成立之初,新民主主义革命任务的继续——社会主义革命,通过新民主主义革命向社会主义的过渡,完成新民主主义革命遗留的任务,最终建立起了社会主义制度。这个过程也说明马克思的设想在中国社会主义制度建立过程中,也只有通过社会主义国家的统治职能的掌握,才能建立起中国的完整的社会主义制度。从历史经验来看,在这一过程中我们并不一帆风顺,遭到了来自国内外不同反动势力的阻挠,组织了各种对新生的社会主义制度猖狂的进攻。为此,我们党展开了一系列积极的和必要的反击。邓小平对此也作过中肯的论断:“三大改造完成后,确实有一股势力、一股思潮是反社会主义的,是资产阶级性质的。反击这股思潮是必要的。我多次讲过,那时候有的人确实杀气腾腾,想要否定共产党的领导,扭转社会主义的方向。不反击,我们就不能前进。”②也正是在这一过程中,人民政协不仅在过渡时期发挥了重要的作用,进行了镇压反革命的坚决斗争,配合我们党组织开展了土改运动和“三反”“五反”运动,顺利完成了举世闻名的“三大改造”,即对农业、手工业和资本主义工商业的社会主义改造。同时,我们党充分发挥了人民政协组织结构和组成人员的独特性优势,尤其是在新民主主义革命时期各政治界别在民族资本家、工商业界中的特殊关系,积极有效地帮助新生的人民政府完成了对民族资产阶级的和平赎买,并顺利实现了公私合营工作,在相当短的时间内,我们新生的政府能够消灭与新生的社会主义制度对抗的剥削阶级地主阶层和

① 《马克思恩格斯选集》第1卷,人民出版社2012年版,第421页。
② 《邓小平文选》第二卷,人民出版社1994年版,第294页。

资产阶级，防止了这些可能阻碍中国社会主义制度建立的政治风险，应该说人民政协在这一过程中积极地发挥了自己独特的政治优势和功能角色，帮助新中国于1956年完成了社会主义改造的各项任务，建立起社会主义性质的国家经济、政治、文化制度，使得社会主义制度得以基本确立起来。

二、改革开放赋予人民政协新使命

作为改变中华民族历史命运的抉择，中国改革开放作为伟大的历史性开端，开启了中国特色社会主义事业的历史性新起点，也为人民政协在国家治理中发挥作用开启了新的历史使命。

（一）改革开放初期，人民政协的功能定位日益清晰

改革开放是强国之路，也是实现“两个一百年”奋斗目标、实现中华民族伟大复兴中国梦的关键抉择。40多年来，人民政协与改革开放同步展开、相偕相长，在改革开放过程中得到了恢复、完善和发展，也在理解、支持和参与改革开放过程中发挥了人民政协的重要作用。正因此，1978年对于人民政协而言同样意味着进入了一个崭新的历史时期。顺应改革开放的伟大时代，作为专门协商机构的人民政协融入到国家治理走向深度改革与完善的进程中。党中央审时度势，适时地提出并明确人民政协的基本性质、根本任务、核心主题、总体职能，并再次从宪法上明确了人民政协作为专门协商机构的地位，从中国特色政党制度框架的政治高度，进一步明确中国共产党领导的多党合作和政治协商制度成为并将永远作为我国的一项基本政治制度确立起来。为了进一步明确人民政协在我国政党制度框架中的基本地位和重要功能，2005年中共中央印发了《关于进一步加强中国共产党领导的多党合作和政治协商制度建设的意见》，2006年中共中央又印发了《关于加强人民政协工作的意见》。这两个文件都是改革开放以来关于统一战线工作的重要纲领性文件，具有重要指导性意义。特别是《关于加强人民政协工作的意见》中提出：“人民通过选举、投票行使权利和人民内部各方面在重大决策之前进行充分协商，尽

可能就共同性问题取得一致意见,是我国社会主义民主的两种重要形式。"[①]这个论断提出后,引起社会各界对协商民主的高度关注。2007年《中国的政党制度》白皮书第一次正式提出了"选举民主和协商民主"的概念。两种民主形式以及两种民主概念的提出,是近年来我国民主政治理论和实践方面的重大创新。人民政协这种民主形式融协商、监督、合作、参与于一体,极大地丰富了我国社会主义民主的内涵,体现了我国社会主义民主的实质和精要,为真正从各个层次、各个领域扩大公民有序政治参与提供了保障,从而极大地拓展了社会主义民主的广度和深度。也正是在这样的大环境下,人民政协通过广泛开展民主协商,努力调动一切积极因素,为推进改革开放和社会主义现代化建设作出了重要贡献。

(二)党的十八大以来,人民政协在国家治理体系中的定位更加明确、日益成熟

党的十八大以来,中国特色社会主义进入新时代,党的十八大、十九大把发展协商民主作为推进国家治理体系和治理能力现代化的一项重要战略举措加以部署,提出要健全社会主义协商民主制度,推进协商民主广泛多层制度化发展。习近平总书记站在新时代的高度,从理论和实践层面都对人民政协在国家治理现代化进程中的地位和性质做了全面系统阐发,尤其是人民政协作为国家专门协商机构的定位得到了系统的概括。2014年9月,在庆祝中国人民政治协商会议成立65周年大会上发表重要讲话中习总书记强调指出:"在中国社会主义制度下,有事好商量,众人的事情由众人商量,找到全社会意愿和要求的最大公约数,是人民民主的真谛。"[②]2018年通过的《中国人民政治协商会议章程》修正案,对人民政协作出了明确的定位:"中国人民政治协商会议是中国人民爱国统一战线的组织,是中国共产党领导的多党合作和政治协商的重要机构,是我国政治生活中发扬社会主义民主的重要形式,是国家治理体系的重要组

① 《十六大以来重要文献选编》(下),中央文献出版社2008年版,第260页。

② 习近平:《在庆祝中国人民政治协商会议成立65周年大会上的讲话》,人民出版社2014年版,第13页。

成部分，是具有中国特色的制度安排”，并明确指出“团结和民主是中国人民政治协商会议的两大主题”。① 2019年9月，在中央政协工作会议暨庆祝中国人民政治协商会议成立70周年大会上的讲话中，习近平指出：要“准确把握人民政协性质定位。人民政协作为统一战线的组织、多党合作和政治协商的机构、人民民主的重要实现形式，是社会主义协商民主的重要渠道和专门协商机构，是国家治理体系的重要组成部分，是具有中国特色的制度安排”。这就要求人民政协要坚持性质定位，坚定不移走中国特色社会主义政治发展道路。协商民主是实现党的领导的重要方式，是我国社会主义民主政治的特有形式和独特优势。要构建程序合理、环节完整的协商民主体系，在全国上上下下全方位地去做。

从完善制度的角度看，党的十八大以来，人民政协的制度建设日益成熟。2013年，党的十八届三中全会通过的《中共中央关于全面深化改革若干重大问题的决定》中，首次把完善社会主义制度，推进国家治理体系和治理能力现代化作为全面深化改革的总目标。“发挥人民政协作为协商民主重要渠道作用”，“完善人民政协制度体系，规范协商内容、协商程序”，成为全面深化改革的题中应有之义。2019年，党的十九届四中全会通过的《中共中央关于坚持和完善中国特色社会主义制度　推进国家治理体系和治理能力现代化若干重大问题的决定》中，进一步明确要“发挥人民政协作为政治组织和民主形式的效能”，“完善人民政协专门协商机构制度，丰富协商形式，健全协商规则”的性质定位和要求，人民政协作为专门协商机构的定位日益成熟规范。在中国特色社会主义国家治理新阶段，推进国家治理体系和治理能力现代化的新要求赋予了人民政协新时代的新任务。习近平总书记在中央政协工作会议上的重要讲话中，论述人民政协要坚持性质定位时指出：“人民政协作为统一战线的组织、多党合作和政治协商的机构、人民民主的重要实现形式，是社会主义协商民主的重要渠道和专门协商机构，是国家治理体系的重要组成部分，是具有

① 《中国人民政治协商会议章程》，人民出版社2018年版，第10—11页。

中国特色的制度安排。”①

从历史逻辑和理论逻辑解释人民政协制度的产生和演进,对在新时代学习贯彻习近平总书记关于加强和改进人民政协工作的重要思想大有益处。从历史的角度看,人民政协作为专门协商机构在推进国家治理现代化进程中经历了一个逐步成熟和完善的过程。概而言之,人民政协在国家治理体系中的重要作用,是通过自身的协商民主机制运行开启中国特色社会主义现代化民主进程得以确立并发展完善起来的。回应性治理过程的开启,将减轻或降低民众要求与政府行为之间的张力。民主治理回应性体现在人民政协运行机制的各个环节和过程中。人民政协成立70多年来,人民政协制度随着新中国的发展而发展,在国家制度体系中也逐步成熟定型。

第二节 人民政协在国家治理体系中的定位

如果说,以前我们从历史的纵向看人民政协制度,那么70多年后的今天,我们进一步认识到人民政协制度是具有中国特色的制度安排,则是通过与其他政治制度进行横向比较而言的。人民政协制度在世界各国政治制度之林中,独树一帜并傲然挺立。从人民政协发展历史和国家治理现代化进程的内在逻辑关联,我们可以描绘出一副完整成熟而又逐步走向定型的人民政协在国家治理体系及其运行机理中的一个系统化图谱(见下页)。

适应推进国家治理体系和治理能力现代化要求,准确把握人民政协在国家治理体系中的地位和作用,推进人民政协理论创新、制度创新、工作创新,是新时代人民政协作为专门协商机构推进国家治理现代化进程中必须深入研究的重大课题。习近平总书记在一系列重要讲话中,系统

① 习近平:《在中央政协工作会议暨庆祝中国人民政治协商会议成立70周年大会上的讲话》,人民出版社2019年版,第4页。

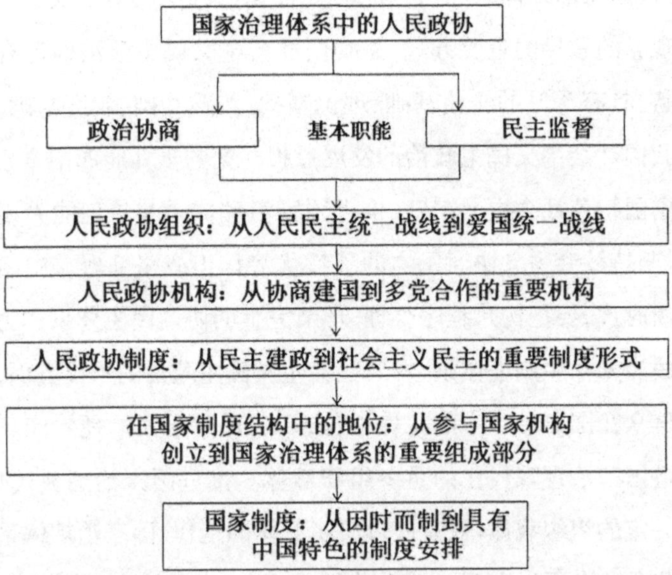

阐发了社会主义协商民主的思想，明确提出人民政协是具有鲜明中国特色的制度安排，科学界定了专门协商机构在国家治理体系的准确定位，即国家治理体系的重要组成部分。习近平总书记关于“人民政协是国家治理体系的重要组成部分”的论断，对于我们科学认识人民政协作为国家专门协商机构在国家治理体系中的重要地位及其在推进国家治理现代化进程中的重大意义有着重要的理论与实践指导性。

一、人民政协在国家治理体系中的性质定位

党的十九届四中全会作出的《关于坚持和完善中国特色社会主义制度、推进国家治理体系和能力现代化若干重大问题的决定》要求，充分认识和理解人民政协制度在坚持和完善中国特色社会主义制度、推进国家治理体系和治理能力现代化中的重要作用，发挥人民政协作为政治组织和民主形式的效能，提高政治协商、民主监督、参政议政水平，更好凝聚共识。完善人民政协专门协商机构制度，丰富协商形式，健全协商规则，优化界别设置，健全发扬民主和增进团结相互贯通、建言资政和凝聚共识双向发力的程序机制。正因此，习近平总书记指出：“发展社会主义民主政

治,是推进国家治理体系和治理能力现代化的题中应有之义。”①协商民主是实现党的领导的重要方式,是我国社会主义民主政治的特有形式和独特优势,具有深厚的文化基础、理论基础、实践基础、制度基础,已经深深嵌入我国社会主义民主政治的发展过程。党的十九届四中全会从坚持和完善中国特色社会主义制度、推进国家治理体系和治理能力现代化的高度,对坚持社会主义协商民主的独特优势作出战略部署。中国特色社会主义新时代,要把构建程序合理、环节完整的协商民主体系作为坚持和完善人民当家作主制度体系、发展社会主义民主政治的重要方面,充分保障人民群众在国家治理中的主体地位,切实提高国家治理效能。人民政协是推进国家治理现代化的重要组织载体。推进国家治理现代化,需要借助于一定的组织载体,只有通过组织载体的运作,国家治理体系和治理能力现代化才会得以实现。综上分析来看,人民政协在国家治理体系中的性质定位应该是整个国家政治过程中的重要组织主体之一,贯穿国家整个政治过程。通常而言,政治过程是以国家政治权力和决策为中心的一系列相关活动中的系统的、动态化概括,是国家治理体系及其治理过程中的关键运作环节,简单地理解,政治过程就是政治生活的动态方面,包括了政治系统从输入到输出的全部活动,是国家治理过程中的核心过程内容或者环节,因此,人民政协作为组织载体在政治过程分析中具有独特的地位。

政治行为是由政治行为者在政治系统的输入与输出过程中所发生的一系列互动行为构成的。政治行为主体可以是个人,也可以是组织团体,无论是个体或组织都在政治过程中担当一定角色,起着一定的作用。随着社会发展,个体与组织关系的变化及其对现代化社会的影响也随之发生变化,组织或团体角色日益凸显,也使得现代化政治组织和社会团体极大涌现到政治现代化过程中。无论从政治文化传统,还是从当代世界政

① 习近平:《在庆祝中国人民代表大会成立60周年大会上的讲话》,人民出版社2014年版,第20页。

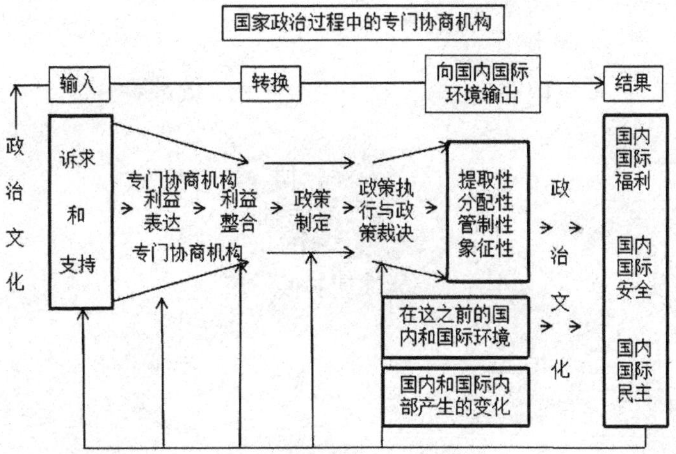

治实践来看，影响政治过程最重要的行为体实际上是政党和政府。政治过程赖以运行的动力是国家治理体系中权力协调与分配，以及在国家治理现代化过程中所担当的角色与功能的定位，是协调国家治理体系在国家治理过程中各行为主体间政治协商与决策咨询的关键过程，是在国家治理过程中以实现组织团体等的各种重大利益从而凝聚社会共识、达到国家治理效能的最有效手段。从某种意义上说，政治过程就是为国家治理而进行的协商与协调的政治治理过程。作为国家治理主体的专门协商机构可以通过各种形式来实现其特定的政治过程角色和功能，如选举、立法、司法、行政、决策、协商、鼓动、游说、宣传、教育、咨询等政治活动，是构成人民政协参与并推进政治过程的重要内容。人民政协作为我们国家治理体系的重要组成部分，它与其他社会活动密切相关，受到经济过程、文化过程等其他社会过程和社会诸要素的影响，最关键的就是人民政协本身也是国家政治生活的规范者、政治行为者、权力配置监督机制和政治运行机制等系列国家治理体系和治理主体关系与治理过程的重要的组织调控者，体现了人民政协在国家治理体系中的性质特点，即政治性、统战性、群众性和专业性①：

① 叶伟东：《发挥政协统战功能和专门协商机构作用探析》，《温州日报》2020 年 4 月 3 日。

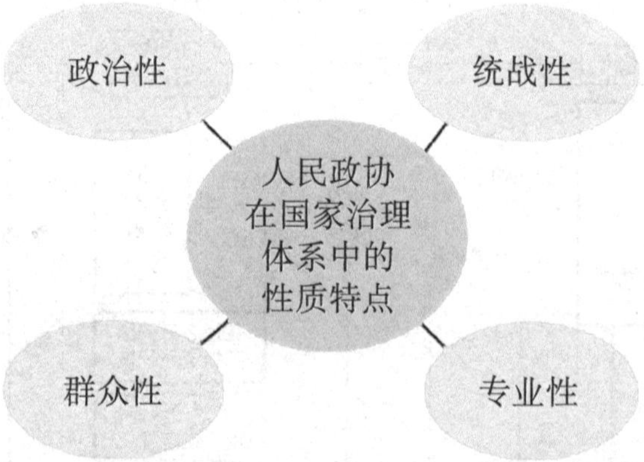

所谓政治性,指人民政协是在中国共产党领导下,人民内部各方面围绕改革发展稳定重大问题和涉及群众切身利益的实际问题,在决策之前和决策实施之中开展广泛协商,努力达成共识的重要民主形式。人民政协这种政治性集中体现在人民政协组织是介于权力政治与社会群众之间的一种桥梁纽带,并作为国家重要机关和民主协商的国家形式,明显地体现人民政协的政治属性和政治功能。这是新中国成立以来,在中国共产党领导中国特色社会主义的伟大实践中形成的有效民主形式:选举民主与协商民主的互动机制基础上,在中国特色的社会主义政治过程中形成的"政党协商、人大协商、政府协商、政协协商、人民团体协商、基层协商以及社会组织协商等多层次、广泛化、制度化的协商民主形式"。作为与新中国一起成长成熟起来的人民政协,能够在我国社会主义政治实践中从产生、发展、成熟再到定型,并在国家治理体系中形成自身的独特优势,集中体现了人民政协作为专门协商机构在国家治理体系中政治功能属性。首先,这是我国新型政党制度与特色民主机制的需要。人民政协作为经过了新中国成立到社会主义建设,又在改革开放的伟大实践中成熟定型的民主机制,已经将我国最具效能的协商民主的组织形式与运行体系,融入并成为国家政治过程的成熟模式。可以说,今天的中国政治运作,离不开"政党协商、人大协商、政府协商、政协协商、人民团体协商、基层协商、社会组织协商”构建的“多层次、广泛化、制度化”协商民主形式。其次，协商民主是有效发挥党对国家治理的领导职能的途径之一。新中国成立后中国共产党作为执政党，首次站到了治理这样一个世界大国的平台上，必须要有总揽全局的战略思维和世界眼光，协调国家与社会各方的核心引领作用。革命战争年代，人民政协发挥自身联系广泛，连接内外的优势，在为我们党争取多数支持的过程中发挥了重要的政治协商沟通作用，让多数民主党派站到中国共产党的阵营，可谓功不可没。新时代，人民政协也是党联系群众的重要途径，在贯彻党的群众路线与巩固统一战线这两个方面实现和加强党的领导，凝聚和达成发展共识，都具有不可替代的政治功能，尤其在今天国家治理体系的各个领域和方面，更需要协商民主有效发挥应有的作用。再次，人民政协在国家治理中为充分实现人民当家作主发挥着特殊功能。习近平总书记指出：“人民只有投票的权利而没有广泛参与的权利，人民只有在投票时被唤醒、投票后就进入休眠期，这样的民主是形式主义的。”①社会主义协商民主的优势就在于，在国家民主治理的全过程中，都可以通过进行平等理性的对话和交流，实现群众有序政治参与，极大地丰富了民主形式，拓展了民主渠道，深化了民主内涵，也提升了民主品质，集中体现了中国共产党在国家治理中坚持人民主体地位，党和政府把“政治智慧的增长、治国理政本领的增强深深扎根于人民的创造性实践之中，使各方面提出的真知灼见都能运用于治国理政”。② 最后，只有在中国共产党领导下的协商民主才能够有效提升国家治理的效能。中国的协商民主以自由而充分的表达为基础，包容差异而又寻求理解和共识，化解矛盾分歧，内在地具有团结人民、协调利益、有效决策、促进和谐的功能，这种与西方民主完全不同的独特优势，可以促进和保障国家稳定发展，有效提升国家治理的效能。简言之，人民政协是

① 习近平：《在庆祝中国人民政治协商会议成立65周年大会上的讲话》，人民出版社2014年版，第14页。

② 转引自杨明伟：《人民群众是改革开放事业的实践主体》，《新民晚报》2018年12月14日。

政治组织,政协协商必须始终坚持正确的政治方向,坚决维护党中央权威和集中统一领导,准确把握人民政协的性质定位,坚持走中国特色政治协商之路。人民政协在不同的历史时期都发挥了重要作用、作出了积极贡献,最根本的原因就是坚持中国共产党的领导。这也是人民政协政治性的根本体现。

所谓统战性,指人民政协在中国特色新型政党体制中的又一特色与优势。革命战争年代,在我们党从小到大的成长过程中,正是通过发挥统战优势,为我们党争取到了最广泛的政治支持、社会支持和海内外正义力量的支持。进入社会主义建设时期,人民政协在国家治理中发挥重要作用的同时,充分发挥其统战功能,联系各行业各群体、海内外各方力量大力支持中国社会主义建设,对突破西方势力的封锁,克服各种困难发挥了重要作用。改革开放新时期,人民政协充分发挥海内外广泛联系的优势,不仅吸引华人华侨和正义人士与组织对华友好投资,更是引领各方各界人士积极参与到改革开放的伟大实践中,推动中国特色社会主义实践进入了新时代,充分发挥了人民政协"代表性强、联系面广、包容性大"的优势特点,积极引导参加政协的各民主党派、无党派人士、各人民团体和各族各界人士,充分认识我国改革开放以来所取得的巨大成就,进一步巩固和夯实同中国共产党团结合作的共同思想政治基础,这些都证明了人民政协统战功能是我们党执政兴国、实现中华民族伟大复兴的重要法宝和磅礴力量。

所谓群众性,是指人民政协来源于人民群众、根植于人民群众,群众性是政协的基本属性。一方面,人民政协始终践行以人民为中心的发展思想,牢固树立人民政协为人民的理念,坚持"从群众中来,到群众中去"的工作方针,"聚焦大事、关注实事、紧盯难事",带着对人民群众的深厚感情,围绕群众最关心、最直接、最现实的利益问题,建真言、谋良策、出实招。另一方面,人民政协充分发挥了其介于"官方"与"民间"的特质和特点,能够充分运用联系广泛、沟通各界的独特桥梁纽带优势,把党心与民心、政治大局与民生大事、政治决策与群众民意有机连接起来,真正起到了下情上达与上情直达的民主协商作用，更多凝聚民众共识，达到国家与社会之间的有机耦合，并能够更好地推动我们党的方针政策深入实际、深入基层、深入群众，在倾听基层群众民意中，推动民生大事的解决。群众性是新时代我们党群众工作的硬支点和着力点。

所谓专业性，意指其工作性质和人员构成的专门化。习近平总书记提出政协委员就应该懂政协、会协商、善议政，这是人民政协专业性和专门化的体现。人民政协要在社会主义协商民主发展过程中，起到专门协商机构的作用，这对我们的专业化水平和专业素养提出了更高的要求，不仅要有会协商的专业知识和能力，还要有协商的胸怀、协商的艺术和协商的制度保障。在新时代，不会用专业化方式方法来做社会主义协商民主工作，就不可能履行好政协之职。① 围绕"懂政协、会协商、善议政"，人民政协要不断丰富履职的专业素养。

综合上述分析，从政治过程来看人民政协在新时代的新的性质定位，它是国家治理体系的重要组成部分，是国家治理体系中的协商治理机构。人民政协以专门协商机构作为制度平台，以政治协商制度为制度依托，以民主协商作为主要途径，在国家治理体系内部搭建起信息流动、协调联动的桥梁机制。协商民主在多年的政治实践中以逐渐构建起多主体的协商系统，政党协商、人大协商、行政协商、人民团体协商、基层民主协商等多个协商系统，人民政协"以专门协商机构的形式发挥其专门协商的独特优势，为各协商渠道提供配合支持；以专一的制度优势，既能促进治理客体之间的信息流通，扩展和延伸政党协商的范围，并配合和完善人大立法协商，支持、辅助政府行政协商，又能够有效地渗透和协调社会组织社会协商，指导推动基层民主协商工作，宣扬社会主义民主观念，最终推进国家决策科学化民主化进程"。② 简要地说，人民政协在国家治理体系中的

① 参见叶伟东：《发挥政协统战功能和专门协商机构作用探析》，《温州日报》2020 年 4 月 3 日。

② 叶伟东：《发挥政协统战功能和专门协商机构作用探析》，《温州日报》2020 年 4 月 3 日。

定位,就是推动社会主义协商民主的发展,通过广泛、多层、制度化的协商,将广泛的民意、科学的信息、有机的联系传导给国家治理体系的各系统,以真实有效的协商机制推动国家治理体系和治理能力现代化的过程,这是国家治理过程中一个重要而不可或缺的民主过程,体现了政治性、统战性、群众性和专业性的统一,可以从以下图示来体现专门协商机构的协商治理的属性与过程:

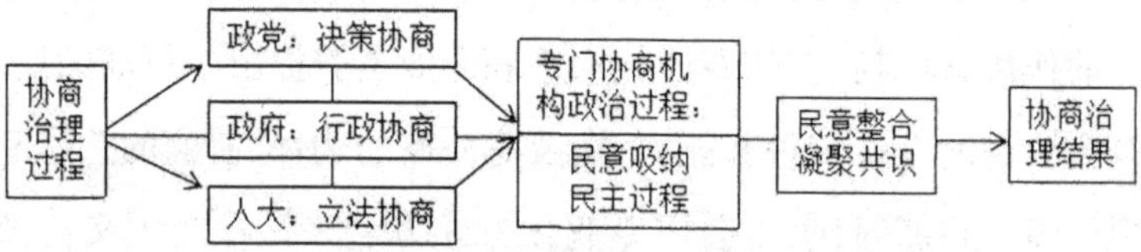

因此,我们可以说,人民政协作为一种制度性安排,它是以协商理性为核心、促进社会主义协商民主在国家治理过程中更好发挥作用的制度形式,其着眼点在于推进社会主义协商民主化程序以促进国家治理效能的优化。人民政协是国家治理体系中以民主程序为基础、组织并促进多元治理主体进行民主协商治理为中心环节,最终促进多元主体充分参与国家治理和促进治理客体之间的有效信息沟通以达成各系统符合最大民意的决策以及各系统之间有机联系的整体治理效能的提升。

二、人民政协在国家治理体系中的组织定位

习近平总书记关于"人民政协是国家治理体系的重要组成部分"的重要论断是对专门协商机构在国家治理体系中的精准而明确的定位。同时,人民政协作为中国政治体系中具有广泛代表性的政治组织,无疑是推进国家治理体系与治理能力现代化的重要组织载体。作为国家治理体系中的组织载体,其组织类型、组织结构、组织功能和组织形式都体现了在国家治理体系中独特的组织属性①并发挥着独特的治理功能。从现代国

① 参见虞崇胜:《人民政协在推进国家治理现代化中的三个定位》,《人民政协》2020 年第 1 期。

家治理现代化内涵看，国家治理是由若干治理要素构成的完整的、系统的治理结构体系，通常由多个治理主体要素构成。有学者将国家治理体系现代化和建设现代国家治理体系概括为规范、民主、法治、效率和协调五个基本要素，笔者在此尝试做一延伸解读：第一，公共权力运行制度化和规范化是前提。公共权力是国家治理的核心主体，必须保证公权力严格依法行事，才能保证国家治理的权威性和公正性，这就要求政府治理、市场治理、社会治理都必须有严格配套的法律制度安排和规范的公共秩序。第二，民主化是国家治理的价值基础和民意基础，国家治理的制度性设计和运行逻辑始终要体现人民利益至上的原则，这也是我国人民当家作主的根本体现。也就是说，国家治理的制度设计和全部政策要从根本上体现人民的意志和人民立场。第三，法治是国家治理行稳致远的根本保证。现代国家治理与秩序的根本来源，其核心就是宪法及其框架下的法律秩序。现代法治国家的共同理念就是，任何人任何组织任何机构都必须以宪法为国家最高权威，任何政党和组织都不能逾越宪法的权威随意行事，这是国家治理中最大的原则，是对现代“法治”的核心意涵的最恰当解释。第四，效能是现代国家治理体系和治理能力的根本目的。习近平总书记在党的十九届四中全会中指出，国家治理体系就是要把国家制度优势最大限度地转化成为国家治理的效能：维护社会稳定秩序、提高行政效率和经济运行效率。第五，协调治理是现代国家治理体系高效运行机制的根本保障，无论是政府治理还是社会治理抑或是市场治理，做到了上下统一、左右协调、运转自如的统一整体，才能构建起现代化国家治理体系。

首先，就国家治理的结构体系而言，科学设计治理体系是实现治理能力现代化的前提和基础，“科学体系”与“治理能力”是手段与日标的关系，要想实现国家治理能力现代化，就必须建立健全一套规范、民主、合法、有效、协调的国家治理体系。其次，就国家治理的基本内容来看，一般可以认为国家治理体系由经济治理体系、政治治理体系、文化治理体系、社会治理体系和生态治理体系构成。再次，就现代国家治理核心要义来看，治理体系应该是纵向治理体系与横向治理体系是协调统一的结构体系,要建构起系统、整体、协同、高效的治理格局,才是科学有效的现代治理体系。复次,与中国具体国情相结合来看,中国特色国家治理体系应该包括“党、政、企、社、民、媒”等多个方面。从广义治理角度看,中国共产党、各民主党派、国务院及各级地方政府、混合型市场主体、各类社会组织、广大人民群众、各类媒体等各类各层次的治理主体,共同构成了我国国家治理的结构体系。最后,从我国政治实践与国家治理过程看,人民政协作为专门协商机构的功能和作用贯穿了整个国家治理结构体系和国家治理的全环节全过程。因此,专门协商机构毫无疑问是我们国家治理体系中的重要组成部分。

从组织类型与组织结构上看,中国国家治理体系的特色之一是有人民政协这个独具特色的组织载体。一切不承认或认识不到这一点,忽视中国的现实,教条地以西方治理模式硬套中国治理的实践都是错误的。因此,推进国家治理现代化,必须充分认识和发挥人民政协作为国家治理现代化重要组织载体的作用。组织结构上,在国家政治结构体系中,人民政协虽然是一种非国家权力机构,但其参与主体涵盖了社会主义劳动者、社会主义事业的建设者、拥护社会主义的爱国者、拥护祖国统一和致力于中华民族伟大复兴的爱国者。人民政协参与国家治理由专门的组织机构即各级政协来组织实施,它区别于党的领导机关、国家权力机关、国家行政机关而独立存在于我们国家的治理体系之中,有明确的职能定位和较为完善的工作机制,而且人民政协全体会议每年与全国人大全体会议同时召开,从而能够在组织结构上确保国家治理体系的完整性和统一性。

从组织功能与组织形式来看,人民政协是我国唯一由所有合法政党和无党派人士参加的、并被允许以本党派名义在其中通过政治协商、民主监督、参政议政等来行使民主权利、参与国家政治生活的政治组织,这使得人民政协协商民主带有鲜明的党派性和社会性。① 作为人民政协工作

① 参见 2018 年 3 月 15 日中国人民政治协商会议第十三届全国委员会第一次会议通过的《中国人民政治协商会议章程修正案》修订。

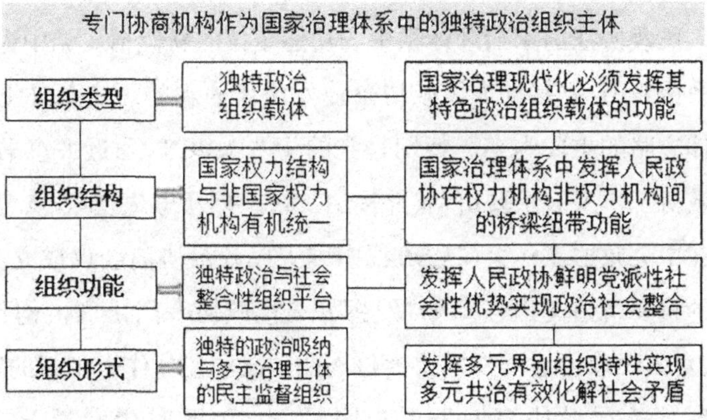

主体的政协委员，是来自社会各方面、各阶层、各行业、各领域的代表性人物。他们围绕国家大政方针以及国家治理中的重要问题进行协商，集聚和反映社会各界的意见和建议。人民政协的这种组织功能，是其他政治组织所不具备的。组织形式上，人民政协以界别为单位组成，界别性是人民政协区别于其他组织的最鲜明特色。这种组织形式打破了区域性和行政性壁垒，扩大了我国协商民主的范围。政协委员由协商推荐产生，具有广泛的民意基础，反映本界别群众的利益诉求。人民政协的这种组织形式，有利于人民在宪法和法律赋予的民主权利范围内进行政治活动，有利于扩大公民有序政治参与，也有利于执政党和政府及时了解不同社会阶层和社会群体的愿望和诉求，准确、系统地把握不同方面群众的脉搏，既维护人民的根本利益，又照顾各方面的具体利益，还可以使一些社会矛盾和问题能够在现有体制框架内得到妥善化解，实现利益关系的协调平衡。这对于形成团结和谐的社会、保持国家的长治久安，具有特别重要的意义。

三、人民政协在国家治理体系中的功能定位

党的二十大报告指出："全面发展协商民主。协商民主是实践全过程人民民主的重要形式。完善协商民主体系，统筹推进政党协商、人大协商、政府协商、政协协商、人民团体协商、基层协商以及社会组织协商，健

全各种制度化协商平台,推进协商民主广泛多层制度化发展。”①这是对新时代人民政协在国家治理体系中的功能定位的新概括。党中央高度重视人民政协,一直把推动人民政协事业发展作为新的历史条件下党治国理政总体方略的重要内容。特别是党的十八大以来,习近平总书记多次就人民政协工作发表重要讲话,并提出了一系列新思想、新观点、新论断,尤其是在中央政协工作会议暨庆祝中国人民政治协商会议成立 70 周年大会上的重要讲话突出强调要“发挥好人民政协专门协商机构作用”的新定位,对人民政协这一专门协商机构的功能和使命作出了新的定位,为推进新时代人民政协事业发展指明了方向。新时代背景下,坚持以习近平新时代中国特色社会主义思想为指导,准确把握人民政协专门协商机构的功能定位,是全面提升政协工作水平的关键所在,也是推进政协协商民主的根本遵循和行动指南。

习近平总书记指出,“协商民主是党领导人民有效治理国家、保证人民当家作主的重要制度设计”。② 我国国家治理体系是一整套系统的制度设计,人民政协作为专门协商机构在国家治理体系中地位作用独特。从制度设计看,党居于核心领导地位,其总揽全局、协调各方来实现对一切工作的领导,这是整个国家治国理政的根本所在。人民代表大会是国家最高权力机关和立法机关,通过法定程序将党和人民意愿上升为国家意志,从而实现党组织对国家政权机关的领导。从政府运作看,作为行政机关是通过贯彻党的大政方针和决策部署、执行人大制定的法定程序来实施行政管理。作为介于并贯穿于执政党、人大、政府三者构建治理体系与过程中的人民政协,既不是领导机关,也不是权力机关和行政机关,而是专门协商机构,通过民主协商和有序参与,全面贯穿到党的领导、依法行政与人民当家作主的全过程之中,能够有效地促进党的领导

① 习近平:《高举中国特色社会主义伟大旗帜　为全面建设社会主义现代化国家而团结奋斗——在中国共产党第二十次全国代表大会上的报告》,人民出版社 2022 年版,第 38 页。

② 习近平:《在中央政协工作会议暨庆祝中国人民政治协商会议成立 70 周年大会上的讲话》,人民出版社 2019 年版,第 7—8 页。

民主化、政府决策科学化和通过人民民主汇聚共识、凝聚力量,使党的政治主张和路线方针政策成为各党派团体和各族各界人士的政治共识和自觉行动,形成了在党的统一领导下人大、政协与政府间国家协调治理的过程:

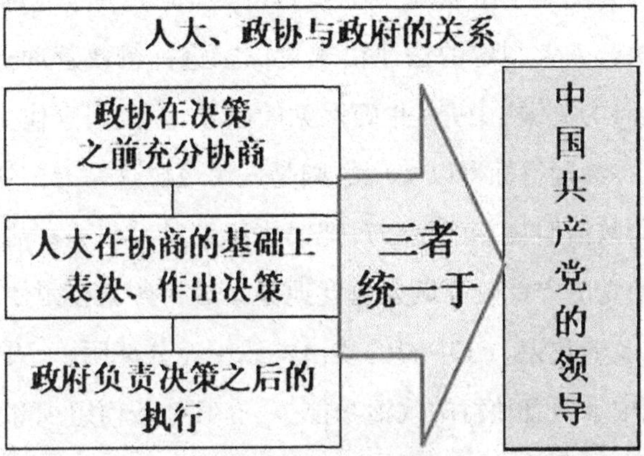

人民政协在国家治理体系中承担着独特的政治功能,发挥着不可替代的组织作用,突出地体现了我国多主体协商、互动共治的现代化治理理念。一方面,人民政协与国家政权组织是一个同构的制度安排,是各党派团体和界别群众表达意愿的平台,是上达党政、下连各界的通道,能够从制度上保障协商成果既体现民意、又能及时有效纳入决策链条,提高科学决策、民主决策效能。另一方面,人民政协具有其他机构所不具备的广泛代表性、巨大包容性、有序参与性、充分协商性、合作共治性、有效监督性等优势,能够更好整合社会关系、赋能善治良政、实现共建共治共享、促进社会和谐稳定的治理目的。① 因此,人民政协是推进国家治理体系和治理能力现代化的重要制度资源和重要着力方向。

习近平总书记在强调发挥人民政协作为专门协商机构在国家治理体系中的独特政治功能和组织作用时指出:"协商民主是党领导人民有效

① 参见董云虎:《专门协商机构是人民政协新的综合性定位》,《人民政协报》2019 年 10 月 30 日。

治理国家、保证人民当家作主的重要制度设计”。[①] 这说明国家治理体系是一整套系统的制度设计,而人民政协作为专门协商机构在国家治理体系的一整套制度设计中的地位和作用也极其独特。在这个体系中,党是最高政治领导力量,处于领导核心地位,这是治国理政的本根;人大是权力机关,保证人民当家作主;政府是执行机关并通过贯彻党的大政方针和决策部署、执行人大制定的法律法规对国家进行行政管理;而链接执政党、人大、政府的关键“中介”并确保党的领导、人民当家作主、依法治国三者有机统一治理目标得以实现的则是人民政协这一专门协商机构:通过民主协商、政治监督、有序参与,把民主决策过程与国家治理过程统一起来,能够使党的方针政策最大限度地凝聚成为各党派团体和各族各界人士的思想政治共识。在中国的政治实践中充分证明了,人民政协在国家治理体系中承担着独特的政治功能,具有其他任何组织和机构不可替代的独特作用。

党的十九届四中全会是在新中国成立 70 周年之际、在“两个一百年”奋斗目标历史交汇点上召开的具有里程碑意义的重要会议。全会通过的决定,从党和国家事业发展的全局和长远出发,准确把握我国国家制度和国家治理体系的演进方向和规律,既阐明了必须牢牢坚持的重大制度和原则,又部署了推进制度建设的重大任务和举措,是完善和发展我国国家制度和治理体系的纲领性文件,充分体现了以习近平同志为核心的党中央高瞻远瞩的战略眼光和强烈的历史担当,也充分反映了中国特色社会主义的制度优势。人民政协是国家治理体系的重要组成部分,也是中国特色社会主义制度优势的重要体现和重要内容。全会对充分发挥人民政协在国家治理体系中的重要作用提出了明确要求、赋予了重大使命、搭建了广阔舞台。学习贯彻党的十九届四中全会精神,发挥人民政协专门协商机构作用,推动国家治理体系和治理能力现代化建设,全面认识专

① 习近平:《在中央政协工作会议暨庆祝中国人民政治协商会议成立 70 周年大会上的讲话》,人民出版社 2019 年版,第 7—8 页。

门协商机构作为充分体现人民政协在国家治理体系中的功能定位，关键要做到“四个必须”：

一是必须坚持党的领导的政治方向定位。中国共产党的领导是人民政协事业发展进步的根本保证。习近平总书记在中央政协工作会上指出，要“加强党对人民政协的领导”，并将其作为八项要求的第一条，这是坚定人民政协“跟谁走”的重大问题，我们要坚决把“两个维护”作为核心要求，牢固树立“四个意识”，始终与以习近平同志为核心的党中央同心同德、同心同向、同心同步。要严守党的政治纪律和政治规矩，切实增强政治定力、政治判断力、政治鉴别力、政治执行力，自觉做政治上的明白人、老实人。要提高政治站位，谋事多想政治标准、办事多想政治要求、处事多想政治影响，切实把讲政治贯穿政协工作全过程、各方面，让党中央各项决策在政协系统畅通无阻，以实际行动保证全党政令畅通、令行禁止、步调一致。

二是必须精准把握专门协商机构性质定位。人民政协在新时代的新定位是国家治理体系的重要组成部分。习近平总书记指出，“人民政协要坚持性质定位，坚定不移走中国特色社会主义政治发展道路。”①准确把握性质定位，事关人民政协正确的前进方向和发展道路，要立足政协“主业”，围绕国家大事，瞄准短板强弱项的工作定位，研究制定好政协协商和监督的长远规划，着眼于现实实际，解决实际问题。这就要求人民政协在履职能力专业化上再提升，探索建立具有政协特色的应用型智库和参政议政人才库，为全面提高政协协商能力和水平提供支撑，以建言的专业化促进专门化，切实改变“建言止于批示”的履职模式。② 各级政协机构必须围绕党的中心工作和发展大局，聚焦高质量发展、民生福祉等国家重点领域重要事项，自觉承担起新时代赋予人民政协的重要使命和责任，

---

① 习近平：《在中央政协工作会议暨庆祝中国人民政治协商会议成立70周年大会上的讲话》，人民出版社2019年版，第4页。

② 习近平：《在中央政协工作会议暨庆祝中国人民政治协商会议成立70周年大会上的讲话》，人民出版社2019年版，第5—6页。

有效发挥人民政协在国家治理体系和治理能力现代化中的担当作为。

三是必须坚持人民政协为人民的价值定位。习近平总书记指出,"人民政协要把不断满足人民对美好生活的需要、促进民生改善作为重要着力点,倾听群众呼声,反映群众愿望,抓住民生领域实际问题做好工作,协助党和政府增进人民福祉。"①因此,协助党和政府增进人民福祉是人民政协的最大使命和责任,也是人民政协在国家治理中体现的价值追求。各级政协组织和广大政协委员要紧盯时代之问、民生之需,把不断满足人民群众对美好生活的需要、促进民生改善作为重要着力点,围绕党政关心、社会关切、百姓关注,注重把经济与民生深度整合的议题列为建言方向、履职重点,为老百姓说话,说老百姓的话。要创新和发展服务群众"最后一公里"的平台和渠道,突破地域、层级、组织与身份的束缚,探索建立界别之间、委员之间的互动开放格局,在政协系统中形成比、学、赶、超的良好氛围。要鼓励更多的委员带着问题、带着感情走进基层,走向群众,引导委员上连"天线",下接"地气",倾听群众呼声,反映群众愿望。要引导委员真心说事、坦诚议事、专心谋事,把人民政协打造成委员履职尽责的"联络站"、践行群众路线的"连心桥"、彰显政协形象和委员风采的"展示台"。②

四是必须树立人民政协参与国家治理的质量导向。人民政协作为专门的协商治理机构,与其他治理主体最大的差别体现在人民政协"专业队伍"、"专业基础"和"专业能力",这就是人民政协在国家治理中"专"的优势。人民政协组织发挥专业优势,以参与治理质量为支点,让人民政协在国家治理中的效能充分得以展现为目标。这就要求我们人民政协各级组织要树立创新意识、世界眼光和战略思维,立足开启全面建设社会主义现代化国家目标,用新视角看问题、用新思维谋思路、用新办法推动工

① 吕忠梅:《人民要论:把人民政协制度优势转化为社会治理效能》,《人民日报》2020年5月19日。

② 参见魏永刚:《发挥人民政协专门协商机构作用　推动国家治理体系和治理能力现代化建设》,《华兴时报》2020年1月8日。

作，自觉健全完善协商议政格局和制度体系、强化委员责任担当、提高政协机关服务水平上下功夫，努力干出新时代人民政协的新气势，用实实在在的履职成效诠释新时代政协委员建言议政的政治眼光、爱国情怀、人民立场、专业精神。要特别强化精品意识、质量意识、成果意识，转变以往“做了什么”“做了多少”向“做出了什么效果”的履职理念，注重“数量适度、质量为要”，坚持双向发力，强化系统联动，以集成化、项目化、信息化、品牌化推进，带动政协整体工作质量的提升。① 只有这样，才能更好担负起把党中央的决策部署和对政协工作的各项要求落实下去、把各方面的智慧和力量凝聚起来的政治责任，为谱写新时代人民政协事业新篇章作出积极贡献。

四、人民政协在国家治理体系中的方向定位

党的十八届三中全会首次提出了“全面深化改革、推进国家治理体系和治理能力现代化”，政治现代化不等于西方化，随着经济的发展，社会主体呈现多元化，人民的需求逐渐多样化，对公平、正义、民主、平等等提出了新的要求，人民需要多样的社会渠道参与到国家、社会的发展当中。亨廷顿对于政治现代化提出了一个总的衡量的原则，即合法性政治、有限政府和民众广泛的政治参与。国家的发展离不开民众的参与，有制度的参与是国家稳定的根基。国家治理体系的现代化是政治现代化的重要表征，是社会现代化的必然要求。我国国家治理现代化评估的基本维度：首先，国家治理的制度化和规范化，要求政府、企业和社会的治理需要有完善的制度安排。其次，国家治理的民主化，在我们国家治理实践中，最根本就是保证人民当家作主权利的真正现实，体现人民的意志和人民作为社会主体的地位。再次，国家治理的法治化，“法治思维”和“法治化治理”是现代国家治理现代化的灵魂与根本保障。复次，效能是国家治

① 参见魏永刚：《发挥人民政协专门协商机构作用　推动国家治理体系和治理能力现代化建设》，《华兴时报》2020年1月8日。

理的根本目标,最终体现在最广大人民利益的实现。最后,运作协调是国家治理核心机制。① 国家治理体系现代化基本方向应该是通过一系列的制度安排和顶层设计,协调社会各主体的利益关系、规范主体行动和优化社会资源配置等一系列制度安排,推进国家治理体系走向科学规范、运行有效。党的十九届四中全会强调:"我国国家治理体系和治理能力是中国特色社会主义制度及其执行能力的集中体现"②。国家治理能力的现代化就是在国家治理体系的基础上将制度优势转化为治理效能的现代性能力。③ 这就明确了人民政协在国家治理体系的方向与目标定位。

人民政协的新定位要求人民政协必须适应新时代坚持和完善中国特色社会主义制度、推进国家治理体系和治理能力现代化的迫切需要,强化使命担当,把加强人民政协建设、发挥好人民政协作用作为主责主业和着力重点,切实把人民政协的制度优势转化为国家治理效能,这本身就是人民政协在国家治理中的目标与方向。要强化职能责任,把人民政协职能定位突显出来,把开展民主协商作为主要工作,把搭建协商平台作为主要工作方式,把双向发力作为工作主旨,积极推动政协协商与各类协商有效衔接,更好发挥专门协商机构在国家治理和社会治理中的独特作用。要抓住中心环节,紧紧围绕坚持和发展中国特色社会主义这个主轴,把学习贯彻习近平新时代中国特色社会主义思想作为主线,加强思想政治引领,广泛凝聚共识,打牢团结奋斗的共同思想政治基础,努力成为坚持和加强党对各项工作领导的重要阵地、用党的创新理论团结教育引导各族各界代表人士的重要平台、在共同思想政治基础上化解矛盾和凝聚共识的重要渠道。要着力提质增效,大力培育协商文化,提高协商能力,紧紧围绕党在新时代的总目标总任务,聚焦党和国家中心工作,

① 参见俞可平:《推进国家治理与社会治理现代化》,当代中国出版社 2014 年版,第 2 页。
② 《中共中央关于坚持和完善中国特色社会主义制度推进国家治理体系和治理能力现代化若干重大问题的决定》,《人民日报》2019 年 11 月 1 日。
③ 《推进国家治理体系和治理能力现代化》,国家行政学院出版社 2014 年版,第 9 页。

瞄准抓重点、补短板、强弱项的重要问题，深入协商集中议政，强化监督助推落实，把凝聚共识融入履职全过程各方面，不断提升建言资政和凝聚共识双向发力的质量水平，努力使专门协商机构专出特色、专出质量、专出水平。要完善制度机制，健全专门协商机构的制度体系和工作机制，完善协商议政的制度程序和参与实践，推动专委会工作专起来、实起来、新起来，界别工作活起来、实起来、强起来，政协系统贯通起来、协同起来、联动起来，发挥好人民政协制度体系的整体效能。具体来讲，有如下工作方向：

第一，立足人民政协新方位，坚持新时代人民政协群众工作方向。人民性是人民政协的本质属性。在新时代背景下，人民政协的一切工作，都要以人民性为核心价值和精神支撑，把实现和维护最广大人民群众的根本利益作为专门协商机构推进国家治理现代化实践工作的出发点和落脚点。包括：一要坚持服务国家发展大局，为党和国家事业发展大局为出发点，充分发挥就重大问题在决策之前和决策执行中进行协商沟通的重要作用，积极向各级党委政府建科学发展之计、献富民惠民之策，为民主决策、破解难题提供科学依据。二要致力促进民生改善，人民政协要把促进民生改善作为推进国家治理现代化工作着力点，把关注民生、推动民生改善作为履行职能的重要内容。要围绕民生将党和国家的政策措施有效地传导到各阶层，把各个层面的群众所思、所想、所愿、所盼真实地传递到决策层，切实发挥好党与各民主党派、工商联和无党派人士、各人民团体以及各界人士之间的桥梁纽带作用。三要拓展民主政治机制，专门协商机构以宪法、政协章程和相关政策为依据，以中国共产党领导的多党合作和政治协商制度为保障，集协商、监督、参与、合作于一体，是社会主义协商民主的根本导向。四要畅通社情民意渠道，专门协商机构要把群众的呼声和要求作为第一信号，高度重视反映社情民意工作，真正实现党委政府能够更好地问政于民、问需于民、问计于民，积极拓展与党委、政府的理性对话渠道，建立起长效、动态、规范的互动关系，构建中国特色的民主治理典范。

第二,展示人民政协新作为,发挥新时代人民政协独特价值优势。人民政协自成立以来,始终紧扣时代发展脉搏,坚持团结、民主两大主题,推动专门协商机构聚焦党和国家中心任务,不断丰富履职内涵,在巩固和发展中国共产党执政兴国的坚实基础中发挥了独特作用。习近平总书记强调,人心向背、力量对比是决定党和人民事业成败的关键,是最大的政治。人民政协作为统一战线组织的重要主体和机制,必须坚持统战是第一功能,团结是第一主题,压实统战职责、发挥统战优势。一要团结各界,发挥专门协商机构的工作涉及面很广联系广泛的优势,巩固和扩大团结的对象。现阶段,我国经济成分、经济利益和社会组织形式多样化的趋势日益明显,人们的思维观念、政权的社会基础、统一战线的社会构成,都发生了深刻的变化,必须要发挥人民政协的团结功能。二要交友联谊,这既是人民政协优良传统,也是其发挥统战功能的重要途径。习近平总书记强调,做好新形势下的统战工作,必须善于联谊交友。人民政协要做好交友联谊工作,就应该加强同各民主党派成员、无党派人士和各界别委员的联系与互动,广泛搭建履职尽责和知情明政平台,发挥他们在推动社会各项事业发展中的独特作用,不断积累深厚情谊、增加相互信任,促进政协与各民主党派和各界人士之间的交流。三要凝聚共识,人民政协要建立健全同党外知识分子、民族宗教代表人士等联系沟通机制,切实把各族各界人士积极性和创造性凝聚起来。要在党委统一领导下,建立健全政协协商社会热点问题的机制,完善工作机制,加强政协组织与党委统战部门的沟通协调,为民主党派委员和无党派人士委员在政协履行职能、协商议政、发挥作用创造条件。四要政治协商,这是人民政协把协商的过程视为形成共识和增进共识的而实现统战功能的基本过程,就是要充分发挥专门协商机构作为"最具广泛的代表性和最大政治包容性的组织"的独特优势,最大限度调动一切积极因素,团结一切可以团结的人,通过大团结大联合推动社会主义民主政治的发展。

第三,担负人民政协新使命,提升新时代人民政协履职能力。习近平总书记指出,人民政协要提高政治把握能力、调查研究能力、联系群众能力、合作共事能力。[①] 提高这四种能力，无疑也是人民政协担负使命、尽好职责的内在要求。一要提高政治把握能力。人民政协要正确把握时代大势，就要加强委员对党的路线方针政策和宪法法律的学习，在履行职责的实践中，提高运用科学理论分析判断形势，运用法治思维和法治方式研究解决问题的能力和水平，坚定理想信念，增进政治认同。二要提高调查研究能力，这是人民政协的"基本功"，是民主协商的基础环节和参政议政的重要形式，也是履行职能的重要基础和具体实践方式。人民政协的调查研究能力，只有深入、系统、充分的调查研究，才能有力彰显人民政协的职能作用。三要提高联系群众能力，人民政协是党密切联系群众、加强群众工作的重要渠道之一。联系群众的能力是人民政协履职能力的根基，事关政协的履职宗旨和人民性本质。人民政协要切实摆正与群众的关系，尊重群众的主人翁地位，强化群众工作地位观，始终坚持与人民群众同心同德，与党委政府同向同行，切实增强服务大局的意识和本领。四要提高合作共事能力，这是对人民政协的特殊要求，是统一战线中最普遍、最经常的能力。多党合作，团结统战，要求同存异，体现包容，要求协商机构增强民主意识和协商意识，善于同党外人士共事，尊重和信任党外朋友，使他们有职、有权、有责，不断完善和落实专门协商机构中共与各民主党派、无党派人士协商共事、互相监督的相关制度，保障各民主党派、无党派人士在政协履行职能的民主权利，做他们的知心朋友。

第三节　人民政协在国家治理体系中的运行机理

党的二十大报告中强调："坚持和完善中国共产党领导的多党合作和政治协商制度，坚持党的领导、统一战线、协商民主有机结合，坚持发扬

① 参见习近平：《在庆祝中国人民政治协商会议成立65周年大会上的讲话》，人民出版社2014年版，第10页。

民主和增进团结相互贯通、建言资政和凝聚共识双向发力,发挥人民政协作为专门协商机构作用,加强制度化、规范化、程序化等功能建设,提高深度协商互动、意见充分表达、广泛凝聚共识水平,完善人民政协民主监督和委员联系界别群众制度机制。"①这是对新时代人民政协在国家治理体系中发挥运行机理和独特作用的路径阐述。

一、从国家治理的一般过程看专门协商机构在国家治理体系中的运行机理

从应然的角度考察,国家治理体系的基本结构解决的是一个谁治理与如何治理的问题,国家治理主体之间如何实现良性互动,是从系统角度解决国家治理体系中的运行机理,保证国家治理机制高效运作。从横向结构看,政府治理、市场治理和社会治理是现代国家治理体系中三个最重要的次级体系。这种横向维度解读基本上是依照国家治理的主体来进行划分的,从这种逻辑来看,国家治理由经济治理、政治治理、文化治理、社会治理、生态治理五大体系构成。从纵向结构看,国家治理体系至少应该包括国家治理的规划和决策体系、国家治理的支持体系、国家治理的评估体系、国家治理的监督体系,对应于此将其分为治理结构体系、治理功能体系、治理制度体系、治理方法体系、治理运行体系。从纵横交叉维度着眼,国家治理体系是政治权力系统、社会组织系统、市场经济系统、宪法法律系统、思想文化系统等系统构成的一个有机整体,而治理的结构有四个层次,即由治理理念、治理制度、治理组织和治理方式。② 依照上述维度来思考,人民政协作为国家治理体系的重要组成部分,在国家整个治理过程中是怎样有效体现其运行机理及运作过程的呢?笔者认为将专门协商机构在国家治理体系中的运行机理看作是国家政治过程发生机制的一个

① 习近平:《高举中国特色社会主义伟大旗帜　为全面建设社会主义现代化国家而团结奋斗——在中国共产党第二十次全国代表大会上的报告》,人民出版社 2022 年版,第 38—39 页。

② 郑吉峰:《论中国国家治理体系的基本结构及其现代转化》,《湖南行政学院学报》2015 年第 2 期。

重要环节,那么其运行机理体现在如下图示的治理过程中:

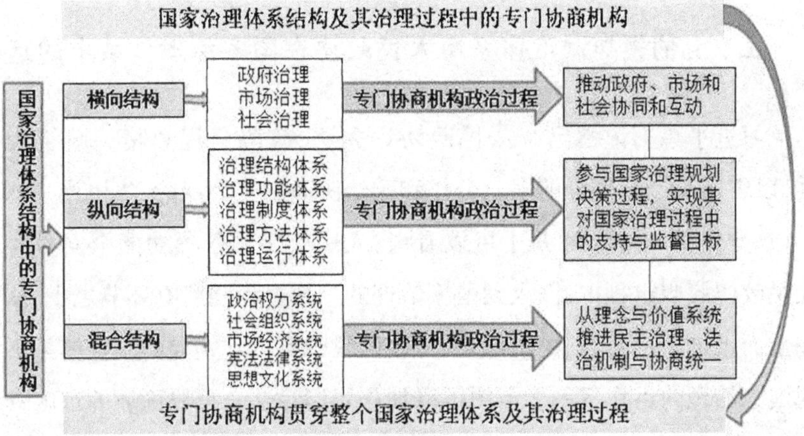

以上是从理论层面、应然角度对国家治理体系结构中专门协商机构运行机制的认识,那么从现实层面、实然角度看,专门协商机构在我国的国家治理体系中应该是一个包含治理价值、治理制度与治理方式的闭合循环的橄榄型结构,其运作逻辑,即专门协商机构在国家治理体系即治理过程中必然以中国特色社会主义价值体系为指导、以中国特色社会主义制度体系为中轴、以中国特色社会主义政策体系为基础,形成一个闭合循环的运行结构。这一治理结构体系中,中国特色社会主义治理价值体系是专门协商治理主体在精神和思想层面的质的规定性,是专门协商机构实现有效参与国家治理的价值引领。中国特色治理制度体系是专门协商治理过程的价值体系支撑,同时也是治理政策体系的上层建筑。而作为中国特色社会主义的治理政策体系来讲,在专门协商治理中更多的是围绕具体治理政策而形成的支撑网络体系,体现的是对于治理价值体系与治理制度体系的执行功能,所发挥的主要功能是一种治理工具式的支撑性的角色。在横向结构治理中,专门协商机构主要通过介入政治过程来推动政府、市场与社会的互动以优化治理进程;在纵向结构体系中,专门协商机构通过介入政治过程积极主动参与和影响国家治理规划和决策过程,实现其对国家治理过程中的支持与监督功能;在综合结构体系中,专门协商机构主要通过价值理念与专业优势推进国家的民主治理、法治机制与协商治理的有机统一。

二、党的领导制度体系中人民政协在国家治理体系中的运作机制

习近平总书记指出："人民政协以宪法、政协章程和相关政策为依据，以中国共产党领导的多党合作和政治协商制度为保障，集协商、监督、参与、合作于一体"。① 从中可以看出，人民政协的各项功能全面贯穿于人民政协履职过程中，嵌入到国家治理的全部过程和所有环节之中，从而在全面推进政治协商、民主监督、参政议政中实行党领导的制度体系下实现国家治理的运作机制。下图可以加深我们对这一重要论述的理解②

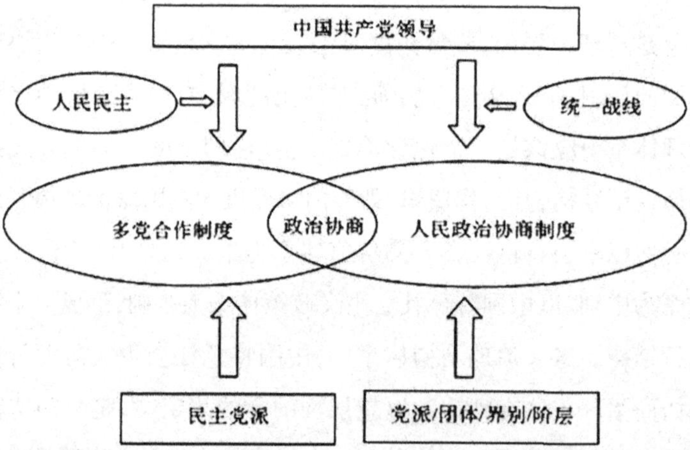

党的领导制度体系中更加集中体现了人民政协的专门协商功能在国家治理体系中的运行机理和话语效应。笔者认为，人民政协专门协商功能是国家治理体系中应有的一种话语权，是指政治过程中提供协商建议或民主程序性的民意吸纳过程，以便实现参政议政的治理成效。人民政协的专门协商功能是指其担任一定的国家领导职务，参与政治决策，讨论

① 《习近平总书记在庆祝中国人民政治协商会议成立65周年大会上的重要讲话》，《人民日报》2014年10月23日。

② 杨卫敏：《人民政协统战团结功能新论》，http://www.zytzb.gov.cn/html/index.html。

重大问题，共商国是。人民政协协商功能作为领导者正确决策的辅助，有助于解决决策者信息不对称和有限理性的问题，它在任何政治体制中都存在。在中国政治实践中，将协商功能作为一项正式的国家权力在宪法中加以确认："中国人民政治协商会议是具有广泛代表性的统一战线组织"，"中国共产党领导的多党合作和政治协商制度将长期存在与发展"。人民政协的职能包括政治协商、民主监督、参政议政。全国不同机关都有一定比例的民主党派和无党派人士担任领导职务，共同参与国家治理，包括重大决策参与协商，进行监督批评的权力，决策制定和实施过程中提出意见，中国共产党制定重大政策总是要征求民主党派、无党派人士的意见，进行广泛、充分的协商；同时人民政协对其他任何公共治理相关的问题提出意见，对政府提出建议、批评和咨政权，等等。

三、人大立法协商中专门协商机构的运行过程

人民代表大会作为国家权力机关，通过实行立法权，使得国家意志能够以宪法、法律法规等制度形式呈现。而人民政协则是国家治理体系的一种"软实力"①。人民政协在不违背宪法的前提下，通过柔性方式达到治理的效果。人民政协也是由各界别的政协委员组成的，是专责协商的平台制度，使得人民群众能够进行平等、有序的协商，这样的民意收集更加广泛、多层，经过人民政协"广泛有效的联系机制"使得民意表达更具科学性和针对性。这反映出在国家政治生活中人民政协的功能和地位日益得到重视并在国家治理过程中逐渐发挥出越来越重要的治理效应。从人民政协参与作出国家重大决策的一般程序看其在国家治理决策中作用过程（见下图）。

在这个过程中，人民政协发挥的参政议政、政治协商和民主监督功能贯穿了国家治理体系全过程。从实质效用的角度看，人民政协在这一过

① 参见王建学：《论政协作为政治软实力对国家治理体系的作用—纪念人民政协成立70周年》，《现代法治研究》2019年第1期。

国家作出重大治理决策的一般程序

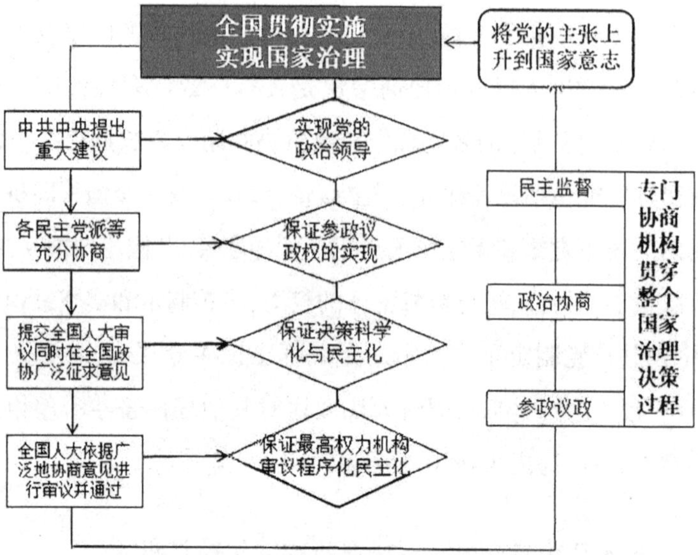

程中主要通过两个核心机制来实现其运行机理:一是促进有效的政治参与过程来实现其在国家治理体系中的运作效率,即通过人民政协的优势地位推动社会各界人士凝聚共识积极参与政治过程,就是推动一定的政治主体从事政治的活动。政治参与的一般意义就是普通的公民通过一定的方式去直接或间接地影响政府的决定与政府活动相关的公共政治生活的政治行为,包括民主选举、民主决策、民主管理、民主监督。二是有效推进中国共产党执政的合法化过程,即通过人民政协的专业性、界别性多元性和有效整合机制,最大限度地将我们党执政的价值理念和理论规范转变为社会共识,将国家的意识形态和党的信仰体系转化为社会成员的价值取向,从而证明这种政治统治的正当性、合法性,使政治共同体中的人们自愿服从执政的过程。人民政协通过推进我们党政治民主化的过程,也将自身专门协商功能转化为国家治理的有效过程。

四、人民政协在社会治理等领域发挥作用的运行机理

党的十九大报告对社会治理问题高度重视,从统筹推进"五位一体"

总体布局、协调推进“四个全面”战略布局的高度，明确提出打造共建共治共享的社会治理格局，提出一系列新思想新举措，为新的历史条件下人民政协参与加强社会治理创新指明了方向和目标。

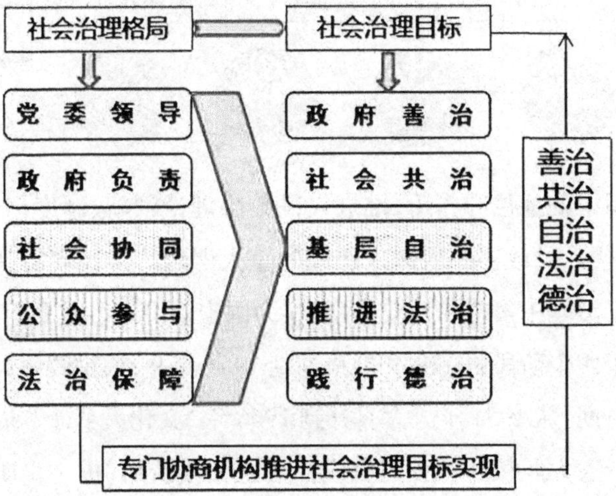

新形势新任务迫切要求我们的专门协商机构进一步参与到创新社会治理现代化进程中来。努力打造共建共治共享的社会治理格局的过程中，对我们人民政协在推进社会治理现代化提出了更高要求，即人民政协参与打造共建共治共享的社会治理格局、升华我们党社会治理理念，是人民政协对社会治理现代化过程的不断深化与优化的过程，更为人民政协在社会治理等领域发挥作用探索出一条高效的运行机制。实践证明，人民政协在充分发挥自身多重优势，有效地推进多元社会主体共治、推进民主法治治理和主体共享治理中，要不断实现社会治理的专业化、智能化、法治化和社会化。人民政协能够集中专门协商功能将社会治理实现“四化”效能。

习近平总书记指出：“人民政协是国家治理体系的重要组成部分。”①适应推进国家治理体系和治理能力现代化要求，准确把握人民政协在国

① 习近平：《在庆祝中国人民政治协商会议成立65周年大会上的讲话》，人民出版社2014年版，第10页。

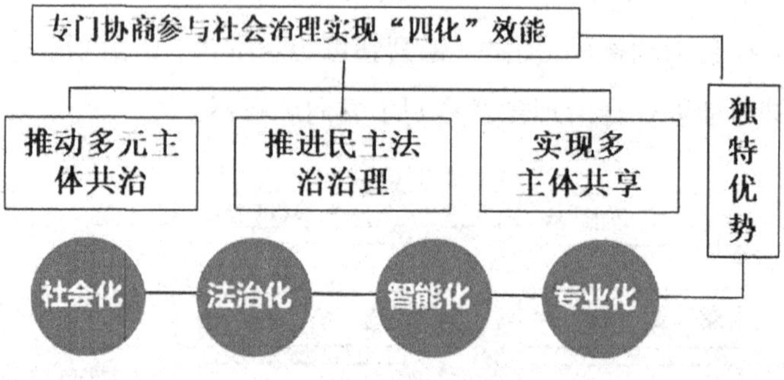

家治理体系中的地位和作用,推进人民政协理论创新、制度创新、工作创新,是新时代人民政协必须深入研究的重大课题。人民政协从成立之日起就在国家治理中发挥了重要作用,作为国家治理体系重要组成部分,其确立经历了四个阶段:从1949年9月到1954年9月,是政协成立并代行人大职权时期;从1954年人大召开到1966年“文化大革命”前,是人民政协结束代行人大职权并在我国完成社会主义改造后,进一步明确在国家政治生活中的地位和作用时期;从1978年党的十一届三中全会召开到党的十八大前,是人民政协适应改革开放新时期新要求,进一步明确性质、任务和职能,发展成为国家基本政治制度和政治体制重要组成部分的时期;党的十八大以来,是人民政协作为国家治理体系的重要组成部分重要论断提出确立的时期。党的十八届三中全会提出了推进国家治理体系和治理能力现代化的全面深化改革总目标。习近平总书记在关于政协工作的系列重要讲话中,系统阐发了社会主义协商民主的思想,明确提出人民政协是具有鲜明中国特色的制度安排,是国家治理体系的重要组成部分。在这一重要思想指导下,人民政协积极探索创新,不断拓展协商议政的广度和深度,实现了从实践探索到理论升华的又一个飞跃。

人民政协自成立以来,一直肩负着服务国家治理的职能。70多年的实践,人民政协始终承担着促进协商民主的历史任务,推动民主协商制度在国家治理现代化进程中的良性运作。党的十八大正式提出了“健全社会主义民主协商制度”和“社会主义协商民主是我国人民民主的重要形式”,赋予人民政协“协商民主的重要渠道”[①]的重要任务。2013年党的十八届三中全会通过的《中共中央关于全面深化改革若干重大问题的决定》进一步阐明了人民政协在国家现代化进程的作用,要“发挥人民政协在协商民主重要渠道作用”,明确了人民政协在推进社会主义协商民主的广泛多层制度化建设中的示范作用。2014年习近平总书记在庆祝人中国民政治协商会议成立65周年讲话中首次提出了“人民政协要发挥作为专门协商机构的作用”[②]的重要论断,要求充分人民政协发挥专门协商机构的制度优势。2015年中共中央发布的《关于加强社会主义协商民主建设意见》,人民政协作为专门协商机构推进国家治理现代化的功能定位具备了理论依据和政策支撑。在党的十九大工作报告中,习近平总书记再次强调了人民政协作为专门协商机构的重要性。同年9月,中央政协工作会议和庆祝中国人民政治协商会议成立70周年大会上,习近平总书记指出:“发挥人民政协专门协商机构作用,需要完善制度机制。”[③]党的十九届四中全会又明确指出:“完善人民政协专门协商机构制度,丰富协商形式,健全协商规则,优化界面设置,健全发展民主和增进团结相互贯通,建立资政和凝聚意识双向发力的程序机制。”[④]这些重要决定和重大举措,将为人民政协在优化国家治理体系、构建多元治理架构、实现参与国家治理的现代化建设提供高效畅通的运行机制。

简要地说,人民政协在国家治理体系中的运行机制就是要“着重把握好新时代人民政协‘是什么’‘干什么’‘怎么干’等重大问题”。[⑤] 从制

① 胡锦涛:《坚定不移沿着中国特色社会主义道路前进 为全面建成小康社会而奋斗——在中国共产党第十八次全国代表大会上的报告》,人民出版社2012年版,第26—27页。

② 习近平:《在庆祝人中国民政治协商会议成立65周年大会上的讲话》,人民出版社2014年版,第8页。

③ 习近平:《在中央政协工作会议暨庆祝中国人民政治协商会议成立70周年大会上的讲话》,人民出版社2019年版,第8页。

④ 《中国共产党第十九届中央委员会第四次全体会议文件汇编》,人民出版社2019年版,第29页。

⑤ 张健:《站在国家治理体系的格局中谋划政协工作》,《中国政协》2020年第1期。

度设计上看,人民政协专门协商机构是多党合作和政治协商制度的新发展;从实践上看,人民政协专门协商机构是党领导下与各治理主体展开协商的专门单位。人民政协制度开展成功与否,根本上在于坚持党的领导。人民政协作为专门协商机构,在国家治理现代化过程中要发挥其独特有效的功能,就要达到“建言献策有用”和“凝聚共识有效”的目标。

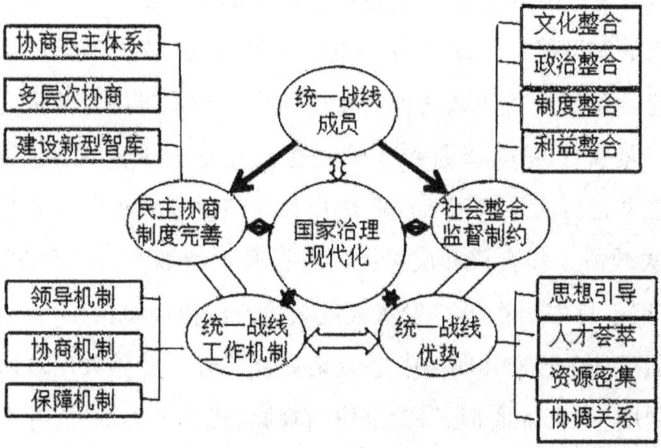

总之,中国共产党领导的多党合作和政治协商制度是人民政协的本源、基础和保障,决定着人民政协在国家制度安排中的地位和作用,其核心定位是多党合作和政治协商机构,基本性质是统一战线组织,本质特征是协商民主专门机构,根本原则是坚持党的领导。人民政协作为中国人民爱国统一战线的组织、中国共产党领导的多党合作和政治协商的重要机构、我国政治生活中发扬社会主义民主的重要形式,在推进国家治理体系和治理能力现代化中发挥着不可替代的作用。人民政协在国家治理体系的定位体现在其性质、组织主体、复合功能、治理方向等方面。人民政协的协商功能贯穿政策“输入—决策—输出”的全过程,其运行机理是通过参与、影响并优化国家政治过程从而来推动社会主义协商民主制度,实现国家治理的制度优势转化为治理效能。人民政协作为专门协商治理机构将责无旁贷、积极融入到国家治理体系和治理现代化当中来,做到建言资政有用、凝聚共识有效，在实现国家治理现代化进程中扎实推进政党决策协商、政府行政协商、人大立法协商、基层治理协商，构建起专责有效、民主协商和平等高效的国家治理体系，为实现国家治理体系和治理能力现代化再立新功。

第五章　人民政协作为在共同思想政治基础上凝聚共识的重要渠道

党的十八大以来，以习近平同志为核心的党中央高度重视人民政协作用的发挥，对新时代人民政协职能任务作了新的重要界定，赋予了人民政协新的历史使命。党的二十大报告指出："协商民主是实践全过程人民民主的重要形式。……坚持党的领导、统一战线、协商民主有机结合，坚持发扬民主和增进团结相互贯通、建言资政和凝聚共识双向发力"。[1] 凝聚共识是人民政协从成立之日起就肩负的一项重要政治任务。回顾人民政协70多年的发展历程，在每个历史时期都有着一项共同的政治任务就是凝聚共识。中国特色社会主义进入新时代，人民政协制度迎来更加成熟更加定型的新时期。立足新的时代背景和历史方位，更好发挥人民政协凝聚共识的职能作用，是贯彻落实习近平总书记关于加强和改进人民政协工作的重要思想的具体行动，也是进一步彰显人民政协这一具有中国特色的制度优势、担当新的历史使命的实践要求。

---

① 习近平：《高举中国特色社会主义伟大旗帜　为全面建设社会主义现代化国家而团结奋斗——在中国共产党第二十次全国代表大会上的报告》，人民出版社2022年版，第38页。

第一节　凝聚共识符合新时代人民政协工作的初心使命

凝聚共识不仅贯穿于人民政协制度设计的始终，而且是人民政协事业在继承中发展、在发展中创新的生动实践，是人民政协贯彻落实习近平新时代中国特色社会主义思想的使命担当。

一、凝聚共识是人民政协的初心和使命

回顾人民政协的历史，在人民政协的制度设计中，凝聚共识的初心和使命一直贯穿于始终。1948 年，人民解放战争迅速发展，战略进攻取得辉煌胜利。1948 年 4 月 30 日，中共中央发布“五一口号”，号召各民主党派、各人民团体、各社会贤达迅速召开政治协商会议，得到了各民主党派、无党派民主人士的热烈响应，纷纷发表声明，盛赞“五一口号”，赞同召开新政协。这是我国民主党派、无党派民主人士第一次明确提出在政治上接受中国共产党的领导，为我国的多党合作制度建立奠定了政治基础。1948 年 5 月 2 日，“五一口号”全文在《人民日报》头版头条发表，提出巩固和扩大统一战线、召开政治协商会议、成立民主联合政府等一系列号召。“五一口号”的发布作为我国统一战线和多党合作历史上的重要事件，推动了人民政协的成立，成为创立人民政协、建立新中国的动员令，成为筹备召开新政治协商会议各项工作的一个重要起点。根据“五一口号”的倡议，1949 年 9 月，人民政协得以创建，并为新中国成立作出了重要贡献。新政协的成立，充分定义了其“具有代表全国人民的性质”。周恩来总理强调，不要只重形式，只重多数与少数的最后表决，而是注重“事先有协商”，国家大政方针，仍要经过人民政协进行协商。1950 年 6 月，毛泽东同志在政协一届二次会议上指出，“人民政治协商会议及其选出的全国委员会，是团结全国各民族、各民主阶级、各民主党派、各人民团体和各界民主人士的伟大的统一战线的政治组织，在全国人民中有很高

的威信。我们必须巩固这种团结,巩固我们的统一战线”。① 1954 年 12 月,周恩来同志在政协二届一次会议上,针对当时有的两种错误想法——一种想法是,以为人大已经召开了,宪法已经公布了,人民政协就没有存在的必要了;另一种想法是,仍然把政协看作是政权机关——他明确指出:“这两种想法出于同一来源,就是不懂得政协本身是统一战线组织,也就是党派性的联合组织。”②由此可见,统一战线组织是人民政协的根本属性。这个根本属性,决定了其与生俱来的凝聚共识的功能作用。

毛泽东同志曾经指出:“我们自己要有主张,但一定要和人家协商,不要把自己孤立起来,要发挥各民主阶级、各人民团体的作用。工农联盟是我们国家的基础,但还要懂得去运用在此基础上的广泛地与非劳动人民的联盟——人民民主统一战线。这样,动员起来的力量就会更多了”,“真理不在乎清一色。”③在完成协商建立新中国的历史使命后,人民政协又先后协商制定了一系列重要法案、讨论了重要问题,组织民主爱国人士参加土地改革等运动,组织工商业者进行自我教育和自我改造等。据统计,全国政协成立之初至 1965 年前举行的各种活动中,学习活动占到了 34.9%。可以说,建言资政和凝聚共识从一开始就根植于人民政协的制度设计之中,是与生俱来、同根同生的。这些工作为恢复和发展国民经济、巩固新生人民政权、为中华民族站起来作出了重要贡献。

建言资政和凝聚共识是人民政协事业在继承中发展、在发展中创新的生动实践。在我国革命、建设、改革事业的进程中,人民政协始终与中国共产党在各个历史时期的总任务紧密联系并为之奋斗,建言资政和凝聚共识贯穿各项工作始终,成为基本遵循。在三大改造基本完成后,周恩来同志提出了人民政协任务转变的问题,他指出:“团结一切可以团结的力量,动员更多可以动员的因素,来参加社会主义建设,扩大我们的民主生活。这就是我们的新任务。”在领导人民政协工作的实践中,周恩来同

① 《毛泽东文集》第六卷,人民出版社 1999 年版,第 78 页。
② 《老一代革命家论人民政权》,中央文献出版社 1997 年版,第 186 页。
③ 《毛泽东传》第三册,中央出版社 2011 年版,第 1277 页。

志坚持民主协商和求同存异，提倡让党外人士做到“知无不言、言无不尽”。他指出：“我们是政协机关，可以同时提出各种不同的意见，争论的结果，不一定得出一致的结论”。①

进入改革开放时期，人民政协实现了历史性跨越。在政协五届二次会议上邓小平同志发表重要讲话指出：“新时期统一战线和人民政协的任务，就是要调动一切积极因素，努力化消极因素为积极因素，团结一切可以团结的力量，同心同德，群策群力，维护和发展安定团结的政治局面，为把我国建设成为现代化的社会主义强国而奋斗。”②之后，围绕中心、服务大局成为人民政协履行职能所必须遵循的重要原则。在这一原则指导下，人民政协建言资政和凝聚共识焕发出蓬勃生机，各党派团体、各族各界人士的积极性和创造性充分激发，在重大课题研究、重大决策协商、反映社情民意等方面作出了重要贡献。充满活力的政协事业得益于深厚的根基滋养，得益于统一战线和人民政协理论的丰富发展，人民政协的团结面不断扩大、包容性不断增强。建言资政和凝聚共识，一为显绩、一为根基，人民政协以大团结、大统一、囊括一切代表人物的胸怀凝聚人心，为中华民族富起来提供了强大力量。

建言资政和凝聚共识是人民政协贯彻落实习近平新时代中国特色社会主义思想的使命担当。党的十八大以来，以习近平同志为核心的党中央高度重视人民政协工作，习近平总书记就推进人民政协事业发展发表一系列重要讲话，作出一系列重要指示，形成了关于加强和改进人民政协工作的重要思想，是习近平新时代中国特色社会主义思想的重要组成部分。2014 年，习近平总书记在庆祝中国人民政治协商会议成立 65 周年大会上指出，人民政协要深入调查研究，努力为改革发展出实招、谋良策，积极宣传改革发展的大政方针，引导所联系群众支持和参与改革发展，为改革发展添助力、增合力。全国政协认真贯彻落实习近平总书记

① 《周恩来选集》下卷，人民出版社 1984 年版，第 392 页。

② 《邓小平文选》第二卷，人民出版社 1994 年版，第 187 页。

关于加强和改进人民政协工作的重要思想,提出人民政协要在建言资政和凝聚共识两方面双向发力,这与新中国成立以来不同时期对人民政协作用发挥的认识既一脉相承又有发展,进一步丰富了人民政协理论的科学内涵,明确了人民政协实践的发力方向。

改革开放以来,人民政协实现了历史性跨越。在全国政协五届二次会议上,邓小平同志强调:“在中国共产党的领导下,实行多党派的合作,这是我国具体历史条件和现实条件所决定的,也是我国政治制度中的一个特点和优点。”①新时期的人民政协从革命统一战线组织转变为爱国统一战线组织,明确我国社会阶级关系发生了根本变化,人民政协发展成为建设社会主义现代化和实现祖国统一、振兴中华服务的爱国统一战线。

中国共产党领导全国人民从站起来到富起来再到强起来,人民政协工作始终服务于我国各个历史时期的总任务并为之奋斗,围绕中心、服务大局成为人民政协履行职能所必须遵循的重要原则,化解矛盾和凝聚共识作为基本遵循贯穿各项工作始终。

二、凝聚共识是推进新时代人民政协事业发展进步的目标指向

加强思想政治引领、广泛凝聚共识不仅是全面贯彻落实习近平总书记关于加强和改进人民政协工作重要思想的现实需要,也是聚焦党和国家中心任务的迫切需要,更是推进新时代人民政协事业发展的目标指向。

习近平总书记在中央政协工作会议暨庆祝中国人民政治协商会议成立70周年大会上发表重要讲话强调:“人民政协要通过有效工作,努力成为坚持和加强党对各项工作领导的重要阵地、用党的创新理论团结教育引导各族各界代表人士的重要平台、在共同思想政治基础上化解矛盾和凝聚共识的重要渠道”,“要正确处理一致性和多样性的关系。一致性是共同思想政治基础的一致,多样性是利益多元、思想多样的反映,要在

① 《邓小平文选》第二卷,人民出版社1994年版,第205页。

尊重多样性中寻求一致性，不要搞成‘清一色’。”①人民政协要发挥重要渠道作用，必须把协商民主贯穿于政协履行职能的全过程。要创造宽松的协商氛围，广开言路，集思广益，坚持有事多商量、遇事多商量、做事多商量，既形成“畅所欲言、各抒己见”的生动局面，又打造“理性有度、合法依章”的良好氛围。正确处理一致性和多样性的关系，在一些敏感点、风险点、关切点上强化思想政治引领同经常性思想政治工作结合起来，求同存异、聚同化异，推动各党派团体和各族各界人士实现思想上的共同进步。习近平总书记指出，当前中国处于近代以来最好的发展时期，世界处于百年未有之大变局，两者同步交织、相互激荡，这无疑是对当今时代形势作出的一个重大战略判断。我们面对的世界百年未有之大变局，是一次世界经济重心之变、世界政治格局之变、全球化进程之变、科技与产业之变和全球治理之变。这样一个世界，不稳定性不确定性突出，经济增长动能不足，贫富分化日益严重，地区热点问题此起彼伏，恐怖主义、网络安全、重大传染性疾病、气候变化等非传统安全威胁持续蔓延。②

特别是随着中国的发展崛起，国际敌对势力加紧利用民主人权、政党制度、民族宗教等问题对我国实施西化分化。人民政协处于团结合作、凝心聚力的第一线，在维护我国国家安全和核心利益上责任重大。同时，我们正日益走近世界舞台中央，体现在我国综合国力的提高、国际话语权的提升和在全球治理的深度参与上。党的十九大报告进一步提出要“相互尊重、平等协商，坚决摒弃冷战思维和强权政治，走对话而不对抗、结伴而不结盟的国与国交往新路”，“坚持以对话解决争端、以协商化解分歧，统筹应对传统和非传统安全威胁，反对一切形式的恐怖主义”，③这里的“协商”“对话”，与人民政协的价值与理念高度契合。人民政协作为统一战

① 习近平：《在中央政协工作会议暨庆祝中国人民政治协商会议成立70周年大会上的讲话》，人民出版社2019年版，第8页。

② 参见杨卫敏：《人民政协统战团结功能新论》，《上海市社会主义学院学报》2017年第6期。

③ 习近平：《决胜全面建成小康社会　夺取新时代中国特色社会主义伟大胜利——在中国共产党第十九次全国代表大会上的报告》，人民出版社2017年版，第59页。

线组织,作为我国开展对外交流活动和对内凝聚人心和力量的重要平台,是推进各国人民、各民主党派、各族各界之间理解与合作、沟通与协商的重要桥梁。在今天国内外风云急剧变幻的形势下,团结海内外中华儿女,战胜来自国际的和国内的、可以预料的和难以预料的各种挑战,需要人民政协不断加强思想政治引领、广泛凝聚共识作为履职工作目标指向,发挥其人才荟萃优势、组织机构优势和我国社会主义协商民主重要渠道优势。

第二节　凝聚共识是新时代人民政协履职工作的中心环节

党的二十大报告指出:“人心是最大的政治,统一战线是凝聚人心、汇聚力量的强大法宝。”①人民政协的重要职能就是最广泛地团结和联系各方面人士,通过政治协商、民主监督、参政议政,更好凝聚共识。人民政协及其实行的协商民主以“凝聚共识”为目的,是一种增进共识的民主。因此,凝聚共识是新时代人民政协履职工作的中心环节和重要职能。

一、凝聚共识是新时代人民政协履职工作的中心环节

共识是指社会不同阶层、不同利益的人所寻求的共同认识、价值、理念,凝聚共识是通过协商讨论,消除分歧,达到思想认识一致的过程。2018 年 12 月 29 日的全国政协新年茶话会上,习近平总书记强调:“2018 年,人民政协坚持中国共产党对人民政协工作的全面领导,围绕团结和民主两大主题,聚焦党和国家中心任务,发挥专门协商机构作用,在建言资政和凝聚共识上双向发力,为党和国家事业发展作出了新贡献”。“人心是最大的政治,共识是奋进的动力。2019 年,人民政协将迎来 70 周年华诞,要把加强思想政治引领、广泛凝聚共识作为履职工作的中心环节,加

① 习近平:《高举中国特色社会主义伟大旗帜　为全面建设社会主义现代化国家而团结奋斗——在中国共产党第二十次全国代表大会上的报告》,人民出版社 2022 年版,第 39 页。

强各党派团体、各族各界人士大团结大联合，担负起把中共中央对人民政协工作的要求落实下去、把海内外中华儿女实现中华民族伟大复兴中国梦的智慧和力量凝聚起来的政治责任，以优异成绩迎接新中国成立70周年。”①在这里，习近平总书记第一次把“广泛凝聚共识”作为人民政协“履职工作的中心环节”提了出来。这是习近平总书记对人民政协工作提出的最新要求。

人民政协履职工作的“中心环节”，也就是人民政协协商民主的“中心环节”。这不仅是因为人民政协协商民主是广大政协委员履职过程中的协商民主，而且是因为人民政协协商民主是以“凝聚共识”为目标的协商民主。关于人民政协协商民主的科学内涵，中共中央办公厅印发的《关于加强人民政协协商民主建设的实施意见》中指出：“人民政协协商民主是在中国共产党领导下，参加人民政协的各党派团体、各族各界人士履行政治协商、民主监督、参政议政职能，围绕改革发展稳定重大问题和涉及群众切身利益的实际问题，在决策之前和决策实施之中广泛协商、凝聚共识的重要民主形式。”②这是迄今为止对人民政协协商民主科学内涵的最权威解释和界定。这个科学界定，揭示了人民政协协商民主这一重要民主形式的六大元素：一是“在中国共产党领导下”，这是推进和实施协商民主的根本保证；二是“参加人民政协的各党派团体、各族各界人士”，这指的是人民政协协商民主的主体，是政协参加单位和政协委员，而非政协组织本身；三是“履行政治协商、民主监督、参政议政职能”，这指的是协商民主是政协参加单位和政协委员在履职过程中进行的，而非在履职过程之外进行的；四是“围绕改革发展稳定重大问题和涉及群众切身利益的实际问题”，这是人民政协协商民主的内容和协商的范围；五是“在决策之前和决策实施之中广泛协商”，这既界定了协商民主属于决策民主范畴，又指出了“真协商”必须是决策之前和决策实施之中而非决

① 《全国政协举行新年茶话会　习近平发表重要讲话》，《人民日报》2018年12月30日。
② 《关于加强人民政协协商民主建设的实施意见》，人民出版社2015年版，第2页。

策之后摆摆样子的协商;六是“凝聚共识”这是协商民主的目标。从这六大元素中,我们可以认识到,协商民主最后的成果都集中体现在“凝聚共识”之中,其他各个元素各个方面的要求都是为了能够最后“凝聚共识”。正是在这个意义上,我们说广泛凝聚共识是人民政协协商民主的“中心环节”,也是人民政协履职工作的“中心环节”。

我们强调人民政协协商民主的“中心环节”是“广泛凝聚共识”,首先是因为这可以帮助我们进一步深化对人民政协协商民主的认识,进一步完善和发展人民政协协商民主。我们为什么要实行协商民主?我们推进人民政协协商民主不是为了民主而民主,也不是为了协商而协商,而是为了“凝聚共识”;我们推进协商民主不是为了回避客观存在的不同意见和矛盾,更不是要陷入无休无止的讨论甚至争吵,而是要通过广泛的真诚的充分的协商求同存异、化异为同,凝聚最大的共识。我们只有在决策之前和决策实施之中进行广泛协商,形成广泛共识,才能更好地为决策服务,也才能形成正确的并可以付诸实施、取得成效的决策。也就是说,认识到“广泛凝聚共识”是人民政协履职工作的“中心环节”,并进一步认识到“广泛凝聚共识”是人民政协协商民主的“中心环节”,可以更好地发挥人民政协作为协商民主的“重要渠道”和“专门协商机构”作用,可以更好地发挥社会主义协商民主这一中国独特的、独有的、独到的民主形式在应对挑战、正确决策中的积极作用。

我们强调新时代人民政协履职工作的“中心环节”是“广泛凝聚共识”,是因为今天我们面临着百年未有之大变局。一方面,我们离实现中华民族伟大复兴的目标越来越近了;另一方面,我们遇到的来自国际的和国内的、关系到发展的和安全的、涉及经济的政治的和文化的、涵盖社会生活的和生态环境的各种复杂矛盾越来越多了。在这样复杂多变的国内外形势下,把“广泛凝聚共识”作为人民政协履职工作的“中心环节”提出来,对于进一步完善和发展人民政协协商民主,集中全民族的智慧,形成全民族的合力,共同应对挑战,实现中华民族的伟大复兴,有着特别重要的意义。

人民政协工作围绕关系国计民生的重要问题，把化解矛盾和凝聚共识贯穿于工作始终，这充分体现了对政协初心的不懈坚守，对政协事业的继承发展，对新时代的使命担当。人民政协要协助党和政府多做凝聚共识、汇聚力量、解疑释惑、理顺情绪、化解矛盾、解读政策等工作，要把化解矛盾和凝聚共识贯穿在政治协商、民主监督、参政议政的各项工作之中。

二、凝聚共识是人民政协的重要职能

人民政协的履职定位随着社会的发展而不断深化，但“凝聚共识”一直是贯穿其中的中心任务，是人民政协的重要职能。人民政协力求通过思想政治引领，促进各界各团体形成共识，从而筑牢共同思想的政治基础。在人民政协成立之始，毛泽东同志在提议召开政治协商会议时强调“必须求得各主要民主党派及各人民团体的共同一致”，就是为协商建国凝聚共识。在《中国人民政治协商会议共同纲领》中，贯穿其中的主题主线也是凝聚共识。《中共中央关于新时代加强和改进人民政协工作的意见》强调，人民政协“要在坚持做好政治协商、民主监督、参政议政工作的同时，把凝聚共识作为政协的重要职能”。也就是说，人民政协要在履职过程中，突出凝聚共识的重要职能，通过履职来实现凝聚共识。

一是政治协商催化凝聚共识的实现。政治协商的机制是统一战线得以维系和发展的保障，没有政治协商的基础，就难以形成人民政协统一战线。人民政协通过政治协商对国家的大政方针及社会生活的重要问题在决策前、决策中和决策后进行广泛地协商，在吸纳各方意见的基础上形成共识。人民政协广泛听取各党派团体和社会各方面的意见和建议，目的是使政策更能平衡各方利益，决策更为科学。人民政协通过协商、协调关系、讨论问题等方式广泛凝聚共识，产生政治合力，以达到共同的政治目标。通过政治协商，不仅可以理顺情绪、化解矛盾，也可以使共产党采纳并汇集社会各界的意见和建议以及各党派团体和各族各界人士愿意接受党的主张，政治协商催化凝聚共识的实现。

二是民主监督助推凝聚共识的实现。人民政协民主监督就是通过提出意见、批评和建议的方式所进行的政治监督。民主监督的目的是使党委政府的决策能够充分反映广大人民群众的利益诉求,凝聚最广泛的共识。经过政治协商所确定的方针政策能否得到贯彻执行,是衡量人民政协协商功能是否得以充分实现以及人民政协的职能是否切实履行的关键。政治协商的结果要得到真正地贯彻执行,必须进行有约束力和有效的监督。如果没有有效的民主监督,政治协商所达成的共识就有可能落空,也会造成政治协商的效果大打折扣,并可能对执政党的政治形象造成负面影响。

三是参政议政辅助凝聚共识的实现。参政议政就是针对事关人民群众切身利益的突出问题以及社会政治生活的重大问题,通过调查研究和协商讨论,以提案或建议等方式向执政党或国家机关提出意见和建议。政协委员是党委政府和人民群众的纽带,带着问题、带着政策进行调研履职,及时发现问题、分析问题,汇集反映群众诉求,有利于推动各种问题的解决。而各民主党派和各族各界人士,也通过参政议政渠道提出各种意见和建议,不仅增进了团结和谐,也凝聚了共识。同时,党和政府采纳了意见和建议,不仅为人民群众化解了矛盾风险、解决了实际的问题和困难,而且使各阶层、各族人民群众更紧密团结在党中央的周围,使人民与国家、党委政府的目标及发展的方向更加的一致。可见,参政议政的过程也是凝聚共识的过程,通过参政议政最大限度地实现凝聚共识。

人民政协通过政治协商、民主监督、参政议政履职,目的是促进决策科学、推进政策落实、提高工作成效,通过协商议政达到形成共识的目标。人民政协发挥其履职职能,在于以共同的爱国主义立场为基础最大限度地让来自社会各界的声音传递到政治中枢,成为政治决策必不可少的程序性环节,但目的是要在决策过程中凝聚来自社会各界的共识。在政治协商过程中做到求同存异,聚同化异,凝聚最大共识。无法凝聚共识的协商不过是自说自话,无法达成最终的协商结果,自然是无效的协商;民主监督是通过为政治决策提供建议和反馈,帮助党和政府提高工作效率、纠正工作失误、改进工作方式，其目标指向也是为了协商的共识能够得以实现；参政议政从调研、提案等各个环节，目的都是为了发现问题，分析问题，推动问题的解决，通过建言资政，化解矛盾，达到最终凝聚共识的目的。

三、凝聚共识是做好新时代人民政协工作的必然要求

习近平总书记关于加强和改进人民政协工作的重要思想为新时代的人民政协指明了新方向，提出了新要求。"做好新形势下统战工作，必须正确处理一致性和多样性关系。""人心向背、力量对比是决定党和人民事业成败的关键，是最大的政治。统战工作的本质要求是大团结大联合，解决的就是人心和力量问题。这是我们党治国理政必须花大心思、下大气力解决好的重大战略问题。""对其他各种多样性，要尽可能通过耐心细致的工作找到最大公约数。只要我们把政治底线这个圆心固守住，包容的多样性半径越长，画出的同心圆就越大。"①人民政协要在建言资政和思想政治引领两方面双向发力，要把加强思想政治引领、广泛凝聚共识贯穿政治协商、民主监督、参政议政的各项工作之中，不断建立完善'双向发力'的制度、程序和机制。把凝聚共识摆到突出位置，是对统一战线政治属性和功能作用的深刻揭示，是人民政协工作的中心着力点。深刻剖析、理解、把握人民政协工作在凝聚共识上的哲学智慧，坚持用马克思主义唯物史观推进人民政协工作，把握新时代人民政协工作的着力点和向心力具有十分重要的实践指导意义，这是新时代人民政协工作的现实需要。

习近平总书记关于"凝聚共识"的重要论述和重要指示精神为新时代人民政协工作在继承中发展、在发展中创新提供行动指南。立足新时代，开启新征程。全国政协认真贯彻落实习近平总书记关于

① 《习近平关于社会主义政治建设论述摘编》，中央文献出版社 2017 年版，第 131、128—129、131—132 页。

加强和改进人民政协工作的重要思想,明确了人民政协在化解矛盾和凝聚共识方面作为工作重点和努力方向。通过人民政协的民主协商形成和凝聚共识,是当前工作的重要任务,要摆在更加突出的位置。

当前,中国特色社会主义进入新时代,我国经济社会深刻变革、利益格局深刻调整,社会阶层更加多样、思想文化更为多元,国际环境错综复杂、机遇与挑战并存成为常态,“五大关系”都面临一系列的新形势和新要求,迫切需要人民政协在建言资政方面继续有效发挥作用的同时,进一步强化化解矛盾和凝聚共识的功能作用。通过人民政协的民主协商形成和凝聚共识,是当前工作的重要任务,要摆在更加突出的位置。面对新时代、新使命,人民政协更要主动担当起历史责任,推动化解矛盾和凝聚共识比翼齐飞,为中华民族迎来强起来伟大飞跃凝聚最广泛的正能量。

第三节　人民政协凝聚共识的实现路径

习近平总书记提出了新时代人民政协的新方位新使命,为人民政协指明了履职方向,也为做好新时代人民政协工作提供了根本遵循。人民政协要实现在共同思想政治基础上凝聚共识,要努力做到以下几个方面:

一、坚持党的全面领导,发挥人民政协在共同思想政治基础上凝聚共识的作用

共同的思想政治基础是参加人民政协的单位和个人建言资政的前提条件。习近平总书记强调,中国特色社会主义最本质的特征是中国共产党领导,中国特色社会主义制度的最大优势是中国共产党领导,党是最高政治领导力量。坚持党的领导是人民政协开展一切工作的根本遵循。政协委员及其所代表的各个界别群众思想观念多样化前所未有,表达方式多样化也前所未有。“两个前所未有”指明了当前人民政

协加强思想政治引领工作、夯实共同思想政治基础的极端重要性。夯实共同思想基础，关键是要做到坚定求同、辩证存异，既不能千人一面、也不能五花八门，这是我们找到最大公约数、画出最大同心圆的根本所在。坚定求同就是要始终坚持中共中央的集中统一领导，坚决维护习近平总书记党中央核心和全党核心的地位、坚决维护党中央权威和集中统一领导，在旗帜、道路、制度等重大问题上统一意志、统一步调、统一行动，确保中共中央的大政方针和决策部署，不折不扣地贯彻落实到政协全部工作之中。把坚持和发展中国特色社会主义作为巩固共同思想政治基础的主轴，这是一切参与政协组织的单位和个人的政治底线，坚决不能动摇。

辩证求异来自于政协组织的独特属性，即政协组织在政治上具有巨大的包容性，这种包容性决定着在政协组织中可以存异、鼓励提异、追求化异。在政协组织中，异的显性表现常常是建言资政时，有的无关痛痒、无碍大局，利益关联度不够或能力水平所限，可以存而不论；有的需要反复比较和长期实践做检验，需要认真研究、不断推敲；有的有损一致性基础，决不能迁就，决不能允许其在尊重包容多样性名义下行其道、害根本；有的对改进决策、减少失误大有益处，不仅要允许其存在，还要主动征求。如果把政协看作是一棵大树，坚定求同就是要把根扎牢扎深，从土壤中源源不断汲取养分；辩证求异就是要学会修剪枝杈，剪掉坏的、呵护好的，这样才能真正做到松柏常青。

人民政协在发挥化解矛盾和凝聚共识作用中，必须发挥好政协党组把握政治方向、总揽全局、贯彻落实的重要作用。我们要深刻领会、准确把握、充分认识坚持和加强党的全面领导，这不仅关系到党和国家重点工作、重点任务，还关系到人民政协工作方方面面，更关系到全国各族人民的利益。无论是政协机关还是人民政协委员会都要以强烈的责任感和使命感，把党建设成为始终走在时代前列、人民衷心拥护、勇于自我革命、经得起各种风浪考验、朝气蓬勃的马克思主义执政党，带领广大政协委员更好的双向发力，做好建言资政，进一步凝聚共识。政协委员在建言资政中要始终坚持发扬民主与实现人民当家作主紧密结合,要把科学决策和民主决策紧密结合,其根本目的是统一思想、凝聚共识。

政协组织包容各界、联系广泛的独特优势必然是通过提升人民政协建言资政水平进一步彰显,通过凝聚更大范围的共识,增进更广泛的团结进一步巩固。我们要在党的领导下,把个人的成长、政协的事业融入到新时代、续写新篇章的伟大征程中。

二、正确处理一致性和多样性关系,广泛凝聚共识

一致性是共同思想政治基础的一致,多样性是利益多元、思想多样的反映。要在尊重多样性中寻求一致性。正确处理一致性和多样性的关系是我们党做好统战工作的一条重要方针,人民政协作为最广泛的爱国统一战线组织,只有认真落实好这个重要方针才能争取最大公约数,画出最大同心圆,凝聚最广泛共识。

正确处理一致性和多样性关系,进一步凝聚更广泛的共识,是奠定人民政协建立、巩固和发展的客观基础,是决定人民政协工作的全部内容,是人民政协工作理论创新与实践发展的重要基石。在人民政协工作中真正实现在共同思想政治基础上化解矛盾和凝聚共识,必须要处理好一致性和多样性关系,既要化解矛盾,更要进一步凝聚最大共识。人民政协作为团结各方面力量的广泛联盟,体现了一致性和多样性的统一。因此既要合作包容,也要求同存异,把处理好一致性和多样性关系作为关键要素,在尊重多样性的基础上寻求一致性,把凝聚更广泛的共识做到实处。

凝聚共识,最重要的是凝聚思想政治共识,包括凝聚对党的路线方针政策的共识,对改革发展稳定的共识,对党委政府重要决策部署的共识,对社会主义核心价值观的共识等,涉及经济、政治、文化、社会、生态等方方面面,需要我们全面把握,有的放矢做好工作。

因此,要在加强学习中增进共识,引导广大委员坚持学习习近平新时代中国特色社会主义思想走深走心走实,认真学习中国共产党的历史、统一战线的历史、人民政协的历史,不断从中汲取经验、智慧和力量,深化政

治共同体认识，把牢正确航向，统一步调行动，打牢共同思想政治基础，在习近平新时代中国特色社会主义思想旗帜下携手前进。在思想引领中扩大共识，继承发扬“团结—批评—团结”的优良传统，把统一战线内部的一致性和多样性结合起来，推动各党派团体和各族各界人士实现思想上的共同进步，做到增进一致而不强求一律，包容多样而不丧失主导。特别是要把在一些敏感点、风险点、关切点问题上强化思想政治引领同经常性思想政治工作结合起来，不断增强固守政治底线的定力和寻求最大公约数、画出最大同心圆的能力，引导广大委员不断增强政治认同、思想认同、理论认同、情感认同，始终同中国共产党同心同德、同心同向、同心同行。在履职实践中强化共识，把凝聚共识覆盖到政协工作的各个领域，引导委员了解经济社会发展情况，了解全省重大部署重点工作，澄清模糊认识，加强自我教育，发出正面声音，使政协的每一次会议、每一次视察调研、每一次协商议政、每一次提案办理都成为求同存异、聚同化异的过程，成为凝聚人心力量、增进团结共识的过程，使中央大政方针和决策部署成为各党派团体和各族各界人士的广泛共识和自觉行动。重点围绕打好三大攻坚战、推动经济高质量发展、实施乡村振兴战略等，引导社会各界正确认识改革发展中遇到的困难和问题，协助党委政府做好解疑释惑、宣传政策、理顺情绪、化解矛盾的工作，为保持经济持续健康发展和社会大局稳定提供有力保障。在团结联谊中传播共识，鼓励支持委员深入基层、深入群众，通过委员的广泛代表性和影响力，把凝聚共识的工作延伸到委员所在界别、所在领域，延伸到基层群众。建立各民主党派参加政协共同性事务情况的交流机制，为其利用政协平台更好发挥作用创造条件。拓展同党外知识分子、非公有制经济人士、新的社会阶层人士等的联系交往渠道，针对性做好民族、宗教、港澳台侨等代表人士工作，通过他们把更多的人紧密团结在党的周围。推动智慧政协建设，创新开展远程协商、网络议政，通过线上线下互动凝聚人心。

在国家政治体系中，把党的主张通过广泛协商，转化为社会各界的共识和自觉行动，是推进国家治理体系和治理能力现代化所必需的。人民政协要把党的主张转化为社会各界的共识靠的是协商和广泛多层制度化的协商来推动和促进。

那么,人民政协要凝聚哪些方面的共识呢?

第一,凝聚统一战线和人民政协内部各民主党派、团体、各界人士以及各级政协委员的共识。广大政协委员在人民政协这个大平台上坚持和加强党的领导,加强政治理论学习,用党的创新理论,团结教育引导各族各界代表人士,把人民政协这个重要阵地、重要平台、重要渠道建设好,围绕一个共同奋斗目标,不断加强思想政治引领,打牢共同思想政治基础,推动各党派团体各族各界人士思想认识的共同进步。

第二,在政协工作中凝聚共识。统一战线和政协组织各方面人士认识理解接受党的主张的过程是凝聚共识的过程;中共各级党委采纳和集中包括党外人士在内的所有有益建议和智慧也是凝聚共识的过程;政协委员在履职过程中研究宣传解读党和国家的方针政策和重要决策,把党的主张转化成社会各界的共识,更是凝聚共识。

第三,广泛联系团结界别群众,扩大共识面。各党派、各界别、各团体的代表人士和政协委员通过广泛联系界别群众,团结界别人士,帮助界别群众反映诉求,化解矛盾,凝聚共识,积极推动政党关系、民族关系、宗教关系、阶层关系、海内外同胞关系的和谐,同样是凝聚共识。这种凝聚共识是发散性的、有内在逻辑和关联的、一圈比一圈大的同心圆,也是更大范围的共识和使命。

人民政协又如何凝聚共识呢?

政协是政治协商的平台,是专门协商的机构,共识就是在协商中产生、形成和推动的。

第一,要在各级政协委员中凝聚共识。通过学习让政协党组成员和党外委员先学一步,悟深一点,在委员中起到带头、中坚作用。例如十三届全国政协开展了谈心谈话制度,每个党组成员都要跟党外委员开展以凝聚共识为导向的谈心谈话活动,已经成为一项制度安排。全国政协还有一系列加强党的领导的制度规范,都起到了很好的效果。

第二，在履职工作中凝聚共识。把加强思想政治引领、广泛凝聚共识作为中心环节，发挥委员联系面广、代表性强的优势作用，紧扣党和政府重大决策、重要部署和人民群众的重要关切，让政协委员带着问题、带着政策进行调研履职，及时发现问题、分析问题，汇集、反映诉求，推动问题的解决，通过人民政协各种有效的调研、视察、考察、提案、反映社情民意等工作，提出改进意见和建议，既畅通渠道，化解矛盾，也增进团结和谐、凝聚共识。

第三，在面向社会传播中凝聚共识。创建的委员讲堂、全国政协重大专项工作宣讲团等新平台成为了新时代人民政协履职的新亮点，这种新履职平台既是专门协商议政的平台，也是凝聚共识的平台，还是传播共识的平台。这种履职平台主要是组织政协委员利用自身的专业知识和影响力主动发声，宣传阐释中央精神和党的重大方针政策，同时运用现代网络新技术进行广泛传播，达到扩大影响、传播共识的目的。这一探索取得了良好的效果，但还需要继续坚持和完善，不断提高质量。

第四，在协商互动中凝聚共识。协商互动交流在政协各项履职工作已经得到普遍运用。比如专题议政性常委会议、专题协商会、双周协商座谈会、网络议政远程协商、委员讲堂、专题宣讲活动等，都把互动协商交流作为重要的履职内容并作出制度安排。互动中既有问，也有答，问者不仅代表自己，也代表委员身后的界别和社会关注；答者不仅对相关政策进行解读，也传达了政府部门的态度。这一问一答，既是协商，也是理性说服，达到了沟通交流、解疑释惑、理顺情绪、化解矛盾、凝聚共识的目的。

第五，在对外交流交往中不断凝聚共识。全国政协有外事委员会，政协委员中有对外交流经验丰富的委员，有定期对外交流的互访活动。民主党派中有致公党，界别中有侨联界、对外友好界人士，全国政协还有中国宗教界和平委员会、中国经济社会理事会等机构经常开展各种对外交流活动。每年政协全会还邀请海外人士列席会议，这些海外侨胞都是在居住国有影响力的友好人士,应通过政协开展走出去、请进来的工作,加强对外交流交往,在新时代凝聚海内外的共识方面作出新样子。

三、创新和改进工作方式,在凝聚共识上提质增效

创新是政协工作源源不断的生命力,坚持创新和改进政协工作方式,有利于推进政治协商更加大众化、经常化,有利于为政协工作注入新鲜血液,有利于政协工作更加高效便捷,有利于进一步凝聚共识。人民政协工作在围绕化解矛盾和凝聚共识上,要始终坚持创新和改进工作方式,多组织委员开展加强调查研究、坚持以人民为师、虚心向人民学习、真正把民情融入调查研究全过程,第一时间发现问题,第一时间提出科学的解决方案,为国计民生建良言献优策。

在各类协商民主渠道中,只有人民政协是专门协商机构,具有制度、组织、人员构成、专业素质等多方面的优势,要切实提升协商质量和专业化协商水平,进一步健全发扬民主和增进团结相互贯通、建言资政和凝聚共识双向发力的程序机制,使专门协商机构"专"出特色、"专"出质量、"专"出水平。

习近平总书记指出:"发展是解决中国所有问题的关键"。凝聚共识既要注重"量"的扩大,更要重视"质"的提升。没有"量"的扩大,凝聚共识的力度就无从谈起;没有"质"的提升,最大共识持久凝聚也难以为继。人民政协努力做好创新发展工作,其根本目的是提质增效。对于人民政协工作来说,应该把质和量统一起来。因此,必须树立科学发展观和正确政绩观。谋事要实、创业要实、做人要实,人民政协工作也要实。特别是在"专业、精准、深刻、管用"上下功夫求实效,在提升凝聚共识的"言值"中体现政协价值,通过凝聚最广泛的共识检验人民政协工作做得好不好,做得实不实。

第一,加强学习,增强政治本领。要强化理论武装,学习习近平新时代中国特色社会主义思想、党的理论、基本路线、基本方针;学习中共党史、新中国史、统一战线史、人民政协历史,树立正确的历史观和大局观,

不断增进对中国共产党和中国特色社会主义的政治认同、思想认同、理论认同、情感认同，增强政治定力，打牢共同思想政治基础。

第二，提高履职能力水平，增强凝聚共识的效果。把凝聚共识融入到政协工作各方面全过程，从自身做起，从现在做起，抓好中央政协工作会议精神的贯彻落实，切实提高履职本领。既要树立问题导向，也要强调目标效果导向，抓住凝聚共识的牛鼻子。

第三，把握凝聚共识的方式方法，提升凝聚共识的质量。凝聚共识既是做思想、认识方面的工作，同时也是政协的主要职能。因此，做好凝聚共识工作，要根据新形势、新任务、新情况、新要求、新问题、新诉求，不断推动新实践，研究新规律，建立新机制，提高工作质量。要坚持一致性和多样性相统一，求同存异、求同化异，增进一致而不强求一律，尊重差异而不扩大分歧，包容多样而不丧失主导，做到春风化雨，润物无声。

第四，积极传播共识，厚植政治基础。共识不能止步于政协内部，还要向社会广泛传播，把这种共识转化为社会的共识，转化为全社会奋进向前的动力，厚植政治基础和人心基础。十三届全国政协以来创新履职工作开展的委员讲堂、重大专项工作委员宣讲团等工作效果及影响较好，委员们利用自身的特长、专业知识和影响力主动发声，宣讲解读党和国家方针政策，帮助党和政府协调关系，理顺情绪，化解矛盾，并运用现代新媒体技术进行广泛传播，扩大影响力，达到了凝聚人心，传播共识的目的。

在新的历史起点上，认真学习贯彻党的十九届五中全会精神和中央政协工作会议精神是当务之急，在学习贯彻中把人民政协制度坚持好，把人民政协事业发展好，通过有效的工作，更好地化解矛盾、凝聚人心、凝聚共识、凝聚力量，为开创人民政协工作新局面作出新贡献。

第六章　建立民主党派在人民政协开展经常性工作运行机制

发挥人民政协作为专门协商机构的作用，加强制度化、规范化、程序化等功能建设，提高深度协商互动、意见充分表达、广泛凝聚共识水平，完善人民政协民主监督和委员联系界别群众制度机制。习近平总书记在参加全国政协十三届一次会议民盟、致公党、无党派人士、侨联界委员联组会议时强调，中国共产党领导的多党合作和政治协商制度是中国共产党、中国人民和各民主党派、无党派人士的伟大政治创造，是从中国土壤中生长出来的新型政党制度。能够真实、广泛、持久代表和实现最广大人民根本利益、全国各族各界根本利益，把各个政党和无党派人士紧密团结起来、为着共同目标而奋斗，通过制度化、程序化、规范化的安排集中各种意见和建议、推动决策科学化民主化，是对人类政治文明的重大贡献。人民政协作为专门协商机构，是发挥民主党派政治作用的制度平台，提供了多党合作的重要舞台。各民主党派和无党派人士要做中国共产党的好参谋、好帮手、好同事，增强责任和担当，共同把中国的事情办好。如何在习近平新时代中国特色社会主义思想的引领下，建立民主党派在人民政协开展经常性工作的运行机制，是当前有待探索的重要课题。

第一节　建立民主党派在人民政协开展经常性工作运行机制的理论基础

一、建立民主党派在人民政协开展经常性工作运行机制的时代背景

中国特色社会主义事业发展进入新阶段。党的十九届五中全会强调,"坚持创新在我国现代化建设全局中的核心地位,把科技自立自强作为国家发展的战略支撑",提出要面向世界科技前沿、面向经济主战场、面向国家重大需求、面向人民生命健康,深入实施科教兴国战略、人才强国战略、创新驱动发展战略,完善国家创新体系,加快建设科技强国。在建设创新型国家的进程中,面临着引进技术的边际效益递减、自主创新尚待转型的双重压力,需要探索更具包容性的智力资源转化模式。此时,发挥民主党派的智力优势就显得尤为重要。

二、建立民主党派在人民政协开展经常性工作运行机制的实践优势

在人民政协开展经常性工作能够充分发挥知识分子的智力优势。在凝聚新阶层人士智力资源方面,民主党派具有一定优势。民主党派接纳了一批归国的技术人员及具有海外研究经历的知识分子、自主创业的高科技产业人才,这些新阶层人士具备较为宽广的国际视野,引领着科技发展的潮流,掌握着一定的海外科研资源,是建设中国特色社会主义的重要智力资源。在发挥专业优势方面,民主党派汇聚了一批具有行业影响力的专业人士,他们具备一定的技术话语权,能够一定程度上影响某些专业领域的发展方向。例如,民主党派内聚集了大量专业的出版和新闻工作者,这些力量经过正确的引导,能够在新媒体环境下发挥主流正能量的作用。在联系界别群众方面,民主党派拥有独特的

界别属性，具备优良的参政议政传统和成熟的运行保障机制。民主党派能够促成不同行业、不同界别的知识分子和爱国人士的团结与协作，为社会建设和经济发展作出贡献。在对外交往方面，随着国家间综合实力的变化，我国面临的国际挑战日趋增多，面临的国际社会压力逐步增大，需要用融通中外的话语讲好中国故事，增加国际社会对我国的理解，树立正面的国家形象。民主党派在使用国际化手段传播中国文化方面具有独特优势。

三、建立民主党派在人民政协开展经常性工作运行机制的使命职责

建立民主党派在人民政协开展经常性工作运行机制体现出民主党派的使命职责。从民主党派自身的角度来看。新阶段、新征程的发展目标给民主党派带来了前所未有的机遇和挑战。民主党派必须不断夯实参政议政的基础，结合自身特点找到未来发展新的生长点。这就需要民主党派不断思考如何通过人民政协平台充分发挥自身作用。经验证明，民主党派作为参政党，同人民政协具有密切联系、团结合作的关系。民主党派通过参与人民政协工作，体现出参政党优势，使民主党派在民主政治建设、经济建设、社会建设中发挥出更大的作用。

第二节　建立民主党派在人民政协开展经常性工作运行机制的历史经验

民主党派是人民政协的重要参加单位，民主党派在人民政协中开展各项工作具有深厚的历史积累。民主党派在人民政协开展经常性工作的形式历经探索、确立和完善的过程，从实践中发展出制度化和规范化的参与形式，通过参与的合理性积累工作的有效性。进入新时代，中共中央和全国政协出台了多项政策文件，支持民主党派在人民政协内开展经常性工作。

一、从工作惯例探索实现形式

民主党派在人民政协开展经常性工作的实现形式由人民政协的工作惯例探索而来。改革开放以来,在人民政协的功能逐渐恢复的过程当中,中共中央和全国政协不断探索民主党派通过人民政协发挥作用的实现形式,通过出台相关制度和法规,对民主党派在人民政协开展经常性工作进行规范化和制度化建设。

改革开放前,人民政协的政治协商实践为人民政协积累了大量工作惯例;改革开放以后,人民政协在职能逐渐恢复的过程中不断探索将工作惯例转变为工作制度,并不断完善民主党派在政协平台上发挥作用的相关机制。以北京市政协为例,他们与中共北京市委统战部联合举办议政会,协调各民主党派、工商联、无党派人士及民族宗教界委员共同参与,邀请市委、市政府或有关部门负责人到会,进行通报交流和协商议政。议政会源自新中国成立初期的北京市各民主党派干部学习会,最初可追溯到北京市各界代表会议协商委员会在1949年举办的各民主党派干部学习会和1950年举办的各界学习会。1985年5月,改称为"双周学习座谈会",定期组织开展了上百次会议活动。

从明晰民主党派活动方式到初步建立工作机制。① 1989年1月,《中国人民政治协商会议全国委员会关于政治协商、民主监督的暂行规定》明确了人民政协委员参政议政和民主监督的具体形式是政协各专门委员会组织开展的经常性活动,以及各类专题座谈、专题调查、委员提案和委员举报工作,民主党派委员通过参与人民政协的活动开展经常性工作。1989年12月,《中共中央关于坚持和完善中国共产党领导的多党合作和政治协商制度的意见》规定了民主党派参政议政的具体形式,即参加国家政权,参与国家大政方针和国家领导人选的协商,参与国家事务的管

① 政协全国委员会办公厅、中共中央文献研究室编:《人民政协重要文献选编》(中),中央文史出版社、中央文献出版社2009年版,第485页。

理,参与国家方针、政策、法律、法规的制定执行。该文件规定了民主党派在人民政协会议上协商议政的形式:"民主党派可以本党派名义发言、提出提案。"1995年1月,《政协全国委员会关于政治协商、民主监督、参政议政的规定》对民主党派通过人民政协平台进行政治协商、民主监督和参政议政的内容和形式做了规定,明确了组织民主党派开展经常性活动的具体机构。政协全国委员会的各专门委员会在常务委员会的领导下,组织委员参加各项经常性活动,做好专题座谈、专题调查、委员提案和委员举报工作。人民政协各专委会职能的确立和民主党派在人民政协平台上的活动方式的详细说明标志着民主党派在人民政协中发挥经常性作用的机制初步建立。

在人民政协的制度化建设过程中,人民政协工作的惯例逐步确立为政协内协商参与主体开展工作的遵循,并经由文件的形式得以固化。民主党派在人民政协开展经常性工作的机制通过工作惯例的制度化得以初步确立。

二、从工作实践确立具体形式

民主党派在人民政协开展经常性工作的具体形式由人民政协的多党合作实践经验发展而来。人民政协内的多党合作实践使中国特色社会主义政党制度不断发展和完善,民主党派在人民政协框架内的经常性工作机制得以逐步完整地建立起来。

中国特色社会主义政党制度的发展和完善进一步明确了民主党派的角色和定位,人民政协据此规范化民主党派在人民政协内开展经常性工作的形式。2005年2月,《中共中央关于进一步加强中国共产党领导的多党合作和政治协商制度的意见》规定:"要保证民主党派成员和无党派人士等在各级政协中占有较大比例。其中,在换届时,政协委员不少于百分之六十,政协常委不少于百分之六十五,政协副主席不少于百分之五十。"①2006

① 政协全国委员会办公厅、中共中央文献研究室编:《人民政协重要文献选编》(下),中央文史出版社、中央文献出版社2009年版,第764页。

年 2 月,《中共中央关于加强人民政协工作的意见》阐明了民主党派与人民政协的关系,即民主党派是人民政协的参与部分,人民政协是中国共产党领导的各党派、各团体、各民族、各阶层大团结大联合的组织。要保证民主党派成员和无党派人士在政协委员、常务委员和政协领导成员中占有较大比例;政协各专门委员会要有民主党派和无党派人士参加;政协机关中应有一定数量的民主党派和无党派人士担任专职领导职务。文件规定了人民政协政治协商、民主监督、参政议政的具体形式,民主党派作为人民政协的重要参与部分,在人民政协平台上履行着上述三项职能。具体来看:政治协商的主要形式为政协全体会议、常务委员会会议、主席会议、常务委员专题协商会、政协党组受党委委托召开的座谈会、秘书长会议、各专门委员会会议以及根据需要召开由政协各组成单位和各界代表人士参加的内部协商会议。民主监督的主要形式为政协全体会议、常委会议、主席会议向党委和政府提出建议案;各专门委员会提出建议或有关报告;委员视察、委员提案、委员举报、大会发言、反映社情民意或以其他形式提出批评和建议;参加党委和政府有关部门组织的调查和检查活动;政协委员应邀担任司法机关和政府部门特约监督人员等。参政议政的形式包括调研报告、提案、建议案或其他形式,向党和国家机关提出意见和建议。这样一来,人民政协各项职能形式的具体化就确立了民主党派在人民政协开展经常性工作的具体形式。

在人民政协内的多党合作实践过程中,中共中央和全国政协通过出台多项政策规定,明确了民主党派在人民政协开展经常性工作的具体形式,保障了民主党派在人民政协开展经常性活动的权益,提出了民主党派委员履行职能的更高要求。

三、从规则完善优化有效形式

民主党派在人民政协开展经常性工作的有效形式通过人民政协制度的日趋完善发展而来。党的十八大以来,人民政协建立起较为完备的协商参与和保障机制,民主党派在人民政协内开展工作的密度逐步增大,相关的工作制度向改进问题、优化流程、追求实效的目标深度发展。

2015年1月,中共中央印发了《关于加强社会主义协商民主建设的意见》,对人民政协协商的形式、频率和参与者进行了细致的说明,文件规定要完善政协会议及其他协商形式,改进政协通过会议进行协商的形式,适当增加专题议政性常委会议和专题协商会次数,完善协商座谈会制度。在已有的协商形式基础上,更加灵活和经常地开展专题协商、对口协商、界别协商和提案办理协商,探索网络议政和远程协商等新形式。增加集体提案比重,提高提案质量,建立交办、办理和督办提案协商机制。通过协商会议、建议案、视察、提案和反映社情民意信息等形式提出意见建议,积极履行民主监督职能。规范协商议题提出机制,认真落实由党委、人大、政府、民主党派、人民团体等提出议题的规定,探索由界别和委员联名提出议题。通过对人民政协的政治协商工作进行细致的规定,人民政协成为民主党派开展政治协商工作的有效载体。

2015年6月,中共中央办公厅印发了《关于加强人民政协协商民主建设的实施意见》,对人民政协平台上政党协商的选题、协商、办理等环节制定了具体的规定。文件要求:规范专题协商会形式,党政分管相关工作的领导同志及有关部门负责同志应邀出席政协会议听取委员意见;提高协商发言质量,委员在会议的发言应充分反映政协专门委员会专题调研、委员视察、界别调研和民主党派调研等成果;优化参与双周协商座谈的人员结构,以委员中的民主党派成员和无党派人士为主,及时将会议主要内容、形成的共识和重要意见建议,以信息专报等形式报送党委和政府及有关部门参阅,推动协商过程和协商成果公开;规范协商议题提出机制,认真落实由党委、人大、政府、民主党派、人民团体等提出议题的规定;建立党委同政府、政协重点协商议题会商机制,议题可由党委和政府交办,可由党委召开的秘书长联席会议研究提出,可由政协与党委和政府及有关部门沟通协商提出;建立政协内部选题机制,通过常务委员会会议、专门委员会会议以及座谈会、发函等形式征集议题,积极探索由界别、委员联名、委员小组提出议题。人民政协内部协商流程的优化贴合了现实的需求,为民主党派开展经常性活动提供了规范性更强的操作方法。

在人民政协协商民主制度不断成熟的阶段里,中共中央出台的多项制度法规使民主党派在人民政协的工作有据可依。人民政协在既有规则的优化积累中创新民主党派在人民政协开展经常性工作的有效形式。民主党派通过在人民政协平台上与党委政府开展周期性的政治协商,形成了有效的民主协商机制,在人民政协开展经常性工作的思路更加清晰。

第三节　建立民主党派在人民政协开展经常性工作运行机制具备的独特优势

一、知识储备丰富,专业性强

民主党派成员具有知识储备丰富的特点,在专业领域内具有一定的发言权。民主党派成员大多是各行各业的杰出代表,他们长期深耕于各自的行业,具有一定的代表性。一般而言,民主党派吸纳了各自联系的群众中的佼佼者,这批代表具有较为渊博的学识、丰富的从业经历、深厚的为民情怀。他们大多拥有高学历,具备优秀的专业技能,讲求实效,灵活务实,富于改革创新精神。目前,加入民主党派的门槛较高,各民主党派代表囊括了知名知识分子、公务人员、公众人物、文艺界人士等,形成了智力密集、知识密集、影响力密集等突出特点。民主党派代表参与到协商民主当中来,能够提高政协协商内容的专业水平,增加政协协商的社会关注度,有利于促进议题协商后的落地。在行使各项职能时,民主党派委员能够有效地融入有关学科背景内的科学文化知识,使参政议政、民主监督更加科学合理和有针对性,反映社情民意更加准确、及时和有效。

二、信仰坚定,地位超然

民主党派具有光荣的革命传统。民主党派大多形成于中华民族救亡图存的历史时期,历经战火的洗礼,在关键历史时刻作出过正确的历史选择,具有光荣的革命传统。正是由于民主党派具有光荣的革命传统,他们是中国共产党忠实的朋友,坚定地支持中国共产党,具有坚定的政治信仰。民主党派的政治信仰形成于争取民族独立的历史进程当中。以农工党为例,老一辈农工党人为了追求民族独立、人民解放、国家富强,不惜牺牲自己的生命。农工党人邓演达在被捕入狱后,坚定地反对蒋介石独裁统治,断然拒绝蒋政府的政治收买,最终英勇就义。应当说,革命性是民主党派深入骨髓的烙印,也是其鲜明的政治基因。因其深刻的革命性,所以在参政议政过程中,民主党派能够保持相对超然的地位,不仅仅代表某一个利益集团和某个行业的诉求,而是从国家发展改革的大局出发,与执政党共同协商,找到推动国家发展的最优路径。民主党派优良的革命传统和超然的政治地位,使其能够在参政议政过程中客观把握改革发展过程中的热点问题、难点问题。此外,执政党也赋予其充分的政治权利,使其能够及时掌握国家的大政方针,了解决策的过程,监督决策的实施。这样一来,民主党派在参与人民政协的工作过程中,就更能充分发挥自身优势,提出更具有针对性、前瞻性的对策建议。

三、联系界别代表性强

民主党派具有广泛联系群众,能够吸附新阶层人士的特点。民主党派代表着特定社会阶层,具有鲜明的代表性。各个民主党派均有自己代表的专属群体,拥有固定的界别群众。民主党派的代表性决定了其能够为所联系界别提供发声渠道,界别内群众也比较信任民主党派,比较踊跃地参与到民主党派的活动当中来,为民主党派在新时期的发展奠定群众基础。正因为民主党派能够代表一定的阶层,且为这些阶层的群众提供发声渠道,其对社会新兴阶层就具有了天然的亲和力,在吸纳新社会阶层方面具有一定优势。1986 年,中共中央统战部在《关于新时期党对民主党派工作的方针任务的报告》中指出:“各民主党派所联系和代表的社会阶层或社会集团,也将长期存在。这就需要民主党派继续联系、代表他们,反映他们的正当利益和要求,帮助他们进步。”1996 年 3 月,中央统战部邀请民革中央、民盟中央、民建中央、民进中央、农工党中央、致公党中央、九三学社中央、台盟中央负责人举行座谈会，就民主党派组织发展的若干问题进行了商议，对发展从事非公制经济的人士加入民主党派的条件作出规定：对拥护中国共产党的领导、遵纪守法、热心公益、在同行业中有较大影响并已作一定政治安排的业主（不包括“三胞”投资者），各民主党派可适当发展；在有中共组织的私营企业、“合资”企业中从事经营管理和技术工作的中、高级知识分子，其中政治素质好、有一定代表性的，各民主党派可个别发展。2004 年《关于进一步做好民主党派组织发展工作座谈会纪要》则具体指出，随着社会主义市场经济的发展和社会结构的变化，民主党派已成为各自所联系的一部分社会主义劳动者、社会主义事业建设者和拥护社会主义的爱国者的政治联盟。民主党派发展新的社会阶层人士的基本要求是：从参政党建设的目标、原则出发，按照章程规定的标准，遵循组织发展基本方针，从严掌握，择优、少量发展其中政治素质好、层次高的代表性人士。可以看出，民主党派对新阶层人士的吸纳随着经济社会发展而不断调整，而贯穿其中的规律是民主党派的界别代表性是吸纳新阶层人士的重要原因，新阶层人士与民主党派之间的双向选择将塑造民主党派发展的新面貌。

四、沟通顺畅，连接群众

民主党派具有连接执政党与新阶层人士的桥梁纽带作用。民主党派作为参政党，享有从正规渠道获取信息的政治权利。民主党派可以通过政党协商和政协协商，与中国共产党就国家大政方针进行协商，在协商过程中能够充分表达意见建议，听取中国共产党对决策出台过程的介绍，并通过协商对决策过程和实施效果进行监督。民主党派在首先获取决策信息后，可以将信息传达给所联系的界别，向群众解疑释惑，传达中国共产党的意志，解释政策制定实施的依据，描绘国家治理的目标蓝图，起到凝聚共识、鼓舞人心、推动落实的作用。在传递信息之后，也可以收集界别群众对决策的意见建议，及时反馈给执政党，作为下一步决策的参考。在此过程中,民主党派扮演着信息传播的中介角色,即把中国共产党的意志传递给各界人士,又从反馈社情民意过程中推动决策的改进。中国的改革开放是充分释放社会活力的过程,在中国共产党的全面领导之下,社会各个方面各尽所能,积极投身社会主义建设。社会热点问题需要新阶层人士的关注和参与,这个时候,就需要一个桥梁纽带,提供交流和沟通的平台,民主党派恰好扮演了这个角色。通过民主党派搭建的交流桥梁,中国共产党完成了社会建设的社会动员,通过号召更多社会力量参与到重大项目建设中来,撬动了更多社会资源,形成了正面的社会舆论。尤其在人民政协的协商平台上,民主党派与中国共产党的协商更加规范,能够为双向的交流提供更有力的支撑。

五、提供有序政治参与

民主党派参加人民政协的工作为新阶层人士提供了有序政治参与的机会。民主党派参与人民政协工作,包括民主党派委员被推选为政协委员,均可视为一种参与政治生活的正规渠道。尤其是对于新阶层人士而言,参加民主党派,并借由民主党派参与人民政协工作,能够获得参政议政的机会。在参政议政过程中,新阶层人士政协委员充分表达所联系界别的诉求,推动特定领域的具体政策落地,是新阶层人士参与政治生活的重大进步。对于人民政协而言,吸纳新阶层人士进入政协协商平台,有利于集中社会各界的代表人物,形成具有广泛代表性的界别意见。通过政协协商,更好地理顺情绪、协调关系、化解矛盾、凝聚共识。

第四节　建立民主党派在人民政协开展经常性工作运行机制的现实思考

建立民主党派在人民政协平台内的经常性工作机制,要严格遵照中共中央指明的改革发展方向,以解决突出问题为导向,用机制创新适应协商民主发展的新要求。

一、完善精准化的协商准备机制

（一）完善民主党派参与重大事项决策前协商制度

重大事项决策前协商是发扬协商民主的有效方式。“要使协商成为促进和巩固民主政治的重要资源，就首先必须使协商成为一种制度化的过程。”①应通过立法规定重大事项决策前协商制度，将民主党派在人民政协的协商作为重大事项决策前协商的组成部分，确保民主党派协商进入重大事项决策程序当中。制定与民主党派在重大事项决策前应协商的细则，人民政协研究出台需要民主党派协商的重大事项的判断标准，对需要民主党派进行协商的重大事项进行分类。由人民政协制作民主党派进行重大事项决策前协商的程序指导手册，发放给民主党派委员，使民主党派委员了解何种事项需要在人民政协进行协商，明确协商的步骤、程序以及协商的结果考核等具体事项安排。

（二）探索政协议程设置预先讨论制度

建立协商议题的预先讨论机制能提高民主党派委员参与协商的主动性。建立政协议程设置预先讨论制度目的在于将议题设置的时间提前，使民主党派委员有更长的准备周期，增强议程设置的机动性。探索在确定议程的前期邀请民主党派领导和委员代表共同参与选取议题的讨论。完善议题讨论的通报制度，对新出现的社会热点问题，要主动向民主党派委员提供背景支撑材料，邀请专家学者向民主党派委员进行情况讲解。探索设置民主党派委员协商的回避制度，对专业特长与议题讨论相关性较小的委员，允许其自愿提出申请，回避参与相关议题的协商讨论。

（三）建立科学化选题论证机制

民主党派委员在选题论证过程中要充分发挥专业特长。民主党派委

---

① 林尚立：《建构民主——中国的理论、战略与议程》，复旦大学出版社 2012 年版，第 244 页。

员的特长是深耕于特定的专业领域,在专业领域内具有一定的发言权。民主党派委员的专业发言权是由其具备的专业知识、专业分析能力、专业技能、专业经验共同作用形成的。因此,民主党派委员在进行选题论证时,也要充分发挥自身在本专业领域内的独特优势,选择专业化程度高,切口小,具有较大社会影响力的议题作为提案选题。在分析论证的过程中,要基于客观事实提出专业化的见解,深挖问题背后的形成原因,有针对性地给出解决意见。要结合自身专业特长,在熟悉的领域选择调研项目,持续深入地发掘案例背后的成因、制约因素、改造的关键节点,久久为功、善做善成,由调研成果形成提案,更有利于贴近实际。例如,北京市政协在确定协商议题的过程中充分考虑各方优势,尤其是民主党派的优势,科学选题,精准研究,取得不错的成果。他们的议政会议题由市政协办公厅在每年年初拟定初步方案,再通过市政协秘书长会议(各民主党派副主委或秘书长参加)征求意见,选出的议题在充分兼顾各方诉求和优势后,报市政协驻会领导办公会审定。为使议题遴选制度化,北京市政协还出台了《议政会选题发言工作机制》,规定议政会议题将从市委下达的政协协商年度工作计划中选取,并经过与市委统战部的协商无异议后确定。他们的一系列做法提高了选题的科学性,兼顾了各民主党派委员的专业特长和关注点,避免了"命题作文"带来的精神懈怠,充分发挥政协委员的专业性。议题选择的规范化、制度化也促进了丰富的协商形式,围绕不同议题的协商,北京市政协综合运用专题调研、通报交流、座谈协商等多种工作方式,吸纳了党委、政府及其相关部门、政协及其专委会、民主党派、工商联、人民团体、无党派人士、民族宗教界等力量广泛参与协商,建立起独具特色的制度平台。

二、完善规范化的会议协商机制

(一)完善人民政协会议的发言制度

建立政协会议发言的规范制度是提高协商会议实效的必要手段。"经过讨论、审议形成政治决策,其合法性不是来源于个人意志,而是决策形成的程序，即理想的协商程序使各种分歧最终通过讨论而达成共识。”①要通过规范委员发言机制达到提高协商效果的目的。人民政协可定期对民主党派委员的议事技能进行集中培训，帮助民主党派委员掌握协商议事的方法。可尝试建立协商发言的内容规范，明确发言应包含问题描述、个人观点陈述、支撑的案例证据、问题的解决方案和实施对策的风险点等内容。探索增设委员发言点评环节，由后位发言者对前位发言者进行点评，增加对委员发言的约束力，使委员在发言时做到规范准确和言之有物。建立发言追溯制度，对凡有发言记录的协商会议，要能够追溯到具体的发言人、发言时间和发言场合。对需要向党委和政府报送专报的协商会议，应由政协收集民主党派委员的发言稿件和支撑材料，以便查册溯源。

（二）摸索主流媒体协商结果公开报道制度

探索建立民主党派在政协的协商信息披露制度。借助主流媒体的信息传播扩大民主党派在政协协商的受关注度，增加群众对人民政协政治协商的认可度。应通过主流媒体对政协协商的报道，将民主党派在政协提出的意见和建议以及在政协平台中开展的活动和取得的协商成果向公众公布。尝试打造民主党派委员媒体报道的专题，人民政协可选择一部分已办理的涉及民生领域的优秀提案向媒体主动公布，由撰写提案的民主党派委员向公众介绍提案的调研、写作、讨论和协商等过程。人民政协负责办理提案的工作人员则把收集、研究、上报、交办和反馈的过程通过媒体向公众进行说明，通过公开政协协商的整个流程让普通民众了解公共议题的讨论过程。进一步加强提案信息化建设，加强与新闻媒体的合作，广泛宣传提案的积极作用，有序推进提案公开，更好地回应社会关切。

（三）注重党派整体意见收集

民主党派在参与人民政协的经常性工作时要注重对整体性意见的收

① 陈家刚：《协商民主与国家治理》，中央编译出版社 2014 年版，第 73 页。

集。民主党派参与人民政协的工作是一种有组织的行为,即便是民主党派委员的参政议政行为,也代表了其所在党派的整体形象。因此,民主党派在参与人民政协的工作时,要注重对党派整体意见的收集,形成能够代表党派集体意志的提案,树立民主党派在政协协商中的优势领域。民主党派委员在参政议政过程中,要注重对各自所在民主党派意见的收集和整理,经验丰富的委员要为党内新委员提供力所能及的帮助。民主党派委员在各自报送的提案中,既要体现基于个人专业背景提出的意见建议,也要兼顾所在民主党派所联系群众的所思所盼,多从调研中俯身听取基层的声音,提高个人提案的界别代表性。对于民主党派机关干部而言,要通过服务委员来提升他们的履职能力,在日常工作中增加技能培训、党派历史学习、社情民意通报的内容,为在人民政协协商中形成整体性意见打下良好基础。作为人民政协,要做好服务引导工作,主动收集能够代表民主党派整体性意见的提案,引导民主党派委员扩大提案的代表性,安排专业相近委员参加调研协商活动,增加相互之间的交流碰撞,更好地发挥民主党派在政协工作中的组织作用和群体参政的优势。

三、完善专业化的书面协商机制

(一)完善会议组织协调机制

建立高效的会议组织协调机制是提高民主党派参与人民政协工作效率的基本保障。要通过合理的组织安排,提高政协筹办会议的效率,最大程度地发挥民主党派委员的履职效能。例如,北京市政协由市政协办公厅和市委统战部联合召开会议,会议由市政协主席和统战部部长轮流主持。议题由市政协办公厅与市委统战部及有关方面协商后,报市政协党组确定。出席会议的包括市政协主席、副主席、秘书长、副秘书长、各专门委员会主任;市委统战部部长、副部长、有关部门负责人;各民主党派市委、市工商联领导;市台联、侨联领导;市政府参事室代表;无党派人士;少数民族、宗教界人士代表。会议邀请市委、市政府领导或有关部门负责人到会通报情况并听取意见。会务工作由市政协办公厅负责,会议纪要视内容确定印发范围。通过理顺流程,能够围绕中心精简议程,提高了协商的实效。

(二)建立民主党派委员调研的陪同、介绍制度

调查研究是政协委员的基本功。应不断提高民主党派委员的调查研究能力。民主党派委员广泛分布于各行各业,一般从事专业技术类工作和位居中高级管理岗位。他们的优势在于从事的工作内容对专业知识要求较高,因此个人综合素质较强,具备较好的分析问题和解决问题的能力。与之相对的是,民主党派委员普遍缺乏对基层情况的深入了解,或者了解的领域比较有限。这就为提高民主党派委员的调查研究能力提供了空间。一方面,民主党派委员比较缺乏基层实践经验,迫切需要补齐基层调研的短板;另一方面,民主党派委员具备良好的判断分析能力,能够在短时间内掌握调查研究的方法,并很好地运用到履职过程当中。可结合民主党派委员实际,引导他们深入一线调研,多从基层一线听取意见与呼声,不断丰富提案的素材,从调研中开阔眼界、增长见识、深化认识。

建立政协领导陪同、介绍民主党派委员调研的制度是提高民主党派委员调研成果水平的必要手段。探索由政协领导带队、民主党派委员自由申请的调研考察制度。可经民主党派委员在政协内递交调研申请,通过政协相关部门协调调研单位对接,由政协领导带队对政府机关部门和企事业单位进行调研和考察。或者由政协领导班子成员出面协调,为民主党派委员进行调研和考察提供便利和条件。政协内调研机制应紧盯最新出现、复杂难解以及受到社会普遍关注的情况进行调研,充分调动起每个民主党派委员参与调研考察的积极性。通过建立常态化的政协内调研制度,为民主党派委员提供近距离观察和研究具体问题的机会。例如,济南市政协组织民主党派委员对济南市环境污染情况进行调研。他们分别针对大气污染联防联控督导检查、环境污染第三方治理、建筑拆迁工地扬尘治理等事项开展了十余次监督性调研视察活动,推动济南市的环境治理工作走深走实。

(三)设立政协决策咨询专家库制度

设立人民政协内民主党派决策咨询专家库能够精准对接政协协商的专业需求。民主党派具有专业知识较为深厚的特点。一般而言,民主党派的委员具备本专业内的丰富知识储备,能够熟练运用本专业技能,拥有宽广的专业视野,能够洞悉行业发展态势。对于民主党派委员中的资深专业人士而言,它们代表了行业发展的方向,能够引领某一行业的发展潮流,具有强大的行业号召力和影响力。这一类人群完全可以列入党委政府的人才库进行管理,充分发挥其专业优势,为社会主义现代化建设所用。民主党派应充分发挥自身所具备的智力密集优势,充分突出自身在特定领域的专业优势,有意识地推选本党派内的行业代表参与政协组织的各项活动,充分发挥专业特长,为提高政协协商的专业化水平服务。政协要注重收集民主党派有行业影响力人士的资料信息,建立人才资源数据库,为建立决策咨询专家库提供人才储备。

(四)不断拓展民主监督渠道

民主监督是民主党派参与政协工作的重要职能,应不断拓展民主党派参与人民政协工作的监督渠道。人民政协的民主监督有其独特的定位,它是一种协商式的监督,监督的目的是促进执政党的工作,推动经济社会发展进步。民主党派参与人民政协的工作,开展民主协商,也必须遵循人民政协民主监督的原则。在拓展民主党派民主监督渠道的过程中,要时刻注意与中共中央提出的要求进行对标,在制度规范允许的范围内探索新的民主监督形式。可考虑增加民主监督活动的频次,以民主监督实践锻炼民主党派委员参与协商民主的能力,实现在民主监督中增长技能、增进彼此的理解。还可考虑将民主监督与现场调研活动进行结合,以现有成熟的调研机制为依托,增加民主监督的内容,转变民主监督的思路,探索在面对面协商中增加民主监督的环节,增加对计划完成情况的监督,实现在现场调研中促进党委政府决策部署的实施。

各地政协的创新实践为民主党派参与人民政协的民主监督工作提供了参考。例如,济南市政协推动政协民主监督与法律监督、行政监督、舆论监督等其他监督形式的有机结合。他们为此制定出台了《政协委员担任特邀监督员工作规则》,将民主党派参与人民政协民主监督活动的工作程序制度化、规范化,对民主监督的具体范围、内容、方式、程序、对建议意见的采纳落实反馈等作出具体的规定。在保障监督者权益方面,他们还制定了《民主监督条例》《民主监督办法》等规定,健全民主监督问责制度,建立赋予监督者相应权利的保护机制,保障监督者的督办权、质询权等权利。此外,济南市政协还不断创新民主监督的形式,如在"12345"政务热线设立"政协委员接听日";与济南日报联合开办"政协之窗"专栏;鼓励委员开设微信、微博和网上工作室,探索网络化的民主监督方式。通过采取制度保障、正向激励、拓展形式等手段,各地政协逐步探索出鼓励民主党派委员参与政协民主监督的有效路径。

(五)借助民主党派委员超然地位推动提案工作取得实效

提案工作始终是民主党派参与人民政协工作的主线。民主党派参与人民政协工作的效果最终要通过民主党派委员提交的提案来体现。如果委员提交的提案质量较高,说明民主党派参与政协工作的质量较高,当地的政协比较重视民主党派工作,民主党派自身也愿意通过政协渠道实现政治价值,能够积极主动投入到政协主办的各项协商活动。因此,提案质量是民主党派参与政协工作质量的试金石。

应充分利用民主党派地位比较超然的优势,推动提案工作取得实际效果。民主党派在政治上的超然地位对于撰写高质量的提案具有明显的促进作用。主要体现在:首先,民主党派委员能够以党派立场审视执政党的重大决策,对重大决策部署进行政治性审视,从是否有利于实现最广大人民的根本利益的立场出发考虑项目实施的优缺点,克服了单纯从经济利益考量的弊端。其次,民主党派委员能够以研究者角度观察党政机关的各项事务,提供第三人称视角的叙述文本,对问题的剖析更深刻,对矛盾的揭露更直接,有利于更客观、真实地反映党政机关的工作绩效。再次,民主党派委员能够以观察政策承担者的视角,反映基层群众对政策的体会和感受,为党委政府决策提供来自基层的直接反馈。民主党派委员在实践中应当充分发挥自身优长,把超然的地位转化为高质量的提案。可尝试主动申领提案任务,在与政协充分商议后,结合自身所长选定调研范围,围绕一个问题持续深入地研究。可尝试通过政协平台加强与党政职能部门的联系,主动与党政领导交流,收集更多更丰富的政策资料,摸清政策出台的背景情况,采取"现场+文件"相结合的调研方式,更加全面立体地了解提案所涉及问题的全貌。除此之外,还可以尝试主动参与政协组织的各种培训活动,提高撰写提案的技能。

四、完善多维度的协商保障机制

(一)健全人民政协与民主党派的日常联络制度

健全联络制度是实现人民政协与民主党派在工作上互联互通的基础工程。人民政协通过与民主党派建立密切联系,向党委传递基层声音。应充分发挥人民政协沟通渠道广、上下通达的传统优势,探索信息时代与民主党派沟通交流的新方式。人民政协可尝试利用远程实时会议、网络信息平台发布和短信息推送等方式加强与民主党派的工作联通。充分发扬人民政协专委会同民主党派密切联系的优良传统,加强工作中的分工与合作,建立更通达的社情民意反映渠道。民主党派应加强委员沟通能力建设,尤其是提高他们掌握互联网沟通手段,主动与人民政协进行工作对接。在沟通方式上,应充分考虑民主党派委员平日里有本职工作的实际情况,多利用正式协商的闲暇时间进行沟通交流,把交流会设在会议间隙、茶歇、午餐会上,想方设法拉近人民政协与民主党派委员之间的距离。

(二)设立民主党派政协协商的培训制度

设立民主党派委员的专业化培训制度是弥补民主党派委员专业化协商能力不足的有益尝试。对民主党派委员的培训应秉持缺什么补什么、需要什么学什么的原则,从委员的真实需求出发,照顾大部分委员的情况,努力做到精准施训,着力补齐委员履职能力的短板。民主党派委员的能力短板很大程度上是一种相对短板。换句话说,民主党派委员在履职能力上的短板很大程度上是由于不熟悉政协协商工作的具体要求造成的。这样的短板可以通过知识的学习和经验的积累补齐。因此,针对民主党派委员的培训可以分为知识性培训和实践性培训。知识性培训指的是讲授为主的单向灌输培训方式,主要包括课堂的讲解、理论的自学、文件的传达等;实践性培训指的是在实践中边做边学,以调查研究为主要形式,突出接触、感受、交流、互动等环节。根据民主党派委员的实际情况,应更多采取实践性培训。实践性培训能够更直观地向学习者展示操作的环节,对需要动手操作的项目的教学效果最好。对于民主党派委员而言,参与人民政协的各项工作是操作性比较强的工作,要求他们在短时期内就要熟练掌握要领。因此,实践性的培训更加适合民主党派委员。此外,应将理论性培训作为重要辅助手段,共同推动民主党派委员履职能力的提高。要创新理论性培训的方式,不拘泥于传统的课堂教学形式,可灵活运用多种多媒体手段,将理论教育内容转化为具有指导作用的说明或者指南。

具体而言,应尝试建立健全民主党派委员培训机制,借由人民政协提供的各种学习形式和培训课程,提升各民主党派委员的履职能力。人民政协应制定针对民主党派委员的年度培训计划,将提升委员的提案调研、提案撰写和议事技能水平作为重点培训内容。可定期聘请知名高校和党校的专家学者到人民政协讲学,为委员解读党和国家最新政策,培训委员的文字撰写技巧。邀请优秀全国政协委员为各层级民主党派委员讲解全国政协的议事规则、流程和要求,传授优秀提案的撰写方法,分享调研、访谈和议事的经验。邀请相关领域专家学者对年度协商议题进行预研,规划重点讨论的议题。人民政协提案工作的相关单位,应定期安排专人对民主党派委员进行提案收集、办理、修改和反馈的流程说明,增加民主党派人士对提案工作的直观了解,加强民主党派委员与人民政协的工作衔接。

(三)强化政协党员干部对民主党派的回访制度

人民政协党员领导干部对民主党派机关进行回访是政协框架内重要的沟通联系机制。人民政协党员领导干部要通过主动拜访民主党派机关,与民主党派委员进行谈心谈话,关心民主党派发展过程中存在的问题和困难,对民主党派委员进行信息通报。充分发挥秘书长会议协调各方的既有优势,通过政协秘书长和民主党派秘书长的相互沟通,做好民主党派在政协协商会议策划工作。通过建立健全调研联动、活动联办、走访共商、委员共管、履职共评、定期交流等机制,完善政协班子成员定期走访党派机关、中共党员委员与包括民主党派委员在内的非中共党员委员结对子交朋友等制度,经常登门走访、座谈交流,积极为民主党派加强自身建设提供支持,实现政协工作和各民主党派工作的良性互动、互促共进。

(四)搭建民主党派委员履职平台

人民政协应拓宽民主党派委员履职的渠道。民主党派是政协协商的主体部分,民主党派参与人民政协工作体现了中国特色社会主义政党制度的优势和特点。人民政协为民主党派提供了参政议政的平台,民主党派在参与人民政协工作的过程中履行职能、实现价值、服务社会。人民政协为民主党派委员搭建的履职平台具有重要意义。首先,为民主党派发挥作用提供了广阔的舞台。民主党派在国家政权中是参政党,在中国共产党的领导下,参与国家大政方针和国家领导人选的协商,参与国家事务的管理,参与国家方针、政策、法律、法规的制定执行。民主党派的作用体现在参政议政、民主监督、协调关系、自我教育。民主党派要充分体现自身作用和价值,必须找到发挥的舞台。人民政协的协商平台为民主党派发挥作用提供了空间。在参与人民政协工作的同时,民主党派能够展现自身的价值,为社会主义事业的发展进步服务。其次,为民主党派委员履职提供了制度化平台。民主党派委员既是民主党派的成员,也是人民政协的委员,与其他政协委员一样肩负着履职的责任。习近平总书记指出,广大政协委员要坚持为国履职、为民尽责的情怀,把事业放在心上,把责任扛在肩上,认真履行委员职责。对于民主党派委员而言,政协委员既是责任也是荣誉,成为一名政协委员意味着得到了为民服务的机会,在参与人民政协各项活动中,能够为社会主义现代化建设贡献自己的一份力量。人民政协为民主党派委员履职提供了制度化平台,民主党派委员参与其中，能够以一名政协委员的要求来开展工作，进行规范化、常态化、制度化的参政议政活动，并且通过政协的交流渠道，使自己的提案真正发挥社会效用，体现出委员的专业价值。再者，人民政协为民主党派委员提升自我创造了条件。人民政协既是一个履职平台，也是一所大学校。民主党派委员参与其中，能够不断丰富和完善自我。人民政协安排的调研、视察、协商、座谈等活动，是开拓民主党派委员眼界、提高民主党派委员思想认识、增长民主党派委员才干的有力举措。民主党派委员在人民政协这所大学校中，一边观察社会一边审视自我，得到自我境界的提升。民主党派委员成为一名政协委员后，需要在本职工作岗位上不断创造令人信服的业绩，成为行业的标杆和榜样；在参与政协工作过程中，不断提高政治素养和业务素质，提升参政议政水平；在基层调研中倾听群众呼声、了解群众期盼、代表群众呼吁；在撰写提案过程中关注社会热点问题和发展难题，为促进经济社会科学发展积极建言。

基于人民政协为民主党派委员提供履职平台的重要意义，应着力在以下方面进一步搭建民主党派委员履职平台。其一，为民主党派干部提供更多历练机会。民主党派领导干部是党派的带头人，政治素质往往决定了一个班子乃至一个党派在一定范围内的地位和影响力，是提高民主党派履职成效的重要保障。要积极安排民主党派干部参加政协机关和各专委会的工作并担任一定数量的专职或兼职领导职务。通过安排一定的职务，加强民主党派干部的政治历练，提高他们的政治修养，以适应新形势、新任务。其二，为民主党派委员提供更多接触基层的机会。人民政协应为民主党派委员提供更多接触一线的机会，使民主党派委员在倾听一线同志讲述过程中了解情况，逐步掌握基层工作的方法。民主党派委员普遍具有扎实的专业功底，在各自的工作领域内取得了一些成绩。但同时也存在与基层接触不够、对基层了解不深、对基础情况掌握不透的问题。这样一来，就容易在撰写提案时头重脚轻，即提案的立意高远但是对策落地却举步维艰。人民政协提供更多的接触基层机会，能够使民主党派委员从切身感受基层情况中反思提案的针对性和有效性，用换位思考的方式对提案进行否定之否定的处理。经过与基层的交流碰撞,能够普遍提升民主党派委员从事实出发撰写提案的工作能力。其三,为民主党派委员提供更多履职所需的信息。人民政协除了是民主党派委员履职的平台,还应当成为民主党派委员履职的“服务区”和“加油站”。民主党派委员应当能够从人民政协获取履职过程中所需的信息,人民政协应当为民主党派委员获取所需的信息提供便利。这就要求人民政协机关提高服务意识,真正做到为民主党派委员履职着想,从履职能力建设的大处着眼,提升服务的精细化程度,做到主动对接民主党派委员、主动提供民主党派委员所需的信息服务。

(五)提高界别协商水平

界别协商是民主党派参与民主协商的重要方式。民主党派具有鲜明的界别特色。纵观八大民主党派联系的群众,可以发现其中的一些规律。民革以同原中国国民党有关系的人士、同民革有历史联系和社会联系的人士、同台湾各界有联系的人士、社会和法制专业人士以及其他人士为对象,着重吸收其中有代表性的中上层人士和中高级知识分子。民盟主要由从事文化教育以及科学技术工作的高中级知识分子组成。民建主要由经济界人士组成。中国民主促进会主要由从事教育、文化、出版工作的高中级知识分子组成。农工党主要由医药卫生、人口资源和生态环境领域高中级知识分子组成。致公党主要由归侨、侨眷中的中上层人士和其他有海外关系的代表性人士组成。九三学社主要由科学技术界高中级知识分子组成。台盟由居住在祖国大陆的台湾省人士组成。各个民主党派均有自己鲜明的界别特色,且每个民主党派所联系的群众都各有区分。不同的界别特色说明民主党派各自都有所长之处,体现在界别协商当中就是要充分发挥出界别的特点。又因为每个民主党派均有一定的界别属性,所以在界别协商中必须能够较为全面地展现界别的全貌,形成能够代表界别的整体性意见。实践证明,民主党派委员在参与人民政协工作过程中,发表能够代表界别的整体性意见,是一项需要突破的难点工作。民主党派委员在履职过程中,“单打独斗”的情况多,集体论证的机会少,客观上造成了意见表达的个性化成分多、集体性成分少的结果。要打破这个常规，体现界别协商的成效，还需从提高民主党派委员个体素质和完善体制机制两方面着手，持续稳步地推进各项工作。

基于此，人民政协可以从以下角度统筹考量提升界别协商水平之道。一是强调提案的代表性。民主党派的提案要体现民主党派的党派性。换言之，民主党派委员提交的提案必须能够代表本党派的整体性意见，符合本党派的集体性倾向。又因为民主党派都具有鲜明的界别特征，代表本党派意见的提案自然也就能够体现党派所联系界别群众的总体倾向。可以考虑在提案后增设一份界别调研报告，即要求提案撰写人将该提案提供给一定数量的界别内群众参阅，记录他们阅读后反馈的意见。二是提高协商的有效性。协商是一门科学也是一门艺术。协商是科学指的是协商有特定的方法、流程、成果形式，并经过经验证明行之有效。协商是艺术指的是协商过程中由于不同主体的参与，统筹协调他们之间的关系需要高超的技巧。界别协商要出成效，必须在共性中体现出个性，在协商中见到界别的特色。这就要求参与协商的主体对各自联系的界别做到心中有数，在语言交流过程中求同存异，做到既彰显自我又不过分张扬。三是提供协商的保障支撑。应着力破解民主党派委员在履职过程中“单打独斗”的现状，寻求体制机制上促进民主党派形成集体智慧的实现路径。民主党派委员在履职过程中往往面临时间紧、任务重的情况，在处理日常繁重的工作同时，还必须兼顾履行政协委员职责，导致在撰写提案时仓促上马，没有更多时间深入一线调研，也难以与本党派委员深入交流。人民政协应密切关注民主党派委员的日常工作状况，主动前移工作触角，为民主党派委员提供更多协商的时间保障、空间保障、人力资源保障。

（六）加强协商文化推广

文化形成于一定的经济基础和政治形态之上，又反过来渗透于经济活动和政治制度当中。文化作为一种观念形态，能够涵育人的精神世界，经过人的有目的实践这一中介，最终推动物质世界的发展。协商文化是对民主协商实践的反映，体现了中国特色社会主义政治制度的内涵和特色,具有促进民主协商实践的作用。社会主义协商民主是中国共产党在中国传统文化和制度基础上进行的伟大创造,是中国政治文明发展的高级阶段,既传承了传统协商文化的精华,又实现了对传统协商文化的超越,既巩固了中华民族团结和国家统一,更推动了人类历史实践进程的发展。加强协商文化的推广,有利于形成良好的协商环境,推动人民政协协商工作,促进民主党派参与人民政协的各项工作。

加强协商文化推广要实现几个方面的目标。首先,把握传统文化精髓。协商文化具有深厚的中华优秀传统文化根源。传统文化中的惟天为大、崇公抑私的天下为公思想,民惟邦本、政在养民的民本思想,执两用中、通时合变的中庸思想,兼听则明、集思广益的谏议主张,以德服人、情理合一的说理原则,询于众庶、宣民使言的民议主张均包含有丰富的协商思想元素,中华优秀传统文化滋养着现代协商文化。从传统文化中能够找到民主党派参与人民政协协商工作的注解。传统文化鼓励知识分子关心国家大事,在漫长的历史发展中逐渐发展出朝议、谏议、清议、乡议等主要形态的协商议事传统。把握传统文化的精髓,能够充分揭示民主党派参与人民政协工作的文化动因。其次,传承革命文化。中国特色社会主义政党制度继承了新民主主义革命时代传承下来的制度遗产,具有鲜明的中国特色,是中国历史发展的产物。推广协商文化,必须传承好革命文化,讲好中国人民政治协商会议的历史发展故事,讲明白贯穿于中国特色社会主义政党制度中的历史逻辑、现实逻辑、实践逻辑。民主党派参与人民政协工作这种独特的形式形成于中国特色社会主义政党制度的发展历程当中,是基于中国革命、建设、改革历史的制度实践,具有鲜明的中国特色。再者,弘扬改革创新的时代精神。推广协商文化要弘扬改革创新的时代精神。协商文化反映了当代中国的协商民主实践,是开启全面建设社会主义现代化新征程在文化上的充分展示,其必须体现改革创新的时代精神,把民主党派参与人民政协工作体现的勇于创新、善于创新精神展现出来。

第七章　新时代市县政协协商能力建设

人民政协是国家治理体系的重要组成部分，理应不断提高协商能力。市县人民政协拥有优良协商民主传统，熟悉基层实际情况，在参与基层协商治理中具有独特优势。市县政协应克服协商治理职能缺乏清晰定位、基层治理功能发挥不够充分的弊端，在选好协商议题、建强协商规范化程序、建强协商综合平台、提升基层协商服务大局功能、完善领导和保障机制方面有所突破。

第一节　新时代改进市县政协工作的新要求

党的十八大以来，习近平总书记发表了一系列关于人民政协工作的重要讲话和论述，对新时代人民政协的高质量发展提出了具体要求，形成了关于加强和改进人民政协工作的重要理论，对坚持好人民政协制度、发展好人民政协事业作出战略部署。在加强和改进市县政协工作方面，中共中央办公厅印发了《关于加强和改进新时代市县政协工作的意见》的通知，提出把人民政协制度优势更好转化为治理效能的具体要求。各地认真贯彻落实党中央决策部署，推动市县政协工作取得新进展新成效，党对市县政协工作的领导明显加强，专门协商机构凝心聚力作用进一步彰显。

一、推进国家治理能力和治理体系现代化

习近平总书记指出，人民政协是国家治理体系的重要组成部分，各级政协要充分适应全面深化改革的总体要求，以改革思想、创新理念、务实举措大力推进履职能力建设，努力在推进国家治理体系和治理能力现代化中发挥更大的作用。“今天，中国特色社会主义进入新时代，国家现代化建设迈上了新征程，为人民政协的性质、地位、功能赋予了新内涵，集中到一点，就是‘人民政协是国家治理体系的重要组成部分’，要在推进国家治理现代化中更大发挥‘专门协商机构’的独特功能。”①市县政协是人民政协的重要组成部分，是发挥人民政协专门协商机构作用的重要力量。市县政协与基层关系密切，其直接参与社会治理，在推进国家治理现代化过程中发挥着独特作用。

二、提升协商治理能力建设水平

协商治理是治理主体基于治理实践需要而采用协商手段促使治理目标达成的一种社会治理形态。“当协商民主运用于公共治理过程时，主要表现为一种决策方式、治理技术与治理形式。”②协商治理能够最大限度缓和矛盾，通过对话、交流、说服、合作等措施创造包容利益相关方的公共讨论空间，营造理性、和谐、共商的协商氛围，促进公共政策的顺利实行。协商治理作为一种新型治理机制，内涵巨大发展潜能，有利于提高基层政策的民主性、科学性、有效性，凝聚多元治理力量协同参与共治，化解社会治理难题，突破社会、公民、国家之间的交流瓶颈。“基层社会的内部张力与国家治理的外部压力，使得单向度由上而下的传统行政手段难以全面协调改革进程中的多元利益诉求，因此在基层治理中引入协商，可

① 包心鉴：《国家治理现代化视域下人民政协专门协商机构的功能》，《中国政协理论研究》2019年第3期。

② 唐皇凤：《协商治理的中国实践：经验、问题与展望》，《中共中央党校（国家行政学院）学报》2020年第1期。

以为广大人民群众提供表达诉求与意愿的渠道，实现利益整合与资源再分配，进而为科学决策提供依据，不断提升基层治理能力。”①市县政协拥有丰富的协商手段，配备了一支可用的人才队伍，能够协助市县党委政府构建基层善治格局。市县政协着力提升协商治理能力，充分发挥在基层协商中的独特优势，应更多围绕社会治理的难点开展协商，助力党委和政府科学决策、有效施策。在推动治理体系和治理能力现代化过程中不断提高自身履职能力。

三、探索助力基层治理的有效方法

人民政协作为协商民主的重要实践者，肩负着将协商民主向基层延伸的重要使命。协商民主内含治理属性，其通过民主协商促进决策的科学化，不断扩大人民群众的有序政治参与，联结起政党、国家、社会与公民。城乡社区作为社会的基本单元和公民最重要的日常生活空间，是基层治理的主要空间，市县政协以协商助力基层治理的实践在城乡社区展开。“政治过程意义上的社会基层治理，是（政党）政府、社会和市场三股力量在城市生活领域协同合作，以协商沟通为主要机制，以达成善治城市为价值取向，以提供公共服务、解决公共问题为主要内容的利益聚合过程。而要达成这种理想效果的最佳途径非协商莫属。”②在城乡社区达成善治目标，需要多元主体的共同参与，在协商的过程中推进达成共识。基层治理需要协商平台的支撑，市县政协的经常性工作搭建起延伸至基层的制度化协商平台。

人民政协充分发挥协商民主主渠道作用与不断提升协商助力治理的能力具有内在统一性。“在党的十八大以来中国民主政治发展新进程中，一种新型民主——社会主义协商民主，正在神州大地广泛实践、深入

① 郭亚军：《主体视角下社会组织参与基层协商治理的角色困境与路径探析》，《广东行政学院学报》2020年第4期。

② 钱牧：《多党合作嵌入社会基层治理研究：以协商民主为视角》，《湖北社会科学》2020年第1期。

发展、不断完善,有机地嵌入中国特色社会主义政治发展理念和发展道路,愈益蕴生着依靠广泛社会力量共同治理国家的内在政治逻辑,愈益彰显着推进国家治理现代化的强大政治功能。”①协商民主渠道的完善有助于满足人民对美好生活的需要,建立倾听群众声音的常态化机制,从在与群众充分商议中抓住政协工作的着力点;市县政协提高协商助力治理的能力就是提升与群众沟通的水平,以协商促进民生事务的改善。“人民政协作为专门协商机构在推进国家治理体系和治理能力现代化中优势明显、责无旁贷。特别是县级政协作为最基层的政协组织必须把服务社会治理作为履职的重要内容,才能与时俱进地提升履职水平和能力。”②充分发挥协商民主主渠道作用与不断提升协商治理能力是人民政协协助党委政府增进广大人民群众福祉的一体两面。“人民政协是国家治理体系的重要组成部分和中国特色的制度安排,其所实现的协商式监督不仅体现了中国的政治文化传统和现实国情,而且符合民主治理的本质要求。”③

市县政协肩负联系群众和传导意见的重要使命,能够充分发挥协商治理的独特功效。市县政协的优势是能够近距离接触群众,在与群众的直接接触中不断建立和完善协商民主的实现机制。在一些与群众密切相关的议题上,市县政协能够通过建立行之有效的程序与平台,充分吸收群众的意见建议,再经由规范化的整理,转化为委员提案、民情民意信息,及时向各级党委政府反馈和报送,从而实现推动党委政府科学化决策的目标。此外,市县政协的委员更多来自生产和工作第一线,对各行业的了解更加深入具体,对与各自代表的界别群众的联系更为密切。充分汇聚市县政协委员的力量,能够有效发挥他们的智力优势和资源优势,通过组织

① 包心鉴:《国家治理现代化语境中的社会主义协商民主——党的十八大以来社会主义协商民主的新创造新发展》,《学习与探索》2017 年第 3 期。

② 杨卫敏:《治理共同体视阈下政协协商与基层协商的有效衔接——基于浙江省实践探索的研究》,《江苏省社会主义学院学报》2019 年第 6 期。

③ 钱再见:《论人民政协协商式监督的制度特色、功能优势与实践路径》,《学习论坛》2020 年第 5 期。

委员们参与日常调研、提案撰写、反映社情民意、文化建设等活动，形成民意收集扎实、针对性强、操作性佳的提案建议，有利于实现凝心聚力、传导政策的目标。

总而言之，市县政协具有更加贴近群众的性质定位，必须进一步凸显“协商在一线”的实效。“协商在一线”要求把协商的现场搬到一线，要求委员俯下身、接地气，深入一线，倾听一线，服务一线。在一线协商的重点是解决一线的实际问题，而不要花架子协商和坐而论道的虚功。要通过协商解决问题，最关键的要害是如实地反映基层治理的问题、群众的所思所盼、利益纠纷的症结。要将问题全面、准确、深入地反映出来，必须走好协商的“群众路线”，即听真声音、谈真问题、议真对策，也只有秉持求真务实的态度，才有可能真正获得群众的认可，从一线协商中获得真知灼见，使群众真正理解党委政府制定各项政策的初衷。从而实现以协商求团结，以协商增互谅，以协商促治理，不断扩大市县政协的社会影响，不断提升市县政协政治协商能力的实践经验，推动基层治理现代化。

第二节　提升市县政协政治协商能力的实践经验

新时代赋予人民政协专门协商机构的新内涵。习近平总书记指出，人民政协要发挥好专门协商机构的作用。这充分说明，专门协商机构既是对人民政协的性质定位，也是对人民政协的工作定位。人民政协作为专门协商机构的“专”就专在拥有专门的协商平台、协商制度、协商队伍，由人民政协组织的协商活动能够适应社会改革发展中出现的大量新问题、新情况，通过专门协商能够议出共识、议出思路、议出建议。推动协商向基层延伸，是适应基层治理现代化要求的必然举措。基层协商能够将市县政协履职与基层良政善治有机结合，通过协商于决策之前，监督于决策实施之中，可以有效提高各级党委政府决策的科学性，实现党的领导和广泛民主的统一。市县政协作为人民政协的重要部分，具有代表性强、包容性强、贴近群众、特色突出、行动迅速等优点,在推动协商向基层延伸中扮演着重要角色。市县政协在发展基层协商的过程中,进一步明确专门协商机构的职能定位,不断尝试聚焦协商主业推动基层治理的新形式,在服务群众、破解基层难题方面采取了各具特色的做法,形成了许多值得总结的好经验。

一、市县政协拓展协商助力基层治理空间的独特优势

其一,紧密联系基层。在基层协商治理体系当中,市县政协具有广泛的代表性、独特的优势性、成熟的民主性,其与基层政权组织相互配合共同促进,起到巩固党的执政基础、调解基层矛盾、汇聚治理合力的作用。市县政协与基层联系最为紧密,委员也大多从基层当中遴选而来,他们对基层经济社会情况最了解,能够直接获取老百姓反馈的信息。人民政协强化基层协商助力基层治理能力,是政协在新时代精准把握协商民主真谛,密切联系群众,为基层群众排忧解难,提高基层协商民主质量的有效举措。市县政协在推进基层治理过程中,通过充分发挥统一战线功能,在协商中加强思想政治引领,调动多方社会力量参与社会治理的积极性。通过协商一方面巩固共同思想基础、增加政策宣传、化解思想顾虑;另一方面积极听取基层意见,及时将群众的所思所想转化为协商成果,向各级党委政府建言献策。

其二,健全的组织架构。市县政协拥有健全的组织架构。人民政协是中国共产党领导的最广泛的统一战线组织,拥有国家、省、市、县等层级的政协组织,各层级的政协组织又具有健全的组织形态。市县政协作为人民政协在基层的组织,同样拥有健全的组织架构,具备完整的人民政协功能,能够很好地服务所在地区的经济社会发展。近年来,不少有条件的地区还不断探索在乡镇、街道、社区建立"政协委员联络组"和"委员工作室"等协商机制。政协协商不断向基层的延伸,能够促成"上下协调"的政协组织体系,有利于更好实现市县政协推进国家治理现代化的工作目标。

其三,包容不同意见。市县政协在协商中能够包容不同群体提出的意见。“人民政协‘代表性强、联系面广、包容性大’,可以通过调动社会各界力量‘为改革发展出实招、谋良策’,‘为改革发展添助力、增合力’。”①人民政协作为统一战线组织,具有广泛联系各民主党派、人民团体和各族各界民主爱国人士的优良传统,是人民民主设计中党和政府联系社会各界的桥梁纽带。市县政协委员来源于基层,具有显著区域特点,在参与协商和相互交流过程中充分体现基层不同群体对党委政府大政方针政策的各自关注点。通过市县政协搭建的协商治理平台,可以同时容纳不同界别代表提出的意见,照顾不同群体的利益诉求,尤其是听取少数群体提出的合理化意见。充分运用政协协商平台,能够起到广纳群言的示范效应,有利于形成平等、宽容、理性的协商民主社会氛围。

其四,调解基层矛盾。基层矛盾形成的过程复杂,从根源上破解的难度较大。市县政协推进协商能力的提升,有利于扩大协商平台社会调解的影响力,借助政协协商的平等沟通、相互交流、商议调节功能,促进矛盾的缓和,增进矛盾相关方的相互理解。市县政协协商治理平台的运用,能够将矛盾相关方引导到沟通交流的方向,在各自理性表达的基础上理解对方立场,便于形成兼顾各方利益的矛盾调解机制。此外,在处理日益突出的基层干群矛盾时,政协协商的调节优势更为凸显。协商的“参与制”“回合式”“深讨论”的重要特点赋予了基层矛盾调解“可谈判”的特性,巧妙地将具有政治风险的干群矛盾转化为复杂情况下的利益博弈,通过协商实现利益均衡,体现基层治理的专业化、现代化水平。

其五,扩大基层政治参与。市县政协推动基层治理能力的提升,可以充分利用市县政协协商平台,扩大基层群众的有序政治参与。市县政协的既有协商平台能够充分吸纳基层群众参与到协商当中,利用政治协商成果阻力小、社会接受度高的优势,与基层自治密切结合,体现基层治理的公开、公正、公平特性,助推基层治理共建共治共享社会治理格局的成

① 包心鉴:《论人民政协制度的理论逻辑和制度优势》,《前线》2020年第3期。

型。市县政协可以充分结合委员履职和协同共治，使协商平台充分吸纳广大基层群众的有序政治参与，实现重大决策前的积极建言，事中的积极监督，事后评价政策落实的实际效果；培育公民民主参与习惯，涵育良好社会协商氛围，提升基层社会治理的效能。值得注意的是，随着新阶层人士的不断涌现，来自体制外的专业性意见逐渐增多，委员各自代表的界别内诉求日益多样化，如何将这些新的变化纳入市县政协的工作视野，拓展市县政协的协商形式，扩大群众的有序政治参与，仍然需要从理论和实践上进行深入探讨。近年来，市县政协进行了多种政协协商与基层协商的融合尝试，如采取开门办政协——邀请群众走进政协协商现场；延伸政协触角——在乡镇政府机关设立政协委员工作室；开展网络协商——与网民交流提案等方法，均取得一定进展。

其六，促进政策形成。市县政协协商具有促进政策形成的作用。在政策形成过程中，利益相关方的诉求成为重要推动因素。这是因为，社会冲突具有一定的促成社会政策形成的积极作用。社会冲突的参与方多是政策的直接利益相关方，社会冲突的酝酿、爆发、收敛、消退过程恰好是利益相关方的诉求形成、表达、妥协、接受的过程。在此过程中，利益相关方对政策的敏感度最高，政策的有效性体现得最为明显。因此，政策在不断调节社会冲突的过程中向前发展，也可以说社会冲突在客观上推动了政策的形成和发展。为了使利益相关方的诉求利益表达与合法性之间取得合理的平衡，人民政协可以深入参与到社会冲突的调节当中，即用政协协商的方式促进政策的形成。具体来看，市县政协通过制度化的协商机制听取多方利益诉求，探索将多元主体诉求引入决策程序的制度化手段。

二、市县政协提高协商能力的实践逻辑

其一，聚焦基层协商议题。基层是老百姓日常生活的公共空间，汇聚了最棘手、最直接、最频发的各种社会治理问题。习近平总书记指出，人民政协要把不断满足人民对美好生活的需要、促进民生改善作为重要着

力点，倾听群众呼声，反映群众愿望，抓住民生领域实际问题做好工作，协助党和政府增进人民福祉。市县政协在不断聚焦民生领域议题的过程中实现增进人民福祉的目标。提高市县政协的影响力，吸纳更多基层群众的有序参与，首先要提高群众对政协协商的关注度。人们会普遍关注自己身边的事情，市县政协提高群众关注度的方法是选择与群众关系密切的话题进行讨论。议题与群众关系密切了，群众自然会更加关注市县政协的各项活动，并想方设法参与其中，引导议题的公共讨论走向更有利于自己的方向。多数市县政协会选择切口小、好操作、易见效的民生议题邀请群众参与讨论，这类议题一般是党委政府关心的问题，属于应为且能为的范畴之内，通过群众的参与，不断将议题讨论引向深入，引起更多的社会关注，既收集了社会公众的意见，又鼓励大家群策群力，得到更多群众的理解，减少了实施过程中的阻力，往往都能获得不错的效果。各级人民政协在推进协商能力建设过程中充分考虑基层百姓民生诉求，积极贯彻“众人的事众人商量”的基层协商治理要求。如湖北竹山县政协围绕基层群众反映比较集中的社会焦点问题，按照“确定协商议题、做好协商准备、开展协商活动、协商成果落实、协商结果反馈”流程开展协商工作，在涉及群众关心的小事、烦心事上健全协商机制，将政协协商中经实践证明行之有效的“访”“议”“商”“改”流程注入基层协商，规范基层协商的制度体系和流程。市县政协在议题选择过程中聚焦政府关心、基层群众密切期盼、市县政协协商能为的议题，以议题选取、审议、整改全流程规范为抓手，不断推动基层协商治理的高质量发展。

其二，健全协商制度机制。“在现代社会，国家调节社会矛盾、缓和社会冲突、促进社会进步的主要政策是通过各类制度来体现和实现的。”①市县政协在推动协商能力提升过程中，不断建立和完善协商的制度体系，充分发挥市县政协在协商民主当中的政治优势，丰富协商民主形式和内容，推动基层协商的制度化发展。如江苏苏州市政协不断提升政

① 包心鉴：《用制度体系保证人民当家作主》，《新视野》2018 年第 6 期。

协工作制度化规范化程序化水平,在探索工作长效化上狠下功夫,推动基层协商民主建设向纵深发展。通过“强内功”“补短板”“增实效”等措施,促进委员协商能力的成长,以分批、分层培训的形式,弥补差距、找准弱点、突出强项。市县政协对协商制度的完善和健全,拓宽了基层协商治理的深度和广度,使人民政协开展基层协商工作更加有据可循,协商的操作性和规范性也相应加强。例如,浙江省温州市瑞安市政协制作了《榕树下》协商电视节目。《榕树下》节目的拍摄地点是在瑞安一棵百年榕树下;参与主体为市政协委员、普通群众,同时邀请政府有关部门人员参加;议题涉及经济、科技、文化、教育、医疗、环保、时政、法律等多个领域;形式为围绕同一主题进行协商讨论,政府部门人士给予政策解释和对话,以促进实际问题的解决。该栏目促成了多方协商,尤其是群众代表获得了正规的参与渠道,表达对公共事务的看法,同时也使政府官员、政协委员有机会直接面对基层、面对问题,将“文对文”协商转变为“面对面”协商。在协商节目中,参与各方通过开诚布公的深入交流,推动实际问题的逐步解决。

其三,规范基层协商过程。市县政协积极探索协商制度规程,实现以协商制度规范治理行为,促进基层协商治理正规化发展。人民政协作为非权力机关,要在基层治理中充分发挥自身作用,需通过协商促进团结,化解矛盾,为解决困扰基层发展的问题凝心聚力。如贵州省贵阳市政协相继出台了《关于发挥政协专门协商机构作用推进政协协商向基层延伸的指导意见(试行)》和《基层协商民主议事基本规程(试行)》等制度文件,规范了基层协商民主的组织体系和议事规则等方面内容,探索了市县政协向基层延伸的做法。广东省茂名市信宜市政协建立市县政协协商民主议事规则,先后制定建立镇(街)政协联络组、村务协商议事会等基层协商的规范性文件,探索市县政协参与村务治理的经验。市县政协对基层协商治理制度的不断健全和完善有力保障了市县政协常态化参与基层协商治理。

第三节　制约市县政协协商能力提升的瓶颈

一、市县政协参与治理的职能缺乏清晰定位

市县政协在发展协商治理能力方面存在不均衡状态。不同地区政协在探索协商助力基层治理职能方面的差异性较大,发展的步伐快慢不一,尚难形成对协商治理职能清晰定位的共识。各地政协基于各自实践,不断总结经验,形成具有本地特征的人民政协协商助力基层治理职能新定位。在从实际经验上升到理性认识的过程中,仍然存在市县政协参与基层社会治理权责定位不清晰的问题,体现在市县政协在协商治理过程中的职能定位模糊、工作的具体内容不明朗、协商的方式不规范。市县政协特别是一些县级政协还存在对专门协商机构的职能认识不清晰、落实不到位的现象,开展协商活动有限,协商形式也比较单一,缺乏一整套健全的制度体系和组织体系,对协商什么、如何协商、协商成果怎么运用以及协商质量怎么评价等没有明确规定,有的简单照搬上级政协做法,工作中随意性较大,协商活动开展不均衡。究其原因在于市县政协参与治理的细节问题尚未有效解决,市县政协参与基层治理的程度、范围、时机等内容均有待进一步探讨。

二、市县政协的治理功能发挥不够充分

市县政协在长期协商民主实践中形成了比较健全的建言资政制度体系,对各类协商议政过程中的会议、提案、信息、发言等工作内容进行了制度性规范。然而,在凝聚社会共识方面尚存在薄弱环节,表现在宣传引导、增进团结、凝聚共识等工作上的制度保障较弱,缺乏系统深入研究。疏导民情是基层治理的重要工作,老百姓心气理顺了,大家都愿意坐下来商议问题,往往矛盾就容易解决。人民政协具有凝聚基层共识的协商民

主传统,但在将优秀传统转化为可操作的制度上欠缺深入的实践和理论探索,协商优势难以有效转为治理效能,在如何为基层党委政府正面发声、宣传国家大政方针政策、凝聚基层治理正能量等方面仍然比较缺乏可操作性强的制度规范。究其原因,市县政协的协商治理成果尚未获得广泛的社会认可,协商治理中的多方联动机制尚未完全建立起来。这其中,既有市县政协在协商治理中存在制度建设、能力建设、队伍建设等方面短板的因素,也有社会整体协商文化氛围偏弱等因素,这些因素共同制约着市县政协协商治理功能的充分发挥。

第四节　新时代充分发挥市县政协专门协商机构作用的实践路径

市县政协提升助力基层治理能力,应积极顺应人民群众新期待,更好助推市域治理现代化,积极探索政协协商与基层协商有效衔接的新形式,聚焦基层协商议事平台建设,增加规范化、制度化的活动开展,注重协商议事与基层治理相互结合,真正发挥协商议事实效。秉持协商理念,深扎基层治理实际,贯通上下级政协组织资源,在选好协商治理议题、建强协商治理规范化程序、建强协商综合平台、提升基层协商治理服务大局功能、完善领导和保障机制方面稳步推进。

一、把好政治方向

市县政协要牢牢把握正确的政治方向。市县政协处于治理一线,更应当时刻做好与党委政府的主动对接,在党委政府的统一部署下开展工作。市县政协在开展工作的过程中必须时刻保持与党委政府的密切联系,通过不断改善工作方式,来加强党对人民政协的领导。党对人民政协的领导是人民政协的独特优势,新时代要加强党对人民政协的全面领导。坚持党对人民政协的领导,能够确保政协协商始终沿着正确的政治方向不偏航,确保协商议题始终围绕党委政府中心工作不偏离,确保政协委员始终围绕人民福祉履职尽责不偏向。市县政协要建立起坚持党的全面领导的体制机制，制定重大事项及时报告、请示制度，确立年度协商计划向同级政府征求意见、交党委讨论制度等，确保市县政协始终在党委的坚强领导下开展各项工作。

市县政协要始终坚持正确政治方向，还要善于从自身职能出发，找准定位，确定优势领域，精准发力。习近平总书记强调，人民政协只有把握党和国家前进的大方向，紧扣党和国家发展的大目标，融入党和国家建设的大格局，才能发挥更大作用、作出更大贡献。对于市县政协而言，更要善于从把握大局中，看清自我定位，找到发展方位。长期以来，人民政协作为开展政治协商的专门机构，拥有丰富的协商资源。市县政协必须思考如何发挥协商专门机构的优势，体现协商民主的特色，服务好党委政府的关心事，疏通好人民群众的企盼事，在建言资政和凝聚共识两方面双向发力，做到既不缺位也不越位，顺势而为又尽力而为，努力做好献策、聚力、疏困等工作。在认清自身定位的基础上，还要正确辨析党委主导与政协主动之间的关系。党委主导指的是党委对政协工作的政治领导，是方向性的领导。政协主动指的是充分发挥政协党委的核心作用，主动围绕当地党委政府关心的大事开展协商活动。党委主导为政协主动提供指南，指明方向，是宏观层面的领导。政协主动为党委主导提供丰富内涵，是党委主导的具体内容。党委主导与政协主动两者缺一不可，共同构成党对人民政协全面领导的实现机制。市县政协党委在正确的政治方向指引下，能够避免不宜列入协商的议题带来的政治风险，在与党委、政府及相关职能部门的沟通交流中，促进协商成果的转化。

市县政协坚持正确的政治方向，需要做好固本强基，加强政协干部队伍建设。市县政协要加强思想引领，善于用习近平新时代中国特色社会主义思想武装头脑，结合自身实际，制定行之有效的学习制度。通过学习促进认识，可采取学习交流座谈形式，以交流促进学习，以谈话加深体会，使政协委员、政协干部在学习交流中加深对中国特色社会主义的信心，夯实共同思想基础,维护团结奋进的良好社会氛围。要加强市县政协的党组织战斗堡垒作用,市县政协党组织要切实加强队伍建设,找到行之有效的政协党建工作方法,促进市县政协思想政治工作走深走实。通过加强组织建设,牢固树立责任意识、担当意识,使政协党组成员在政治引领、凝聚共识、理论武装上作表率;引导党员干部创先争优,使学习贯彻习近平新时代中国特色社会主义思想持续走向深入,促进党员干部学思用贯通、知信行统一,推动思想政治建设取得的实效向实际工作绩效的转化。

二、选好协商议题

选好议题是协商治理的基础工作,人民政协助力基层治理应充分发挥自身优势,坚持"应为且能为"原则,巧妙选择协商议题,坚持正确协商导向。严格把控议题选择关,对选择进入市县政协协商的议题进行严格把关,既要防范政治风险,又要做到议在关键点、议在要害处。要紧扣党委、政府决策之前、决策实施之中的重点领域和关键环节,综合运用党政交题、党派参题、委员荐题、专委会报题等多种方式遴选协商议题,减少选题风险,避免低效议题,引导委员紧扣党委、政府中心任务和广大群众关切期盼履职。

市县政协参与社会治理的选题必须精准可操作。市县政协应从地方实际工作的中心及民生的焦点问题入手遴选协商治理议题,着重从小处入手,以极"专"生发出极"宽",从协商改善老百姓身边的点滴小事来吸引更多人民群众对基层协商治理的参与和认同,做到用自身的协商民主运转来带动基层协商治理的有效推进。在选择议题时,必须时刻坚持以人民为中心的发展理念,更多聚焦事关群众切身利益的民生实事,做到协商于民、协商为民。对于市县级政协而言,面对的基层治理议题更为贴近群众,参与基层治理的议题必须能够服务基层群众,对民生事务具有切实的推动和促进作用,唯此才能真正引起党委政府重视、人民群众关注、有关部门主动,以政协协商推动问题的解决和落实。

在具体协商内容的选择上，参照当地政府重点工作规划，结合地方经济社会发展实际情况，充分考虑人民群众的风俗民情，综合选定协商内容。如可在城市基层协商治理中围绕与群众热烈期盼解决的空气污染、交通拥挤、住房紧张、基础教育资源紧缺、公共服务水平不高等问题进行协商讨论。在农村基层协商治理中，基层政协应着力协助基层政府营造共建共治共享的基层治理格局，在“三治融合”上精准发力，利用协商谈话辅助解决好诸如农地、财政、补贴等方面与基层百姓密切相关的事宜。在议题选取后，市县政协还应加强对基层协商治理议题的审核把关，严格把控协商治理议题的政治方向，对不适宜纳入政协协商的议题坚决从协商清单移除，确保协商议题的正确政治导向。

保持议题选择的开放性。市县政协在选择议题时应秉持开放性原则，鼓励议题征询的广泛参与，邀请界别群众代表和利益相关人士代表参与协商议题征集或参加现场协商活动，扩大协商参与面。可在广泛征集议题的基础上，根据议题质量再进行筛选，最终选出适量精要的议题进入协商程序。在议题征集过程中，充分发挥市县政协贴近群众的优势，鼓励社会公众的积极参与，收集真问题、急问题、难问题，以征询议题来扩大政协协商影响力。例如，江苏省苏州市政协通过多种形式广开言路收集议题。他们在岁末年初之际以走访、约谈等形式，听取市委市政府有关部门对政协工作的意见建议，了解在新一年需要政协协商的有关想法，根据需求科学制定协商议题。此外，还根据政府工作报告中的重点内容，向政协领导、各专委会和市各民主党派、工商联、有关人民团体发出议题征求意见表；每年还会从委员的优质提案中遴选一部分题目；以及在每年一度的政协工作务虚会上征询议题；通过四套班子秘书长联席会议征询议题。再比如，江西省上饶市玉山县政协筹办“好商量”协商议事会，在议题选择方面，认真研判涉及区域公共利益的重要事项、群众切身利益的热点难点问题，并结合乡情村情，精选切口小、立意深的课题开展协商。在初步确定议题之后，认真细致做好议题筛选审定、议题调研、会前准备等组织工作。

三、规范协商程序

人民政协需要在助力基层治理的实践中不断完善协商程序。基层协商治理程序的规范化是将影响协商治理的各项因素进行统筹安排的过程,应充分考虑协商主体参与协商的水平、经验和精力,探索适合基层协商治理的有效形式,不断丰富基层协商治理的内容,规范已有的协商治理形式。

织密市县政协向下延伸的履职网络。建立规范的协商治理程序,需要有具体的载体,这个载体就是市县政协向下延伸的履职网络。按照向基层延伸中建立协商机制的原则,市县政协向下延伸的履职网络应当是行之有效的协商治理机制。机制指的是参与协商治理活动的各个主体间的行为方式和相互关系。市县政协的助力基层治理机制应囊括了各个利益相关方,通过市县政协搭建的协商平台和渠道,形成利益诉求充分表达、意见建议充分汲取、核心关切充分交流的态势,推动治理活动深入发展。履职网络应当是继承了市县政协一整套成熟的协商机制,有利于拉近委员与群众的关系,有利于委员真实意见的表达,有利于协商出真知灼见。这样一张履职网络还必须与高效的协商形式进行结合,与乡镇、街道、社区和村(居)委会等联合开展协商,在协商中真正体现基层治理的议题,通过协商真正促进治理难题的解决,增强协商的针对性、实效性和吸引力。例如,河南省驻马店市西平县政协因地制宜建立起有效的履职网络。他们将委员分为不同的界别组或界别联组,把乡镇街道界别联组委员拆分后编入20个乡镇(街道)联络组中。联络组的组长由乡镇(街道)党(工)委副书记担任,再配备一名专职政协联络员,以及在各行政村、社区配备一名由村干部兼职的政协协理员。联络组的工作内容主要是服务各级政协委员基层调研、收集整理社情民意、排查调解矛盾纠纷等工作。与此同时,以推进阵地建设作为机制建设的抓手,加快"一台一家一室"(即委员履职信息化平台、委员之家、村级政协联络室)的履职阵地建设,在县、乡、村等层级之间建立起一张涵盖了政协干部、政协委员、协理员的履职网络。通过这张履职网络,能够更好推动条块之间的合作共事,围绕基层治理问题,在履职网络中找到解决方法。通过一贯到底的履职网络建设,能够快速定位责任人,实现基层的事有人做,基层的工作有人管,基层的成效看得见的目标。

加强市县政协在参与社会治理中的制度创新。开拓创新是做好政协工作,永葆政协活力的重要手段。对于市县政协而言,更要抓住制度创新的契机,以制度创新推动实践创新。制度创新的前提是观念创新,而观念能否创新则取决于对政协参与治理规律的正确把握。准确把握政协发展的时代性、针对性、时效性,找准工作的着力点和突破口,就能正确把握人民政协参与基层治理的客观规律。当前,利益多元化条件下基层治理的难题层出不穷,人民政协独特的协商优势能够较好适应基层治理的新要求,市县政协在基层治理中大有可为。制度创新就要抓住人民政协参与基层治理的契机,丰富市县政协的履职形式,从既有经验中提炼出科学的规律,使之不断制度化、规范化、程序化,对后续人民政协参与治理活动提供行动指南。

探索贴近基层的参与治理模式。市县政协应致力于打通参与社会治理"最后一公里",不断探索向基层延伸的参与治理模式。特别是发挥委员贴近一线的作用,探索在乡镇街道的履职方式,真正在老百姓的家门口搭建协商平台,开门办协商,参与更多社会治理议题。现阶段,市县政协向基层的延伸必须与已有的基层协商相互配合。基层协商包含了乡镇街道党(工)委和政府(办事处)就区域范围的重要事项与各界群众进行的协商。基层协商既有统战部牵头的项目,也有由组织部、宣传部、政法委和政协各自牵头的项目。例如,浙江省温州市鹿城区在镇街开展基层协商时采取了"政协+统战"的模式,即利用统战部门和政协在人员和组织结构上的相似之处,进行业务整合,共同服务基层,推进基层治理。他们规定了由乡镇街道书记联系政协工作,由统战委员(安排为政协委员)负责政协工作。设立镇乡街道政协委员联络组,设置市县政协向基层延伸的有效活动形式,即组织本区域委员列席当地党代会(党员代表会议)、人代会等重要会议;听取镇(街道)党政领导和相关单位关于工作情况的通报,知情明政,建言献策;组织委员开展专题调研、视察、座谈、研讨、恳谈、监督等活动,深入了解情况,主动反映民意,积极研究对策建议;探索建立委员联络室、委员工作室、委员信箱、委员接待群众、社情民意收集点等机制,促进委员了解民情、收集民意。再比如,浙江省台州市探索全域内建立和完善政协委员联系乡镇(街道)机制,即通过政协委员在所有乡镇(街道)都建立联系机制,确保协商活动有规可循。辖区内各县(市、区)委统战部搭建了"请你来协商"平台,不断打造协商精品工程、品牌工程,逐步丰富协商平台的议事内容,使协商平台的运行常态化,真正实现请老百姓来参与协商,商议老百姓的身边事。围绕培育"政协+统战"的协商品牌,每季度开展一次协商活动,每年举办4次以上协商活动。在这些协商活动中,还会邀请乡镇(街道)党政主要负责同志各参加1次,以及邀请分管负责的同志参加。要求县(市、区)政协主席会议成员和县(市、区)委统战部班子成员每年至少参加乡镇(街道)协商活动1次以上。

加强对市县政协推进社会治理的程序进行顶层设计。对已取得一定成效,并且受到基层群众欢迎的专题议事会、民主听证会、民主恳谈会、网络协商会等协商民主形式进行制度建设,形成可操作的协商治理制度规范。对市县政协推动社会治理的协商活动进行制度化规范,如对政协全体会议协商、常委会会议协商、专题协商、对口协商、界别协商和提案办理协商的参加范围、讨论原则、基本程序、交流方式进行优化完善,确保市县政协开展的协商活动在涉及基层治理议题时也能有规可循。对各地基于各自实践进行的制度化探索预留政策空间,鼓励市县政协在遵照中央精神的前提下大胆探索创新,因地制宜设立适合当地的基层延伸方式。例如,湖北省鄂州市政协不断扩大政协委员走基层范围,将委员进社区、进农村扩大至进企业,通过与工会等群团组织的密切配合,承担利益双方的民主协商工作,努力实现良好的经济效益和社会效益。他们不断创新委员与群众的互动方式,鼓励政协委员通过网上工作室等形式,与群众适时互动，探索远程民主协商会诊机制，借助新媒体技术，化解基层社会治理中的重点疑难问题。再比如，江苏省南京市秦淮区政协打破常委会议、主席会议组成人员参会的惯例，探索扩大协商参与面，在会议期间邀请相关界别委员、专家学者、党派成员等参加，更有利于发表专业性、针对性强的意见建议。

加强制度化规范的细节把控。应特别注意制度设计对执行细节的规范，如在议题遴选过程中如何兼顾各方诉求，用什么方式和由什么人员向参与协商的代表及时通报和传递协商内容，如何更好地构建党政出题、政协谋题、民主征题、党委定题的协商议题提出机制；在协商结束之后用什么渠道以什么频率将协商成果的落实情况向与会者及时反馈，如健全完善知情明政制度，规定开展协商活动时哪些具体的相关职能部门应及时通报有关情况，为政协委员履职和各方了解情况提供便利；在协商的过程中如何确定利益相关方的参加范围，协商过程秉持何种讨论原则，出现分歧后遵循什么样的处理流程，如建立协商活动多方参与机制，将党政分管领导、政协委员、专家学者、议题相关职能部门及有关界别群众共同参与的协商模式常态化固定下来；市县政协如何将基层民主协商与协商治理有机结合，两者之间存在哪些差异，可以共同使用何种平台，规程上需要做哪些区分等。通过确定协商的内容、形式、应用等过程的制度规则，寻找人民政协参与基层协商治理高质量发展的突破口，探索建立市县政协协商议政的质量考评指标体系，考虑将调研于协商之前、强化协商互动的程序设计和程序落实作为评价体系的重要内容。探索市县政协协商成果转化评估机制，建立协商成果采纳、落实、反馈、评价考核指标，对政协协商成果转化进行量化打分，推动履职成果向实际效果转化。探索政协委员建言成果的双向打分机制，即建立政协委员对职能部门意见办理的打分机制和职能部门在收到委员意见建议后的反馈评价机制，一方面推动建言成果转化为实际效果，另一方面也倒逼委员提出更具有针对性的提案。例如，江苏省盐城市政协积极创新全体会议的组织方式，将大会发言调整为联组发言，即按照界别将全体委员分成 5 个联组，围绕问题进行发言,发言前组织委员就特定问题展开深入调研,形成调研报告,为发言打下坚实基础。在发言过程中,其他的委员也可即席发言,丰富了联组发言的形式,也使发言的内容言之有物。他们还想方设法扩大党政领导的参会面,邀请市委、市政府全体领导按照分工分别听取联组讨论,由于联组讨论的前期准备充分,讨论能做到有的放矢,各主要党政领导与委员热情真诚地直接沟通交流,有的还能在现场对优秀的建议作出办理批示。重视对《委员意见》的编辑,采取直接、快速、精准的编辑方式。在编辑《委员意见》时,多方搜集联组发言、小组发言和提案中的精彩内容,按专题整理成十多期《委员意见》,充分展示全会的议政成果,会间报送市委、市政府全体领导,并分发给全体委员。再比如,江苏省南京市政协积极与市政府商议制定做好办理和答复市政协参政议政意见、建议工作的有关制度,明确规定市政协主席会议或常委会议形成的建议案送请市政府领导批示后,列入政府督查范围,并由政府承办部门办结后将结果以正式文件形式报送市政协办公厅。通过制定《政协南京市委员会办公厅跟踪落实和督促检查工作暂行规定》,进一步明确对政协报送意见建议跟踪落实和督促检查的具体操作程序和工作方法,使委员在履职过程中提出的建议能够得到落实。与之相似的是,江苏省苏州市政协紧盯督促办理政协意见建议,探索与市委、市政府相关单位高效沟通的常态化机制,他们安排了一名副秘书长分工督办工作,由办公室秘书处和联络处专门同志负责具体执行,收集市委市政府相关部门反馈的信息。在多方共同努力之下,相关部门对政协提出的意见建议大多作了专题研究,给出了详细的改进措施,并以书面形式向市政协作出反馈。

四、建强协商平台

人民政协作为国家治理体系的重要组成部分,是协商的平台,而不是协商主体。对于市县政协而言,必须立足自身特点,集聚协商资源,建设符合基层特点的协商平台。应遵循"不建机构建机制"的工作思路,搭建有利于委员充分表达、群众有序参与、利益相关方充分交流的协商平台,为基层治理的有序开展提供载体。中共中央办公厅印发的《关于加强人民政协协商民主建设的实施意见》中提出，“在实践中丰富协商内容。鼓励各级政协根据形势发展，围绕党和国家中心工作，结合实际丰富协商内容，拓宽协商范围”。这就要求人民政协在协商民主实践中不断整合协商资源，拓展协商民主的适用范围，不断将协商资源向基层延伸。市县协商治理综合平台的搭建需充分聚合政协协商与基层协商的协商力量，共同运用协商民主的方式解决好基层存在的一系列治理难题。建强基层协商治理平台，本质上是在立足市县政协协商的坚实基础上，创新基层协商形式，形成倾听基层声音、倡导利益表达、调解群众矛盾、促进相互合作的基层治理新机制。市县政协在建强协商平台的过程中，应着重发掘向基层拓展的生长点，丰富与群众沟通的形式，加快经实践证明行之有效的经验向制度转化，实现在协商民主中由发挥单位作用向发挥群众作用的转变。市县政协要发挥专门协商机构的性质、定位、职能优势，积极主动探索建立新的协商平台，走好基层协商治理的群众路线，紧密贴合群众的协商需求，找准人民政协参与基层协商治理的工作抓手，多向基层工作的同志请教基层治理的方式方法，充分对接基层治理和基层协商，建立常态化基层协商治理合作机制。加强基层协商治理平台的覆盖面，积极创新基层协商治理网络“微平台”，助力委员履职拓展至基层群众的身边小事，健全覆盖城乡的委员工作网络，充分发挥政协“委员之家”、委员工作室、议事室等民情联系点作用，坚持和完善全体会议、专题议政性常委会会议、专题协商会议、协商座谈会、界别协商会议等基础性协商平台，确保每年都有一定数量的专题协商活动。有条件的市县政协可以推动网络协商平台建设，充分利用互联网技术、新媒体技术手段，搭建“线上+线下”结合的协商议政平台，激发广大人民群众参与政协协商的热情。

市县政协在搭建协商平台时必须充分考虑与基层协商的融合。习近平总书记指出，社会主义协商民主是实现党的领导的重要方式，是我国独有的、独到的、独特的民主形式，社会主义协商民主应该是实实在在的、而不是做样子的，应该是全方位的、而不是局限在某个方面的，应该是全国上上下下都要做的、而不是局限在某一级的。习近平总书记的讲话充分表明,协商民主是分层级、广范围、讲实效的,基层协商民主是社会主义协商民主的重要组成部分,市县政协搭建的协商平台必须充分将基层协商纳入其中。政协协商与基层协商的结合应当与基层的政党协商、人大协商、政府协商、人民团体协商、基层和社会组织协商相融合,通过为各类基层协商提供协商平台,充分发挥专门协商机构的专业优势。习近平总书记指出:“涉及人民群众利益的大量决策和工作,主要发生在基层。要按照协商于民、协商为民的要求大力发展基层协商民主,重点在基层群众中开展协商。”协商向基层的延伸要重点关注在基层群众中开展协商。这就要求市县政协在搭建协商平台时,充分提供基层群众参与协商的机会。例如,四川省内江市威远县政协通过举办“有事来协商·同心圆协商会”,搭建多方参与的基层协商平台。在该县政协举办的一场名为“民营经济引领再造一个产业威远”的协商座谈会上,来自经济、工商、科技界的政协委员、政府相关职能部门负责人及企业代表、群众代表60余人围绕“如何再造一个产业威远”展开协商,会议达成的多点共识,得到县委书记的肯定批示,并通过媒体对协商现场进行宣传,引发广大人民群众的进一步关注。

搭建现场协商平台。市县政协在坚持专门协商机构的性质、定位、职能的前提下,可尝试创设多种形式的协商平台,尤其是搭建现场协商平台。现场协商有利于拉近基层政协与群众的沟通距离,能够将政协协商清晰直接地呈现给社会公众,提高政协协商的社会影响力。从会议室协商到现场协商,也是基层政协工作思路的转变,由过去更多关注发挥界别、党派、委员的作用到关注人民群众的现实生活;由过去的“文对文协商”过渡到“面对面协商”,不延误问题,直面矛盾,当面化解疑惑,真正提升协商实效。例如,福建省各县级政协结合实际推出了“电视议政”“政协视点”等一批现场协商新平台;运用新技术创建了“网上议政厅”“信息直通车”“委员随手拍”等“互联网+”履职新载体。福建省宁德市周宁县政协尝试将协商会议放到基层的现场召开,邀请有关职能部门代表与群众代表、乡村干部、政协委员等召开现场协商会议，在加快农村环境整治的议题讨论中，现场听取意见，广泛汇聚解决环境问题的民智。以“加快环境整治，助推全域旅游”协商议题为例，周宁县政协将对口协商会现场设在了旅游区七步镇，协商现场邀请了旅游、环保、住建、交通、执法等6个部门代表，以及来自9个乡镇的基层委员、镇村干部和普通群众共同参与。协商过程中，一方面鼓励参与者积极踊跃发言、交流、提意见，另一方面也在普及协商的精神，向参与的广大群众传授参与协商的技能。为确保协商的成果转为实际效果，协商会后确定了《加快环境整治、助推全域旅游协商会议责任分工清单》，由县政府督查室和县政协港澳台侨委、民族宗教委共同督促落实。

提高协商平台的统筹水平。市县政协要加强协商平台的统筹水平，将政协专题协商、对口协商、界别协商、提案办理协商和委员视察、专项监督等工作有机结合起来，发挥集聚效应，统筹规划好现有资源。要形成上下联动的平台建设常态化机制，上级政协要支持市县政协协商平台建设，适当下沉治理资源，指导市县政协建立规范化、制度化的协商平台，对接治理资源和人才资源。加快形成市县政协搭建协商治理平台的合力，充分吸纳社会治理资源共同推动协商成果向治理成果转化。如营造良好舆论环境，邀请媒体参与协商平台组织的现场协商会，深入全面报道协商的现场，以及议题的酝酿、调研、会谈、落实等全过程，把政协协商完整地向社会公众展示，让更多群众关注、参与、支持基层协商活动。如江苏省苏州市姑苏区政协运用新媒体手段传播本地风土民情。他们选择本地区内北寺塔、耦园、碧凤坊、大儒巷等具有深厚文化底蕴的历史遗存、古街等作为文化宣传突破口，用讲故事的方式对历史古迹背后的人文细节进行深入挖掘。在做好文史类短视频的基础上，为进一步全面地反映政协工作，他们又专门拍摄了《后来，我们都挺好》等短视频，真实记录了政协提案撰写和委员建议形成的过程，呈现出疫情期间政协组织积极帮助旅游业者在经营中渡过难关的故事。

五、提升协商功能

基层协商治理具有服务地方党委和政府中心工作的目标导向。协商民主归根到底要为社会主义建设的大局服务,协商治理的要义在于用协商这种温和的互动方式理顺社会治理当中的各种“郁结”,起到使人民群众心情舒畅、宽容互谅、受到尊重继而拥护党的大政方针政策的作用。市县政协做好协商民主工作必须始终加强与中心工作的紧密联系。市县政协开展协商的目标是服务地方经济社会发展,增进人民群众的福祉。市县政协协商越是围绕中心、服务大局,越能体现协商民主的价值,对基层治理的促进作用也就越大。市县政协应充分发挥专门协商机构作用,围绕党委政府关心的重点问题、群众期盼的难点问题、社会关注的焦点问题找准协商治理的切入口,切实做到坚持新型政党制度、巩固和开展爱国统一战线、推进国家治理体系和治理能力现代化。市县政协应在服务大局方面坚持自身职能定位,发挥智囊作用,当好参事,做好助手,成为能手;积极打造专业化协商治理品牌,突出协商的专业化能力和水平,着重建设一批有质量有影响力的基层协商治理样板。在提升服务大局的质量方面,市县政协应紧盯“双向发力”,借助既有协商民主制度发挥吸纳和集聚作用,最大限度联合新时代基层社会主义建设力量,广泛听取意见建议,汇聚建设基层、改变基层、贡献基层的众人力量。在凝聚共识过程中,市县政协应加强正面宣导,密切联系群众,促进政策落地落实,使基层协商治理成为切实为群众纾难解困、为党委政府分担压力、为社会凝聚共识的民主治理形式。

明确基层治理的重心。市县政协在推进基层治理过程中,必须明确工作的重心在于促进城乡各项建设事业蓬勃发展,通过发挥协商主业,探索城乡治理的有效形式,推动治理体系和治理能力的现代化。例如,上海市虹口区政协注重发挥平台优势,精心组织委员参与基层治理,充分利用政协现有机制,体现基层治理当中的政协担当。他们在实践中,充分利用建言平台,在召开政协全体会议期间,组织区内各民主党派、团体、专委会、界别、街道活动组、委员代表等围绕全区中心工作作大会发言和大会书面发言,为中心工作建言献策。还邀请区主要领导出席大会,在现场回应委员的发言。在召开常委会期间,开展专题协商,邀请党政领导干部通报相关工作情况,与委员进行协商交流,使委员的建言更加有的放矢,围绕服务中心工作献计献策。再比如江苏省常州市政协围绕当地市委、市政府提出的全力推进"产城融合示范区"建设、实现产城协调发展这一战略部署,将常务会议协商的主题确定为"建设常州综合港务区",紧紧围绕地方发展的中心议题,在构建现代综合交通运输体系、拓展城市发展新空间、培育城市发展新优势等方面积极建言献策。

明确市县政协推动基层治理的工作切口。在推动治理现代化进程中,市县政协必须选好工作切入点。市县政协处于市县层级,面对着基层群众,面临诸多治理风险,是化解矛盾、理顺情绪、凝聚共识的第一线。基层治理工作千头万绪,矛盾的由来纷繁复杂,市县政协参与到基层治理中来,切不可"眉毛胡子一把抓",对自身特点不做分析判断就提出协商议题,应力图避免协商后无法解决的尴尬。要找到推动基层治理的工作切口,要求市县政协对地方事务做到心中有数,要善于从小处着手、大处着眼,选择能够在短时间内立竿见影的小切口进行协商,并在中长期通过小切口问题的解决持续推动更大问题的解决。这些问题往往是党委政府想办而暂时由于种种原因没有办的,或者是党委政府暂时无暇顾及的,以及人民群众热切期盼而还有一定制约因素阻碍了的。总之,选准了工作的切口,就能促使基层政协推动基层治理的工作更加富有成效。

做好存量工作,探索增量空间。市县政协推动基层治理的发展是巩固存量、扩大增量的过程。巩固存量指的是基层政协更多地参与到社会治理当中来,对已有的职能提出更高要求,需要基层政协不断巩固工作成效,适应新的发展要求。扩大增量指的是治理活动拓展了基层政协的履职空间,使委员在履职过程中必须时刻关注社会动态,关注人民群众的所思所想,关注对策建议的社会效果。这样一来,市县政协协商议政的过程本身也就成为了沟通情况、换位思考、交换看法的过程,更加有利于寻求最大公约数，汇聚最大正能量。换言之，市县政协参与到社会治理当中来，促进了其协商主业工作的提质增效。这是因为，市县政协在参与社会治理的过程中，接触到的社会面更大、与人民群众的结合更加紧密、对协商主业的要求越来越高，更加有利于充分发挥基层政协代表性强的优势，有利于充分发挥政协专门协商机构的作用，有利于充分体现人民民主的真谛。

六、提升监督实效

民主监督是人民政协发挥治理效能的重要手段。民主监督充分发挥了人民政协的职能优势，体现了人民政协制度设计所具备的治理功能。市县政协参与社会治理的民主监督方式是协商式监督，即在协商中监督社会治理各项工作的执行情况，是对既有工作决策执行情况的监督。市县政协参与社会治理的协商式监督具有鲜明的特色和优势，作为统一战线的协商式监督，具有代表性广、接受度高、包容性强等特点；作为新型政党制度的协商式监督，具有鲜明政治性特点；作为制度化、规范化的协商式监督，具有一定约束作用的特点。市县政协的协商式监督，运用到基层社会治理当中，可以充分体现协商民主的广泛性和有效性，有利于增进社会共识，引发社会关注，凝聚社会力量，形成共同推进社会热点事务的合力。

准确把握人民政协协商监督的实质。准确把握人民政协协商监督的实质是运用协商监督推进基层治理的基础。2017 年 2 月，中共中央办公厅印发《关于加强和改进人民政协民主监督工作的意见》，将人民政协民主监督确定为以提出意见、批评和建议的方式进行的协商式监督。协商式监督是一种政治性监督，这是由人民政协的性质所决定的。人民政协作为中国特色社会主义政治制度中的重要组成部分，形成发展于中国共产党领导全国各族人民在社会主义革命、建设、改革等各个历史阶段的实践探索，具有鲜明的中国特色。其绝不能与西方政党制度中的议会进行简单的类比，而应当从中国特色社会主义发展的历史进程中找到解释的资料。人民政协从成立以来，就致力于团结统一社会各界建设社会主义国家，所以其主要职能是以协商求团结，用协商画出最大同心圆。因此，人民政协是一个政治性组织，而非权力性机关，人民政协的协商式监督也理所应当是政治性监督，而非权力性监督，人民政协协商式监督发挥的效力依靠的是共同政治基础意义上的政治影响力。

深刻理解人民政协协商监督的重要意义。人民政协协商式监督的性质定位决定了其在社会治理中能够发挥重要作用。人民政协协商式监督采取非对抗性和非强制性的监督方式，有利于在监督中促进合作。尤其是在党际合作中，协商式监督通常采取以监督求团结的方式进行，避免了对抗性监督带来的内耗，增加了党际合作的空间。此外，协商式监督是一种"成事性"监督，即协商式监督的目标是通过协商推动公共事务的进展，是秉持正向促进的建设性监督，而不是西方政党制度中相互之间推诿、拆台、拖后腿。在基层治理当中，协商式监督建立在共同利益基础之上，以提建议、找问题、督进度的方式推动有利于国计民生的事务前进发展，天然就具有一种合作倾向，更有利于被监督者接受，从而促成多元主体达成共同目标和共同利益。

确定协商式监督的工作方向。市县政协应牢牢抓住中心，推进履职，提升协商监督的实效。协商式监督应当依照一定的形式开展，人民政协是专门协商机构，监督活动必须根据政协章程、依托政协组织，通过特定方式和程序进行。各级政协组织必须明确：自身不是监督主体，而是开展监督活动的载体和平台，应当想方设法搭建起开展协商式监督的优质平台，明确开展协商式监督的工作方向。市县政协作为人民政协的神经末梢，面临的协商式监督任务更加繁重，协商的议题也可能更加琐细，更应当明确开展协商式监督的工作方向。市县政协要坚持聚焦党委政府中心工作，在助推重点工作中实现履职能力提升。协商式监督服务于政协履职能力建设，是提高基层政协履职能力的应有之义。因此，市县政协开展协商式监督必须结合各项职能工作，在履职中开展监督，以协商为主要形式开展监督。总的来看，市县政协开展的协商式监督有会议监督、视察监督、提案监督、专项监督和其他协商式监督。在开展协商式监督过程中,市县政协着眼于推动党委政府决策部署的落实,通过反馈协商式监督中发现的问题,来推动决策部署精准落地。

针对新时代对人民政协提出的协商式监督的新要求,各地市县政协根据自身实际情况,积极开展协商式监督的探索,取得了一定的成效,为形成具有普遍意义的方法积累了经验。例如,广东省佛山市顺德区政协创新协商式监督的体制机制,充分发挥人民政协专门协商机构的作用,在村级工业园改造中充分发挥基层政协协商式监督的作用。他们的做法包括:一是夯实提案工作的基础。始终明确提案工作是政协工作的中心,以提高提案工作质量促进协商式监督工作的开展,贯彻落实《顺德区党政领导牵头督办政协提案试行办法》,围绕"村改""头号工程"推动区委书记领衔督办《关于加快顺德村级工业园综合整治提升》系列提案,以提案工作取得实效,推动监督工作走深走实。二是完善监督机制。紧紧围绕基层社会实际问题,完善制度化协商机制。顺德区政协建立并完善了围绕"利益补偿、生态环保、产权清理"等基层社会痛点、难点、堵点而每月召开一次的"月度协商座谈会"制度;在镇街层面则通过联委会的"八有"建设和专委会、联委会的联动,夯实委员履职机制建设,为社会治理中发挥基层政协的专门协商机构作用提供制度保障。三是建立协商式监督平台。打造具有顺德特色的协商节目"论道顺德",每期邀请党政领导、政协委员、专家学者、群众代表等加入建言资政座谈会的讨论中,在协商中深入探讨顺德改革发展中面临的一系列问题,监督具体措施的实施和落地,起到解疑释惑、汇聚民智、推动落实、促进工作的效果。四是围绕中心开展监督。紧紧围绕党委政府重大决策部署的落实情况开展协商式监督。近年来,顺德区政协围绕"村改"头号工程实施不同阶段出现的重点问题,如规划制定、拆迁补偿、项目招投标、招商引资、群众收益、环境保护的贯彻落实情况开展协商式监督,以监督促进各项部署的落地,做到坚持把助推工作落实和促进问题解决作为出发点和落脚点,在监督中参与服务,在参与服务中监督,寓支持于监督全过程。五是创新民主监督机制。

以向村改现场派驻监督小组的方式开展民主监督，将全区 300 多名政协委员分为 48 个监督小组，实现委员参与民主监督和参与全区村改项目“两个全覆盖”。民主监督小组在政协主席会议领导下开展，主席、副主席、党组成员担任小组联系领导，政协办公室负责统筹协调，政协专、联委会主要负责人担任民主监督小组组长。在实施监督过程中，政协主席会议、常委会议、小组联系领导定期听取监督情况汇报，指导推动监督工作。六是创新民主监督工作方法。建立民主监督“七个一”工作法，即围绕区政协确立的监督的事项，监督前进行一次政策法规学习、征求一次分管领导意见；监督中进行一次实地调研、与群众开展一次面对面交流、参与一次招商引资活动、完成一次社情民意收集；监督后报告一次民主监督情况。再比如，浙江省金华市政协建立的“一村一委员”民主监督机制。他们的做法包括：一是建立常态化监督队伍。建立委员联村工作小组，安排市县两级政协领导、委（室）主任、特邀或中共界别委员任组长，每个小组安排一名熟悉农村工作的委员，提倡以小组为单位开展联村活动。二是确定监督重点。协商式监督的重点工作聚焦于农村的民生事务，即监督消除水质污染、生活垃圾分类、环境综合整治、便民中心建设等，将监督调查情况撰写为有质量的情况报告，向当地党委、政府提交，推进了农村环境整治工作。三是制定监督制度。制定相应规章制度，在媒体开辟工作专栏，建立工作微信群，使委员履职工作常态化、制度化。

注重协商式监督的核心能力提升。明确了工作方法，还需要提升协商式监督的能力来支撑协商式监督工作取得实效。应按照习近平总书记提出的组织广大委员学习掌握中央方针政策、着力提高监督意识和能力水平的要求，着重突出监督意识和能力水平建设。对协商式监督中涉及的协商、监督、调研、合作等事项进行逐一提升，制定相应的意识和能力水平提升方案。以调研为例，要提高调研实效，通过调研摸清情况、找准问题、提出实策，在准确把握问题的基础上，开展协商式监督，能够更加深入一线，更好贴近群众，取得的监督成果更加实际，提出的监督意见也更具有参考价值。总而言之，协商式监督工作方向的确定为开展民主监督提供了基本遵循,协商监督能力的提升则为市县政协协商式监督提供了智力支撑,两者相辅相成,共同提高协商式监督的科学性、有效性、针对性。

七、完善领导机制

完善领导和保障机制是市县政协建立政协协商助力基层治理长效机制的应有之义。坚持党对人民政协的领导是新时代人民政协加强党建工作的总纲领,各级人民政协应落实好党建主体责任,坚持和完善加强党对人民政协领导的制度体系,恪守坚持中国共产党的领导这一根本政治原则。坚持中国共产党的领导既是最高原则,也是人民政协开展政治协商工作的政治优势,市县政协应加强思想引领,将加强党的政治领导作为开展协商工作的"头号工程",确保党对市县政协的绝对领导。要在市县政协深入学习贯彻习近平新时代中国特色社会主义思想,将思想引领作为政治领导的先导,切实抓牢学习,做到入脑入心。不断增强"四个意识",坚定"四个自信",做到"两个维护"。充分发挥政协党组织的领导作用,发挥党员先锋模范作用,运用党建工作引领机关工作,做好委员思想认识的正面引导,做到思想建设的春风化雨、润物细无声,以思想引领切实提高协商工作的组织成效。健全和完善政协上下级之间的指导机制,探索上级政协直接指导市县政协的制度,由上级政协向市县政协下沉人员、资源和规程,帮助基层政协解决困扰政协协商助力基层治理的瓶颈问题,解决好市县政协在推广协商过程中积累的经验向制度转化的问题。应赋予市县政协将经验探索制度化规范化的一定权限,鼓励市县政协因地制宜地在优化专委会设置、充分发挥委员主体责任、开展协商治理专业化培训、遴选协商治理议题、强化协商治理成果反馈机制等方面制定地方性制度,保障市县政协在参与基层协商治理过程中的调研、协商、提案、反馈等工作的顺畅进行。加强市县政协机关的制度建设,从制度中存在的盲区入手,逐项进行查漏补缺,理顺市县政协机关的工作流程,明确机关服务的工作项目,制定部门权责清单明细。提高市县政协机关对基层协商治理的服务保障水平,促进协商治理工作的制度设计与基层协商工作的制度融合。创新政协机关信息化服务手段,提高机关人员的“智治”水平,建立汇聚理论学习、知情明政、提案办理、履职管理、民情反馈、协商建言等功能的一体化平台,延伸服务链条,为基层协商治理的顺利开展提供高质量线上服务。

市县政协要在充分吃透政策的基础上制定相应的管理规章制度。省级政协负责对市县政协工作进行指导,通过专题研究发布规范性文件,从而形成市县政协工作机制。从上下联动来看,上级政协对市县政协存在工作指导关系,需及时帮助市县政协破解业务的难题,拓展工作的范围。从参与上级政协组织的活动来看,上级政协需为市县政协提供全国政协系统内教育培训的机会,增加基层政协委员参训机会,切实提升委员工作水平。作为市县政协而言,在制定相应的管理规章制度时,一方面要与上级政协的工作内容进行对接,配合好上级政协对市县政协开展的对口工作;另一方面,要结合自身情况,适当地借鉴上级政协的经验做法,参照上级政协成熟的规章制度,制定符合自身需求的管理制度。如广东省茂名市信宜市政协先后组织制定建立镇(街)政协联络组、建立村务协商议事会的规范性文件,对政协参与村务协商议事会明确提出统一规划布局、统一建设标准、统一经费保障的要求。

提升市县政协干部队伍的建设水平。加强市县政协的管理水平,落脚点应该是市县政协的干部队伍建设。干部队伍的建设水平提高了,管理的水平也能相应提升,服务保障的水平也能不断得到提升。应围绕提高服务能力加强基层干部队伍建设。一是加强服务意识。以党建促队伍建设,加强政协党员的宗旨意识、担当意识、责任意识,以党员发挥先锋模范作用,引领政协干部干事创业的热情。提高献身政协的工作自觉,提升服务委员的思想自觉,把提高服务意识作为管理提质增效的重要手段。二是加强工作责任心。要在政协工作中力避拖延推诿、办事拖沓的倾向。政协工作面向广大委员,代表中国共产党领导的统一战线的形象,政协工作人员的工作态度很大程度上又决定了委员对政协的看法。加强政协队伍建设,要树立干净利落的办事形象,使各界委员感受到政协的工作效率,感受到政协工作人员的良好工作风貌。三是要提高工作质量。要切实将工作成果的评价标准由干了多少向干得多好转变,以创建“有为政协”为抓手,切实提高工作的质量。以服务对象的满意程度为工作导向,坚持“质量第一”的工作原则,实行工作质量全程负责的工作机制。四是要提高制度化水平。推进政协机关制度化建设水平,促使机关工作依规实施,使市县政协机关的各项工作在制度规范下有序开展。通过制度化建设确定政协工作人员提供的服务项目,明确服务流程,确立服务的主体和监督的责任人,为提升政协机关的服务水平提供规范化指引。

八、发挥委员作用

委员是市县政协开展工作的重要对象。习近平总书记在中央政协工作会议暨庆祝中国人民政治协商会议成立70周年大会上的重要讲话中强调,重点解决市县政协基础工作薄弱、人员力量薄弱的问题。解决市县政协“两个薄弱”问题,事关中国特色社会主义协商民主制度优势彰显,事关基层治理体系和治理能力现代化。打造一支“懂政协、会协商、善议政,守纪律、讲规矩、重品行”的委员队伍,是破解“两个薄弱”问题的重要突破口,着力抓好委员队伍建设,能够为推动市县政协工作提质增效提供有力保障。

凸显政协委员在政协工作中的主体地位。政协开展工作的成效最终要落实到具体的提案,而提案的质量最终还是要落到具体的委员身上。应当说,政协工作的成色很大程度上由委员的工作质量来决定。对于市县政协而言,委员作用的充分发挥显得尤为重要,市县政协协商要明确为委员履职搭好台的工作方向。随着经济社会的快速发展和民主政治的不断推进,政协委员发挥主体作用的空间和舞台越来越宽广。一是筑牢委员思想关。思想是行动的先导,发挥好委员主体作用,首先是把好委员的思想关。应加强委员日常学习机制的建设,把加强学习放在重要位置,每年组织一至两次全体委员集中学习,精心安排课时和内容,邀请有关领导、专家为委员们讲解相关政策理论和业务知识。把党建责任压实，强化党建的引领作用，组织引导广大委员学习贯彻习近平新时代中国特色社会主义思想，自觉用党的创新理论武装头脑、指导实践、推动工作。二是拓宽履职空间。引导委员参与基层治理工作，如当好政策法规宣传员、协商民主引导员、文明建设示范员、公益事业促进员、社情民意信息员等；引导政协委员在所代表和联系的领域主动正面发声、解疑释惑、协调关系，协助党委、政府化解矛盾、增进和谐；经常组织委员开展视察、调研等活动。三是树立委员形象。强调委员的社会责任，通过组织委员参与社会公益活动，弘扬委员创先争优新风气，鼓励委员承担更多社会责任，增加政协社会影响力，树立良好政协委员形象。

影响委员发挥主体作用的瓶颈是委员的履职能力水平。提升委员能力水平可通过培训和锻炼两种途径。培训是解决委员会不会为的快速方法。加大委员培训力度，可从突出问题着手。政协委员履职是专业化程度较高的一项工作，就参与协商而言，需要具备调查研究、提案撰写、会议讨论等多种能力，只有扎实做好每一个环节的工作，才能真正形成高质量的提案，推动经济社会发展进步。现阶段委员履职能力的欠缺，主要表现在上述工作能力的欠缺，即多数委员不具备从调研中聚焦关键问题的能力，缺乏撰写提案的文字训练，缺少会议发言的技巧训练。破解委员履职能力欠缺的难题，需从加强能力短板的培训做起，采取专业化培训的方式，邀请相关专家、有经验的委员为新委员授课。采取对外取经的方式，对外访问上一级政协，邀请国家级、省级政协委员为基层政协委员传授经验。除了培训之外，委员的自我提升也至关重要。要将履职活动锻炼与能力提升紧密结合，在干中学，在实践中提升能力。增加对委员履职活动的指导，拓展委员履职活动的空间，组织委员参与政府职能部门的工作座谈会、征求意见会、情况通报会等，为委员找准履职切入点创造条件。

市县政协要切实担负起提升委员队伍素质的责任。市县政协委员能力的提升责任在市县政协，市县政协应切实担负起提升委员队伍素质的责任，通过探索行之有效的方法，使委员在政协组织的各项活动中逐步获得能力的提升。要制定制度化的委员能力提升方案,将经常性培训、履职能力拓展、调研式协商、民主监督测评等事项列入能力提升方案当中。探索建立委员评价考核指标体系,对委员履职表现进行打分,每年按照得分进行评比活动,根据量化考核情况,鼓励表现优秀的委员,在每年的政协全体会议上予以表彰和奖励,倒逼排名靠后的委员向先进看齐,对评比不及格的委员实施约谈,将考核评比的结果作为下一届委员提名的重要参考依据。

探索委员能力提升的联合培养模式。委员的能力提升是一个系统工程,需要多方参与,共同努力。市县政协可尝试在委员能力提升方面加强与当地组织部门和统战部门的交流合作,将委员考核评分结果作为委员遴选的重要指标,把选择委员的关口前移,严格把好委员入口关。可尝试将委员列入当地人才工作内容,成为推进人才发展、加快人才战略实施的重要部分,探索委员能力提升的中长期发展计划。探索建立公众对委员的评价体系,欢迎社会公众向基层政协反映委员履职情况,真诚接受社会对政协委员的监督,推进政协协商更好地向基层延伸。

拓展委员履职新技能。尝试在委员履职能力建设中采用新技术和新方法,加快推进“互联网+政协”模式的发展。如建立网上移动履职平台,搭建委员履职智能化交互空间,使委员履职更加便捷高效。加强区域间的交流互动,提供县一级政协委员履职交流互动的技术支撑。搭建镇街一级委员联络工作平台,探索市县政协委员网络履职新方法。如在镇街委员工作室内引入触摸屏,设计安装应用管理系统,建设页面丰富的网站,把重点项目推进情况、民生工程实施情况等予以公示。在村一级设置委员工作站点,实施委员进基层工作计划。充分发挥好委员作用,推动工作重心下移、协商触角下延,真正将市县政协推向协商一线,使政协协商更接地气、更有温度、更受欢迎。

九、培育协商文化

协商文化要随着协商民主的中国实践而不断融入中国政治传统当

中。一种政治文化要想在中国具有持久的生命力，就必须找到其生长的文化土壤，并深深扎根于这片文化土壤当中。协商民主要想在中国具有旺盛的生命力，就必须找到能够令其生生不息不断传承发扬的文化土壤，培育协商文化就是找到协商民主文化土壤的过程。

培育协商文化的生长点。协商作为基层政协的重要职能，也是其工作的重要形式。协商文化的培育，要不断将政协协商的有效做法制度化，形成协商传统，争取参与者的认同。在不断将政协协商的做法转变为经验的过程中，传统不断积累，后来者按照协商传统开展协商，就会逐渐形成一种新的协商文化。当具有现实效力的经验做法逐渐形成文化的雏形，就要不断丰富其思想内核，找到其与社会普遍心理的结合点，这就需要将协商文化与传统文化进行深入结合。传统文化中的"和合"思想就是与协商文化深入契合的优秀传统文化的代表。习近平总书记指出，要深入挖掘和阐发中华优秀传统文化讲仁爱、重民本、守诚信、崇正义、尚和合、求大同的时代价值，使中华优秀传统文化成为涵养社会主义核心价值观的重要源泉。在培育协商文化过程中，要善于借鉴优秀传统文化的思想内核，将其运用于协商实践当中，与基层实践相结合，创造新的中国特色协商文化话语内容。

建设优良的协商文化环境。培育协商文化需要营造平等、自由、公正、宽松的协商氛围。环境是承载文化的空间，良好的协商环境有利于培育理想的协商文化。良好的环境需要多方共同参与营造，对于协商参与者而言，必须具备一定的公民素质和协商技术，能够认同市县政协的协商活动，认可协商取得的成果，自觉遵守协商的秩序；对于组织者而言，必须充分尊重每一位参与协商的主体，努力提高服务水平，切实增强市县政协协商的有效性；对于党委政府而言，要加大对协商民主实践的支持力度，在经费和政策上适当倾斜，关心市县政协的发展，积极参加政协协商活动；对于社会公众而言，应养成关心公共事务的习惯，积极参与协商活动，锻炼依法表达自身诉求的能力。通过不断完善协商环境，协调好各方关系，能够为培育协商文化提供良好的条件。

第八章　加强和改进市县政协协商工作

党的十九届四中全会通过的《中共中央关于坚持和完善中国特色社会主义制度、是推进国家治理体系和治理现代化若干重大问题的决定》，推进国家治理体系和治理能力现代化的纲领性文件。它从理论和实践上延续了党的十八届三中全会首次提出的推进国家治理体系和治理能力现代化这一重要命题，其本质是制度的现代化，这是对国家制度建设方面的顶层设计。毋庸置疑，中国共产党领导的多党合作和政治协商制度，作为社会主义民主政治方面的重要内容，本身就是推进国家治理体系和治理能力现代化的重要组成部分。然而，国家治理体系和能力的现代化必须是顶层设计和基层实践的有机结合，加强和改进地方和基层政协协商工作就是将国家治理体系和能力延伸至基层的重要组成部分。人民政协作为专门协商机构，是一种具有中国特色的政治组织和民主形式，必须在程序机制上健全发扬民主和增进团结相互贯通、建言资政和凝聚共识双向发力。在实现人民政协这一性质定位中，地方和基层政协组织发挥着将国家治理体系和治理能力现代化向基层延伸的重要作用，吸纳社会阶层、团体、组织和广大群众等多元主体参与基层治理，推动共建共治共享的社会治理格局在基层的实践，是实现基层协商民主和凝聚基层群众共识的重要方式。

市县政协的协商工作和履职能力与地市级、省级和全国政协有一定的差距。结合基层政协工作中的实际，新时代加强和改进市县人民政协事业发展中的问题和困难有以下几点。第一，在市县层面，党委和政府对政协协商认识不足，没有充分认识到新时代市县政协的重要地位和作用，政协工作在基层处于相对边缘的位置，政协履职没有起到应有的作用。第二，市县基层政协机关人才干部处于新老交接的关键节点，基层干部整体年龄偏大，年龄结构不甚合理，较难吸纳新进年轻人才，基层政协系统干部人才队伍相对匮乏，编制、界别设置等有待进一步科学化。第三，基层政协委员遴选标准和产生机制存在一定的不足，基层政协委员的代表性以及参政议政能力、调研能力有一定欠缺，政协委员提出的议案、提案质量有待提高，缺乏广度、深度和代表性。第四，基层市县政协协商民主有待进一步制度化、规范化，目前基层政协职能未能充分发挥，民主监督权威性和约束力还不够强，缺乏应有的力度和实效性。我们应该从实际出发，从推动基层协商民主和社会治理相结合的角度出发，积极探索解决围绕市县政协自身建设和政协工作实务等方面的突出问题，开展社会主义协商民主的基层探索和经验总结。

第一节　市县政协协商工作的重要地位和意义

人民政协的政协协商是社会主义协商民主的重要内容，必须推进政协协商与政党协商、人大协商、政府协商、人民团体协商、基层协商以及社会组织协商的统筹发展，构建程序合理、环节完整的协商民主体系，做好“有事好商量、众人的事情由众人商量”的制度化实践，市县政协即是这种协商民主体系的基层组织，是能将政协协商和基层协商、群众协商直接结合的关键所在。正如习近平所说：“发展社会主义民主政治，是推进国家治理体系和治理能力现代化的题中应有之义。”[①]党的十九大报告强调，人民政协是具有中国特色的制度安排，是社会主义协商民主的重要渠

① 习近平：《在庆祝全国人民代表大会成立65周年大会上的讲话》，人民出版社2014年版，第20页。

道和专门协商机构。市县政协作为人民政协最基层的组织，是国家治理体系延伸到基层的重要组成部分，是我国社会主义民主政治在基层实践的重要载体。

一、市县政协在国家治理体系中的独特地位和作用

我国地方政协委员会最基层的组织设到市县（区）一级，目前很多地区都在探索地方政协纵向结构上向基层的延伸改革，比如设置乡镇、街道“委员工作室”，作为政协工作在基层的延伸。除了全国政协和省级政协，全国3000多个政协组织，绝大多数都设在地市一级和县区一级。市县政协组织处在协商民主的第一线，作为联系基层群众的平台、政协信息及时有效传递于基层与市县区的通道，探索解决政协工作深入基层“最后一公里”的问题，有利于有效推动多方联动的基层协商民主建设。然而，乡镇街的政协工委只是县市（区）政协的派出机构，在县市（区）政协常委会和乡镇街党（工）委的领导下开展工作。因此，做好政协工作延伸至基层的关键还是在于加强和改进市县政协协商工作。

市县政府是我国地方政权组织，其下面的乡镇更是最为基层的一级，处于直面农村、直面广大群众最前沿的位置，是国家治理的第一线，也是防范化解矛盾风险的第一线。市县政协组织是政协工作向基层延伸的枢纽，既具有向下“接地气”的独特优势，又有完整的政协组织和制度机制，能够广泛应用上级乃至全国政协的先进经验。同时，市县政协又能依据国家制度的顶层设计进行基层实践，推进地方党委政府决策民主化、科学化和决策的落实，促进地方经济社会转型发展。毛泽东说，我们的政府，“是跟人民商量办事的，是跟工人、农民、资本家、民主党派商量办事的，可以叫它是个商量政府”。[①] 从这里可以看出，民主协商的主体不仅包含代表不同阶层的民主党派和社会团体，也包含了最广大的人民群众。

习近平总书记在庆祝中国人民政治协商会议成立65周年大会上的

---

① 《毛泽东文集》第七卷，人民出版社1999年版，第178页。

讲话中强调，“人民群众是社会主义协商民主的重点。涉及人民群众利益的大量决策和工作，主要发生在基层。要按照协商于民、协商为民的要求，大力发展基层协商民主，重点在基层群众中开展协商。”①大力发展基层协商民主，重点就在于充分加强市县政协工作，并使协商民主延伸到国家治理体系的基层末梢神经。完善市县政协组织联系基层群众的制度，加强议事协商，做好上情下达、下情上传的工作。推动市县政协协商与基层社会治理相结合，协商、提案与监督工作下沉到基层，组织政协委员进社区、进企业、进乡村、进网格，助推基层政权的治理体系和治理能力的现代化。畅通社情民意信息表达和传递渠道，着力寻求最大公约数、画出最大同心圆，必须要深入基层帮助群众解决实际问题，积极协助党委政府掌握基层干部群众思想认识、利益关系和社会矛盾等方面，做好解释宣传、理顺情绪、化解矛盾于基层的工作。

人民政协作为专门的协商机构，作为协商民主的重要渠道，由于不是国家政权机关，更方便从国家政权外对政府进行民主监督，“政协位置超脱，政协发表意见，可以较少受到利益驱动的影响和地区的局限，可以比较客观、准确地反映各种情况和问题”②。在市县层面，政协组织由于其位置的相对超脱，可以以旁观者的角度来对推动市县党委和政府的决策科学化、民主化，监督各项决策的执行。同时，市县政协能够发挥对基层社会和群众、利益团体的整合作用，通过人民政协独特的统一战线功能，尤其是与基层社会治理相结合，将基层所有的利益集团吸纳到协商民主之中。一方面地方基层各种社会组织和群众团体具有较强的政治参与热情，希望主动进入协商政治框架中，维护自己的利益，参与社会的治理。另一方面，地方基层党委政府有必要通过政协这一纽带，努力建立各种机制将新兴的社会群体和社会组织纳入决策过程，提高自身的代表性和决

① 习近平：《在庆祝中国人民政治协商会议成立65周年大会上的讲话》，人民出版社2014年版，第20页。

② 胡锦涛：《在庆祝中国人民政治协商会议成立55周年大会上的讲话》，《人民日报》2004年9月22日。

策的民主化科学化程度,吸纳新的社会群体代表进入体制内渠道表达自己的诉求,对于社会的整合、共识的凝聚具有重要作用。同时,市县政协也容纳了除民主党派以外的其他社会群体和公共利益的表达,尤其是代表社会困难群体表达利益诉求。在这一层面,市县政协发挥了党委政府与基层社会团体、新兴组织和基层群众相连接、开展协商凝聚共识的纽带作用。

越是在基层,党政工作的要事、民生改善的实事、社会治理的难事,与群众切身利益越密切,需要处理的人民内部矛盾也就越多,这就越需要发挥协商民主的作用,市县政协越有用武之地。市县基层政协下通人民群众,上达党政领导,具有"接地气"的优势,同时又广泛联系社会各阶层团体,是党和政府联系基层群众的桥梁和纽带,其发挥的作用和职责重大。市县政协的基层民主协商契合社会治理、多元共治的需要,处于思想引领、凝聚共识、民主决策、参政议政的第一线,其较强的代表性、巨大包容性、充分协商性、合作共治和有效监督等特点,有利于构建共治共建共享的社会治理格局,对于构建社会治理共同体具有重要的积极作用。做好市县基层政协协商工作,有利于彰显政协组织在基层的独特优势,将政协的制度优势转化为社会治理的实际效能。

首先,市县政协委员来源广泛,代表性强,熟民情知民意,了解基层群众的想法和需求,能够向党委、政府第一时间提供前沿性的民意信息,使得党委政府在决策时能够拥有民意基础。其次,市县政协广泛联系群众,了解群众生产生活的痛点和难点,尤其是困难群众,能够起到群众与党委政府的沟通桥梁,对于促进和改善群众民生,做好群众工作、改善群众生活有直接作用。再次,市县政协由于其相对超脱的位置,能够介于党委政府与群众之间作为缓冲地带,有时也为群众发泄情绪和表达不满提供场所。随着社会经济结构、利益关系和人们思想观念的不断变化,政协组织可以将辖区群众当前的利益诉求和意见表达纳入民主和法制的轨道。这一平台对于化解热点、难点问题,为群众解疑释惑,把社会矛盾淡化和解决在萌芽状态,为推动经济社会发展凝聚共识，化消极力量为积极力量。最后，由于市县政协委员均为当地的有识之士，能够对经济社会发展中的复杂问题和地方党委、政府未考虑到的深层次问题进行调研思考，提出有前瞻性的意见、建议，为党委、政府决策当好参谋、充当智囊。

二、准确把握新时代市县政协的性质定位和职能职责

2019 年 5 月 20 日至 21 日，全国政协在北京召开了全国地方政协工作经验交流会，会议在明确新时代市县政协工作的定位和职责的基础上，对地方政协工作提出了明确要求。党的十八大以来，中国特色社会主义进入新时代，我国社会的主要矛盾转化为人民日益增长的美好生活需要和不平衡不充分的发展之间的矛盾，人民在美好生活方面的需要日益广泛，不仅对物质、精神、文化层面的需要提出了更高的要求，而且在民主、法治、公平、正义等方面尤其是参与政治、社会治理等方面的需要也进一步提升。由于人民对于自身利益直接相关的公共决策尤为关心，因此围绕群众切身利益展开广泛多层次的协商，是新时代人民对于包括政治参与在内的美好生活的实际需要。

然而，人民政协工作在事实上也存在着区域、层级上的发展不平衡，全国和省地级政协工作开展得比较充分，基层市县政协则存在着不够充分的问题，比如少数领导对人民政协包括其性质、职能、工作方式方面的认识模糊，市县政协对自身性质定位不明确，没有突出主业责任，在基层协商民主和社会治理方面没有充分发挥市县政协的优势和职能。在新时代推动人民政协制度更加成熟更加定型，需要从理论和实践的结合上进一步明确市县政协的职能定位和主要任务，探索市县政协作为专门协商机构的制度机制。针对某些市县政协对自身定位、职能、责任等认识不甚清晰的问题，必须从思想认识上明确这些内容。必须准确把握新时代市县政协是什么、干什么、怎么干三个问题，不断强化三个意识："阵地"意识、"主业"意识和"专门"意识。

第一，准确理解新时代市县政协工作的性质定位，不断强化"阵地"

意识。市县政协工作是加强党对各项工作领导的重要阵地,是用党的创新理论武装各界代表人士的重要平台,是化解矛盾、凝聚共识的重要渠道,这是对新时代市县政协明确的政治定位。因此必须进一步加大工作力度,将人民政协作为加强党的领导、传播党的理论、凝聚各党派团体各族各界共识的重要阵地。这就需要参加政协的各党派团体和各族各界人士一起提高思想政治水平,深刻学习习近平总书记关于加强和改进人民政协工作的重要思想,将凝聚共识放在突出位置,深入开展广泛、多层、制度化的民主协商工作,既要凝聚人民政协内部的共识,也要向社会传播共识,充分发挥人民政协的制度优势。

第二,精准把握新时代市县政协工作的职责,不断强化"主业"意识。市县政协必须要明确其主要的工作内容是协商,主要的工作方式是"搭台",主旨是咨政建言和凝聚共识方面双向发力。市县政协不能由于处于基层而将自身职能逐步边缘化,而应该重点发挥其联系基层社会团体和群众组织的优势,充分发挥地方人民政协在国家治理体系中的基础地位和作用。人民政协不是协商的主体,而是协商的平台,因此市县政协必须联系地方发展实际和基层社会治理找准协商问题,尽可能地搭建合理、具体、可操作的平台,调动各协商主体参加协商的积极性,推动政协协商在基层的有效延伸,协商民主与基层社会治理有效衔接,拓展基层群众参与政协协商的渠道,将各社会团体和组织、群体代表、人民群众纳入整个基层治理的结构之中,凝聚党和人民群众的智慧和共识。

第三,健全新时代市县政协的制度建设,强化"专门"意识。市县政协要想发挥基层专门协商机构的职责定位,必须要加强协商工作的制度建设。既要保证委员的参政建言能力,又要保证协商活动的频次,定期开展专题协商活动。在开展协商计划和协商活动之前,要充分调研,保证协商中有党政部门与委员、界别群众的互动,协商后要有成果的报送和跟踪。目前各地探索的专题协商会、对口协商会、界别协商会、网络协商会等多种方式,对于丰富市县政协的协商形式,整合基层民主协商力量,凝聚基层群众智慧和共识,发挥着基础性的作用。

三、发挥市县政协在基层治理中“专门协商机构”的作用

市县政协必须在思想政治引领、建言资政和凝聚共识三方面充分发挥作用。首先，市县政协是基层的政治组织，必须旗帜鲜明讲政治，必须强化理论武装，发挥好市县政协在基层的政治引领作用。其次，市县政协又是基层的协商平台，为广大群众和社会各界团体组织，围绕经济社会发展重点问题、社会民生热点问题，充分开展协商，建言资政，推进社会主义基层协商民主建设。此外，市县政协还是基层的统战组织，致力于协助市县党委和政府做好与人民群众的协调关系、化解矛盾、理顺情绪、增进团结，努力形成最大公约数，凝聚共识，画出最大同心圆。

市县政协发挥作用的方式，一是建言资政，政协委员可通过视察调研、民主评议、座谈讨论、撰写提案等方式反映社情民意，向党委政府建言献策，推动市县基层决策的科学化和民主化程度。二是基层民主监督，发挥政协的民主监督职能，创新监督渠道和方式，以协商民主推进基层民主政治建设，促使基层各项工作规范运转，推动党委政府工作提质增效。三是搭建平台，因地制宜，组织委员开展内容丰富、形式多样、特色鲜明的履职活动，充分发挥委员履行政协职能的主体作用。四是凝聚基层共识，促进社会团结。市县政协委员在所在行业中具有一定的影响力和凝聚力，可以利用他们的社会身份做沟通性、协调性工作，达到联系一个、团结一片的效果，将群众的呼声传递给党委政府，帮助党委和政府了解民情、把握民意。同时又可在群众中宣传党的理论政策，协调关系、化解矛盾，理顺情绪、凝聚人心。

第二节　加强和改进市县政协党的全面领导和党的建设

习近平总书记指出，“做好人民政协工作，必须坚持中国共产党的领导”，①

① 习近平：《在庆祝中国人民政治协商会议成立65周年大会上的讲话》，人民出版社2014年版，第5页。

“做好新形势下的统战工作,必须掌握规律、坚持原则、讲究方法,最根本的是要坚持党的领导”。① 人民政协是政治组织,因此必须旗帜鲜明地讲政治,坚持党的领导也是中国特色社会主义最本质的特征。做好市县人民政协工作的关键也在于坚持和加强党对政协工作的领导。毛泽东同志指出:“所谓领导权,不是要一天到晚当作口号去喊,也不是盛气凌人地要人家服从我们,而是以党的正确政策和自己的模范工作,说服和教育党外人士,使他们愿意接受我们的建议。”②在市县政协工作领域,党的领导不是体现在“权力”方面,而是体现在党的“引领”和“导向”方面。党的领导也要渗透到基层各项工作中去,对于参加市县政协的党派团体和各族各界人士要给予一定的思想引领和政治引导,团结他们服务于基层治理、服务于群众、服务于中国特色社会主义事业。在日常协商过程中,使政协委员和各界别群众不断增强对中国基本的政治制度的认可和认同,更好地发挥市县政协的作用。在重大协商活动中要坚定党的领导,政协要团结各党派团体和各族各界人士,围绕本辖区改革发展稳定重大问题和涉及群众切身利益的实际问题,在决策之前和实施之中广泛协商,把党的主张通过协商民主等途径转化为人民群众的共同意志,找到最大公约数,凝聚最广泛的共识。

一、加强党对市县政协工作的全面领导

加强党对市县政协工作的全面领导是市县政协事业健康发展的根本保证,必须要把坚持党的领导贯穿到市县政协全部工作中去。市县党委必须把协商民主作为科学决策、民主决策的重要环节,将其作为提高执政能力的重要途径。由于部分党政领导对协商民主的作用缺乏应有的认识,市县政协在基层处于相对边缘的地位,部分政协委员本身也存在重荣誉、轻履职的倾向,因此市县政协履职意识相对比较弱。基层治理体系

① 《习近平谈治国理政》第二卷,外文出版社 2017 年版,第 303 页。
② 《毛泽东选集》第二卷,人民出版社 1991 年版,第 742 页。

中,党委始终处于主导地位,党委发挥总揽全局、协调各方的核心领导作用。党委要主动将政协协商纳入党委重大决策议事程序,统筹安排年度重要协商计划和活动。

要建立常态化、组织化的协商机制,避免随意变更协商计划,避免以个别征求意见的形式代替制度化、组织化的政协协商,避免将政协会议变成通报会,做到重要事项必须先通过政协协商,然后再进入党委、人大、政府的决策程序,将政协协商真正作为决策所必不可少的程序之一。从市县政府的角度,政府也要主动将政协协商纳入政府常务会议的决策相关工作中,邀请政协主席或相关界别委员参与决策过程。对于涉及本地区社会经济发展的具体工作,更要邀请相关专业性较强的政协委员担任政府部门的顾问,接受政协委员和群众的监督。市县政协组织要发挥专门协商机构的作用,必须积极主动加强与党委、政府的协调和沟通,及时向党委请示报告,确保市县政协工作坚持党的领导与发挥协商功能方面相得益彰。

二、加强市县政协党的建设

加强市县政协党的领导,除了要加强党在思想和政治上的领导外,还要在组织上探索市县党的组织对党员委员的全覆盖,实现党的工作对政协委员的全覆盖。在组织设置上,要将市县政协委员全员纳入专委会,并将专委会中的所有中共党员编入专委会各个党员委员活动小组,接受政协党组织的教育管理并开展党组织活动,如参加政协党组织的主题党日、走访调研和学习座谈等活动。在政协委员重要视察、集中学习培训等重要活动中设立临时党组织,加强对政协党员委员的管理、教育与监督,充分发挥党组织的领导核心作用和党员的先锋模范作用。此外,还要完善市县党委班子与政协委员的联系制度,"结对子"交朋友,把联谊交友贯穿于党外政协委员的教育培养过程中。在市县政协,要求每位主席会议成员至少联系两位以上非中共政协委员、党外知识分子、"两新"组织人士等。可以邀请党外代表参与重要问题的考察与调研,也可采取登门走访、邀请谈心、书信往来、电话网络联系等多种形式,深入开展联系交流。一方面可以了解单位政协委员的思想动态和工作情况,另一方面也可以解决他们的实际生活工作困难,扩大党委和政协组织联系委员和群众的渠道途径。

三、科学设置市县政协机构、编制和界别

在党的全面领导下,市县党政机关要充分重视政协工作,合理配备政协人员编制,科学设置机构以保障政协发挥职能。机关人员老化、专业干部紧缺是市县政协目前面临的重要问题之一。这一方面原因在于市县党政机关对政协工作得不够重视,另一方面也是由于政协处在基层政权体系中相对边缘的位置,人才资源都无法流向政协组织。因此,要在机构设置和人才培养方面保障政协机构的作用发挥。各级党委政府有必要科学合理配置市县政协机关的编制,共同解决市县政协机构设置不健全、干部人才紧缺等问题。根据辖区人口、政协委员数量和工作要求,重点围绕本地区经济、政治、文化、社会和生态文明建设等重点领域,统筹设置相关的专门委员会,并为每一专门委员会统筹设置一名专职副主任和若干工作人员。进一步吸收基层"两新"组织和相关专业组织人士加入政协,增强政协界别的代表性和覆盖面,规范界别设置。健全市县政协委员联系群众制度,鼓励支持委员深入基层、深入界别群众,发挥政协界别协商平台作用,加强界别协商、调研、座谈、提案等工作机制,鼓励政协委员做好界别"代言人",密切委员与所在界别群众的联系,面向社会凝聚共识并传播共识,反映社情民意。

探索市县政协创新优化界别工作。市县政协也基本按照界别开展履职活动和发挥职能作用,因此要充分利用界别,改革突破,通过科学设置和扩大界别的代表性,发挥市县政协联系、代表的广大基层群众阶层和各种组织的重要作用,增强包容性,形成大团结、大联合的统一战线组织。一要优化界别设置,对现有界别和制度进行补充和完善,积极探索建立各界别联系、界别协调等机制,结合新时代政协工作特点,制定出一套完整

的政协界别工作机制，探索建立专委会联系机制，发挥界别召集人作用。二要进一步推进和提高市县政协界别的组织化程度。适时调整并合理设置界别，最大限度地吸纳新的社会阶层和社会组织以及各方面的代表人士。推动政协通过界别渠道密切联系群众，协调关系、化解矛盾，增进社会不同阶层和利益群体的团结合作。三是通过界别讨论、发言和提案，将基层政党协商与政治协商结合起来。组织跨界别协商活动，共同致力于辖区经济社会的健康发展和社会治理的良性开展。四是积极推动党政部门与政协、政协内部各界别之间的协商，通过界别渠道宣传党和政府的方针政策，引导群众正确认识和处理社会经济发展中的各种利益问题，加深各界别群众之间的理解，形成和扩大共识。党委也可以通过界别组织深化基层社会治理，充当好党委与群众之间润滑剂、传递者和缓冲带的作用，构建共建共治共享的社会治理共同体。

第三节　推动市县政协“两支队伍”建设

积极培养和发展新时代市县政协干部。人民政协应当积极培养和吸纳优秀人才，建立优秀的干部人才队伍，激发人才创新创造活力。结合本地实际，进一步健全组织机构，优化人员配备，安排专人负责政协工作，同时理顺内外关系，提高工作水平和效率。要强化问题导向，注重精准施策，激励广大政协干部为加强和改进市县政协工作贡献力量。

一、造就市县政协高素质干部队伍

政协干部和委员队伍建设是政协工作的关键性因素。在政协工作干部人才方面，《中共中央关于加强人民政协工作的意见》中指出，为统一战线和人民政协事业的长远发展，必须努力造就一支政治坚定、作风优良、学识丰富、业务熟练的高素质政协工作干部队伍。这一要求对于市县政协工作来说同样适用，这为新时代加强和改进市县政协工作指明了方向。

第一,要用先进的理论武装政协干部,发挥人民政协政治引领作用。市县政协不能因为处于基层而放松对理论政策的学习,必须重视加强理论学习和武装,用党的理论来武装市县政协工作人员和委员,以此来向群众宣传解释,增进人民对中国特色社会主义制度的政治认同和思想认同。加强政协干部学习习近平新时代中国特色社会主义思想的力度和深度,学习党的人民政协理论和习近平总书记关于加强和改进人民政协工作的重要思想,不断提高政协干部的思想政治素质和理论素养。第二,不断加强政协干部的业务锻造,使他们尽可能掌握新的知识、技能和本领,适应新时代政协工作的发展要求,不断丰富他们的知识结构和经验结构。一方面要抓好市县政协干部的学习培训,包括政协和统一战线、现代社会经济文化法律等方面的基本知识以及组织、协调能力。另一方面要鼓励干部在实践锻炼中通过总结经验、学习交流、丰富阅历等方式增长才干,提升本领。第三,要抓好市县政协干部的作风教育,改进市县政协机关工作人员的思想作风、工作作风和生活作风,尤其要注重干部的团结他人和合作共事能力。第四,要建立科学合理的激励考核制度,为建设高素质的政协工作干部队伍提供制度保障,调动广大市县基层政协干部的积极性和创造性,营造优秀干部人才脱颖而出、健康成长的制度环境。

二、建设市县政协高素质政协委员队伍

在市县政协委员队伍建设方面,必须把好委员准入关,实行委员履职量化综合评价机制,建设新时代高素质政协委员队伍。习近平总书记向政协委员提出了“懂政协、会协商、善议政”和“守纪律、讲规矩、重品行”十八字的要求。这是对政协委员既懂业务又讲政治的基本要求,这就要求政协委员一方面要在履职过程中,不断锤炼自己的道德品行,自觉践行社会主义核心价值观,增强“四个意识”,坚定“四个自信”,做到“两个维护”,在本行业、本界别内起到带头作用,发挥政协委员的政治引领作用。另一方面,必须提高自己履职能力,做到善于发现问题、调查研究和分析问题,在建言资政上找准切入点,提出切实可行的建议。作为市县政协委

员，要善于处理本职工作和兼职委员的关系，要充分发挥“本职工作”和“兼职委员”双重优势和互相推动的效应。利用本职工作上代表性强、接地气、了解实际情况的优势，发现本行业、界别中存在的问题，并提出切实可行的建议，为履行政协委员职责创造条件。“兼职委员”的身份可以放大监管效应，通过抓好履职成果的落实，促进解决本职工作的困难和瓶颈问题，实现本职与兼职的相互促进。

2015年6月中共中央办公厅印发《关于加强人民政协协商民主建设的实施意见》，明确提出要致力于提高政协委员的协商能力，其中包括提高政治把握能力、调查研究能力、联系群众能力和合作共事能力，这些能力同样也是对于基层市县政协委员的要求。第一，市县政协委员必须加强对党的路线方针政策和宪法法律的学习，坚定理想信念，增强对科学理论的掌握和运用，依据依法治国、依规治党的要求，运用法治思维和法治方式研究解决问题。第二，市县政协委员为了更好建言资政，必须坚持问题导向，重视调查研究，可采取集中调研、分散调研、蹲点调研等形式了解基层情况。在调研基础上才能够提出有价值、具可操作性的建议，充分发挥基层政协委员的智力资源。第三，市县政协委员要充分发挥自己联系基层群众的优势，畅通和拓宽各界群众的利益诉求表达渠道，积极反映社情民意，同时主动向群众宣传党的路线方针政策，解疑释惑，引导群众理性有序合法表达诉求。第四，市县政协必须加强与党委、政府和各党派、无党派人士合作共事，必须做好其中的协调沟通工作，为基层政协履行职能、协商议政、发挥作用创造良好的条件。政协委员中的共产党员应广交、深交党外朋友，使得各方面人士在工作中既增进对党的路线方针政策的共识，又包容不同意见的存在和表达，提高合作共事的质量和水平。

提高市县政协委员的整体素质，加强市县政协自身建设。注重严格选配政协委员，优化政协委员队伍构成。要合理分配委员名额，在换届和增补委员时要提前与党委、统战部沟通协商，综合考虑党派、年龄、界别、性别以及以往履职情况等因素，做到名额分配公正、合理。在委员产生机制上，要充分发扬民主、广泛征求意见，经过党组会议、主席会议和常委会议层层把关,真正把代表性强、议政水平高、德才兼备、群众基础好的优秀人才吸纳到政协委员的队伍中来。每年开展履职考评述职工作,定期公开委员履职“成绩单”,考评结果作为换届时的重要依据。确保市县政协委员队伍素质高、责任强、纪律好、作风正。

同时,加强对市县政协委员的管理和培训,以提高他们尽职履责的实际能力和素质,提高市县政协建言资政的水平。学习是人民政协的优良传统,也是政协章程明确规定的一项基本任务,新时代必须加强政协委员的培训学习,以此作为委员履职尽责的重要保证。组织政协委员开展学习、视察、调研等各项活动的制度尽量做到具体化、定量化,具有可操作性。一是定期开展全员学习培训,增强学习主动性。围绕人民政协的地位、作用和性质,以及如何履职,对政协新任委员重点进行“政协是什么、干什么、怎么干”等问题的学习培训。邀请相关专家、领导作专题辅导,也可邀请优秀政协委员介绍如何履职当好委员的经验。二是开展专题讲座,提高培训的针对性。要围绕市县政协具体工作,建立专委会业务辅导和界别小组提案、社情民意调研报告撰写经验交流等各项制度,提高市县政协委员的实际履职的业务能力。三是打造学习品牌,增强培训实效性。可以政协理论和业务知识为主题,开展常委会专题学习、“委员学习周”等活动;以界别小组为单位,交流经验互动互学。

第四节　以改革创新精神推进市县政协履职能力建设

加强和改进市县政协协商工作关键在于以改革创新精神推进市县政协委员的履职能力建设,提高市县政协协商质量。在具体履职过程中,必须理顺政协与民主党派、市级与县(区)级政协以及政协与统战部之间的关系,建立和加强相关联络协调和衔接机制。同时,有必要加强省级政协系统对市县政协的工作指导,加强政协系统横向和纵向的整体联动。市县政协具有广泛的代表性和联系性,具有深度参与基层协商和社会治理的优势,因此必须充分发挥市县政协在基层社会治理中思想政治引领、广泛凝聚共识和协调关系、理顺情绪、化解矛盾的作用。在切实提升市县政协履职能力提升方面,一方面要求政协委员要找准议题,认真调查研究,提高政协提案的“含金量”;另一方面要建立党委、政府和政协三方督办的工作机制,提高政协协商的成果转化率。

一、理顺政协与民主党派、市政协与县政协、政协与统战部的关系

进一步理顺政协协商和政党协商的关系。围绕解决热点难点问题组成联合调研小组,建立民主党派成员、政协委员和人大专委会组成的联络机制,广泛吸收民主党派的意见和智慧。探索完善市级民主党派成员担任政协副秘书长的工作制度,并通过秘书长会议向政协通报本党派工作情况。在政府进行重大决策之前开展的协商活动中,要重点邀请相关民主党派参与讨论和征求意见,以政协为平台加强民主党派与党政机关的有效衔接,让民主党派参与到经济社会发展重大决策之中,提高其参政议政的积极性和成效。

在市县(区)两级政协的关系上,要出台相关的指导意见,进一步理清两者之间指导关系,使之更加具体和具有可操作性,构建基层两级政协协同履职的联动格局。充分利用数字政府建设,进一步加强政协内部信息化建设,建立省、市、县三级政协组织的数据信息资源互通互联的网络平台,进一步共享资源,提高工作效率。同时要加大市级政协对县级政协的关心、服务、帮助力度,完善市级政协领导联系县级政协的工作机制,加强市县两级的干部交流和培训学习力度,推动县级政协干部到市级政协组织挂职锻炼。加强市县两级政协组织在开展调研、考察、监督工作方面的合作力度,统筹开展重点民主监督、协商议题和提案督办等工作,协同履职,形成合力,扎实推进民主协商工作在市县两个层级有效开展。比如市政协常委会议、专题议政协商会议可以邀请县(区)政协负责同志列席,市政协可与县(区)政协对重大民主监督议题开展联合监督,市政协

赴县区视察调研时可邀请当地政协委员参加。

在政协组织与统战部的关系方面,要继续探索两者之间的工作协调和衔接关系。以往统战部的部长或副部长主持政协的日常工作,后来在具体运作中,由统战部长兼任政协副主席。党的十八大以后,市县一级政协主席陆续退出同级党委常委序列,统战部部长由同级党委常委担任或兼任成为惯例。市县统筹协调政协与统战部的关系方面,一般各地实行由统战部部长兼任政协党组的副书记,但在具体运行中还需要进一步探索理顺政协办公室与统战部机关的协调对接工作。

二、加强省级政协对市县政协工作的指导

省级政协要加强对市县政协工作的指导,加强政协系统横向和纵向的整体联动。一是建立健全全省政协系统工作交流机制,围绕乡村振兴、全省性重点工作开展调研视察,指导市县政协工作提质增效,加强市县政协工作的横向联系和交流。将全国、省级政协探索出的好的经验和协商方式充分应用于市县政协,指导市县政协积极开展专题协商、对口协商、界别协商、提案办理协商、民主评议等,进一步扩展协商空间和领域。同时,积极探索网上协商议政方式,充分利用网络信息技术,拓展协商平台,利用大数据等现代技术手段,整合现有网络资源,探索网络议政、远程协商等新形式。二是建立上级政协领导联系工作制度,省级主要政协领导要定期深入各市县政协检查指导工作,指导市县政协的计划、协商和考核等工作,整合基层党委、政府、社会团体的有效资源,建立起党委、政府和政协的联动机制,不断总结经验,提质增效。三是加强市县政协委员的相关政策和业务知识的培训,吸纳各界知名人士共同参与活动的机制,全面提高整体委员建言资政和凝聚共识的素质和水平。可举办培训班、研讨交流会、外出参观考察、列席或参加省政协乃至全国政协有关会议或活动等形式,开阔视野,交流学习,着力提高市县政协委员的综合素质。

三、推动市县政协参与基层社会治理

新修订的人民政协章程中明确指出，人民政协作为国家治理体系中的重要组成部分。这一新的定位意味着在国家治理体系和治理能力现代化的过程中，必须发挥人民政协的基层协商和社会治理职能，而市县政协正是这一职能的重要载体。政协通过协商、调研、监督等形式履行其本身三大职能之外，还肩负着思想政治引领、广泛凝聚共识和协调关系、理顺情绪、化解矛盾的作用，这些都实实在在地使政协担负起社会治理的重要责任，深度参与到基层社会治理之中，其广泛的代表性和联系性使得其在社会治理上能够发挥如此重要的作用。

然而，新时代赋予政协的新职能由于各种原因，市县政协所发挥的基层社会治理作用还存在着一定的提升空间，还存在一定的短板和作用发挥不充分的情况。首先是群众对政协社会治理职能的了解较少，只通过新闻媒体看到政协的参政议政和提案工作，并没有认识到政协在协调关系、理顺情绪、化解矛盾这方面的重要作用，这导致政协作为化解基层矛盾、维护社会稳定的渠道不十分通畅，知晓度也不高。故而基层发生问题和矛盾时，政协往往不能成为引领群众解决矛盾、增进共识的重要渠道。二是按照《中国人民政治协商会议章程》的规定，我国地方政协机构大部分只设置到县(区)一级，在最基层的镇和街道一级基层组织中缺乏政协协商机构和平台，因此市县政协的作用往往在上级组织调研、协商时才发挥作用，其对上的作用较多，而联络基层镇街的作用较弱。三是基层政协委员绝大多数是兼职，虽然是界别群众的代表，也是各行业的精英，但对于政协委员的职责了解不足，履职意识不强，往往受限于本职工作，发挥基层政协机构的化解矛盾、凝聚共识方面作用意识不足，主动性不强。

中国特色社会主义进入新时代，我国社会主要矛盾已经转化为人民日益增长的美好生活需要和不平衡不充分的发展之间的矛盾，社会结构和社会利益格局在基层也发生了深刻变化。中共中央办公厅、国务院办公厅印发的《关于加强乡镇政府服务能力建设的意见》中要求，乡镇要建立健全政协委员反映情况和建议的“直通车”制度。这就要求县(区)级政协要积极参与基层乡镇以及街道的社会治理工作,坚持市县级政协的政治协商职能与社会治理相互结合、相互促进。要通过市县政协组织积极探索基层协商民主,弥补基层社会治理的短板,把问题和矛盾通过协商、促成共识的方式化解在基层,推进构建共建共治共享的基层社会格局。在建设基层社会治理共同体这一进程中,市县政协委员可以通过联系界别群众推动协商来发挥其作用。比如,在解决征地拆迁、工程建设和信访问题等事关人民群众切身利益的重大问题时,市县乃至乡镇政协应积极参与,通过事前调研、征求意见、事中协商、事后监督等方式,理顺各方面情绪,公平合理考虑各方诉求,引导基层民主协商的良好氛围,确保政府施政顺民心、合民意,减少行政阻力。通过解决利益纠纷,还可做群众的思想政治引领工作,引导群众服从经济发展大局,达成共识,为党政部门行政增添积极动力,夯实群众基础。

参与社会治理是新时代赋予市县基层人民政协新的使命和要求,在参与基层社会治理中市县政协必须要始终把握正确的政治方向,坚持中国共产党的领导,参与治理发挥职能时始终保持与党中央方针一致、与政府工作一致。基层政协要时刻注意民生问题,关注群众的日常需求,坚持政协履职以人民为中心的理念,才能在参与社会治理的工作中得到人民群众的认可和配合。充分利用自身联系广泛的优势,加强与社会各界、各宗教、各利益集团、各社会组织、各社会阶层群众开展协商,最大限度增进和凝聚基层社会共识,畅通和拓宽基层群众的利益诉求表达渠道,积极反映社情民意,积极化解矛盾、理顺情绪,提升基层社会治理水平和服务水平。在新技术条件下,要不断探索利用大数据、数字网络、信息化手段参与基层社会治理工作。

推进市县政协协商民主向基层延伸,首先,要充实乡镇政协委员队伍和相关机构,加强市县政协与乡镇政协委员的联络机制,通过政协组织向基层延伸来加强基层民主协商资源的整合。探索“一村或多村(社区)一委员”和乡镇社区政协信息联络员制度,通过“网上协商”“掌上协商”等新技术手段，建立市县政协委员与社区、乡镇村等群众和委员的联络方式和服务机制，使得基层政协系统能够开展多种形式的基层社会服务，深度参与基层社会治理。市县政协应着力推动政协委员参与乡镇提案办理的全过程，使乡镇政协委员列席乡镇工作会议，参与基层重大决策，充分协商，有效推进乡镇治理科学化。市县政协尤其是乡镇政协委员要重点吸纳基层有志于乡村振兴的人才加入到基层政协组织中，使得市县、乡镇、街道基层政协组织更能重点服务于乡村振兴战略，紧扣基层发展最现实迫切的发展问题。

其次，要适当调整和优化市县政协界别设置，延伸政协界别触角。根据经济社会发展新形势合理调整界别构成，并适当调整各利益群体在政协中的比例构成，最大限度地把新兴社会阶层、社会组织和新兴社会力量及其代表人士吸纳到政协中来，扩大市县政协对基层社会组织和群众的代表性。提升界别的组织化程度，提高界别委员对其代表的群众意愿的反映度和敏感度，以较快的速度、规范的方式表达该界别群众的愿望和利益诉求。

再次，发挥市县政协在基层治理中的作用，必须要紧扣我国现阶段国家的主要目标，坚定地服务国家战略的实施，坚决打好防范化解重大风险、精准脱贫、污染防治攻坚战，充分发挥市县政协基层民主协商在国家治理体系和治理能力现代化中的重要作用。同时增强市县政协委员的法治意识，提高委员依法履职，依法参与基层协商、社会治理的能力和水平。在机构设置上，加强县（区）级政权机关建设，设立信息中心、政协研究室或调研室等，以提高县（区）级政协调查研究和反映社情民意的能力。

市县政协可组织委员深入乡镇基层甚至农户家中，积极宣传政策法规，促进社会公益事业，帮助困难群众，关注社会民生，履行反映社情民意的职责。协助基层党委政府解决涉及群众切身利益的热点和难点问题，充分收集群众愿望诉求，代表基层群众在党委政府决策时表达他们的想法观点，在干部和群众之间，架设一座“连心桥”，拉近党群干群关系，提升人民群众对党和政府的信任感和满意度。

四、提升市县政协协商质量,促进协商成果转化

当前,市县政协协商成果落实方面大多止步于成果报送、调研报告和领导批示这一层面。实现政协成果转化应用的关键在于加强党政机关与政协的工作衔接。市县政协要紧跟党委政府中心工作,与党委、政府共同制定并组织实施年度协商计划。党委主要领导要带头重视政协工作,定期到政协调研和听取意见建议,并出台规范性的文件,以制度的形式规范和优化到政协听取意见的工作流程。政府要定期向政协通报辖区经济社会发展情况,使得政协参与基层协商时做到心中有数。党委政府负责同志要经常性地参加政协常委会议、专题协商会议。建立党委、政府和政协三方共同跟踪督办的工作机制,确保政协协商成果真正落实。党委政府要认真批阅政协提案和调研报告,明确办理落实的具体部门和责任主体,协同政协委员跟踪或监督提案的落实情况。凡是经过政协与党委、政府形成的批示件和确定要办理的意见建议,必须进入党委政府督办程序,建立完善的办理流程和协商成果的落实反馈机制。要加强党政部门等相关部门与政协的沟通联系,将政协协商意见和提案的办理情况反馈制度化,设置合理的反馈时间和要求,对提案的落实办理情况以书面形式向政协反馈,做到政协提案与党政办理反馈的良性有序互动,确保"事事有回音,件件能落实",政协"说了不白说"。推进市县政协层面的程序民主与实质民主相统一,确保人民政协提质增效,而不是简单地"走过场""搞形式"。

提高政协提案的"含金量",这是提高政协协商成果转化率的关键前提。这就要求政协委员要找准议题,认真调查研究,在调研的广度和深度上下功夫,提升提案的科学性、代表性、可行性和准确性,确保建言献策和参政议政符合事实和群众需要,能够起到实际效果,发挥市县政协解决基层治理和推动党委政府科学决策的专门协商机构的作用。市县政协要认真做好咨政建言的选题和调研工作。深入调研,确保调研的广度和深度,是政协履职尽责的重要途径,也是提升政协提案质量的关键所在。一份

具有问题导向和需求导向的调研报告,不仅可以为党委政府决策提供可靠的依据,也能真切地反映群众的需求,解决群众现实工作和生活问题。搞好调查研究,对于拓展政协工作领域,提高参政议政提案质量,发挥政协在基层社会治理中的优势和作用,具有十分重要的意义。

市县基层政协在选择议题方面要力求精准,聚焦党委、政府的全局和中心工作,准确领会党委政府的决策意图,同时找准与经济社会发展需求和人民群众生产生活密切相关的切入点,这样才能使参政议政、提案具有针对性和现实性,做到精准聚焦、有的放矢。在选题时,要具有一定的超前意识,善于选择党委政府关注但尚未顾及的问题,或者是看到未看透、想到未想清楚、实施还不到位的相关问题,进行认真的调查研究,提出有前瞻性和现实性的意见建议。

认真考察调研是提出优质符合实际的提案的重要环节,所以在确定选题之后,就要认真制定详细可行的调研方案,收集有关信息资料,做好调研前的准备工作,让委员对调研主题有清晰而具体的把握。调研日程要精心组织、科学安排、深入基层,避免走马观花。调研时,要掌握数据和真实情况,用事实和数据作为提案的支撑。要对具有不同专业知识的委员进行分门别类,针对不同主题的调研课题,邀请对应的专家和相关专业人士参与调研。对于重大课题,也可邀请高校专家学者、政府部门资深人士参与调研,搞横向协作式调研,拓宽建言资政的方式和渠道。对于市县基层政协来说,乡村振兴是其主业之一,因此要发挥熟悉农村情况的优势,开展上下联动式调研,提出适合本辖区内乡村振兴的相关提案。同时,也可组织综合性调研,在摸清本地实际的基础上,到省内外做得好的地方进行调研,充分借鉴别人的成功经验,写出高质量的调研成果。调研结束后,要形成文字成果,并抓紧跟踪落实。调研成果以书面正式文件的形式报送党委、政府,党政机关要紧抓落实、明确主体责任并及时向政协反馈落实情况。对于一时难以解决的问题,可以在今后一两年继续组织政协相关委员进行调查研究,提出进一步的对策建议,推动政协协商成果转化为实际工作成效。

在提高市县政协提案质量方面,由于市县政协委员的水平存在一定的局限,可以适当地借助外力,以课题合作和购买服务的方式,与高校、党校和科研机构建立长期合作关系,以他们的专家学者为智库依托,为地方社会经济发展提供有针对性的对策建议。同时也要充分发挥辖区内政协委员的智慧,综合考虑委员的专业性和代表性,按界别、专业方向对委员进行分类,有效整合委员队伍的智力资源,建立以本地委员为主体的智库,对市县发展建言献策。政协提案的时候,要坚持以问题为导向,市县政协委员要围绕当地改革发展面临的现实问题,把精力放在反映社情民意、专题调研、资政调研、民主监督上,提出切合事实的论断和具可操作性的对策建议。解决好政协协商成果的转化问题是发挥政协协商优势作用的“最后一公里”,政协提案被党政决策和工作采纳,并在实践中得到检验,起到了促进经济发展和社会治理,才能真正体现政协的制度优势和价值,才能使政协委员感受到履职的成就感,从而增强进一步尽责履职的积极性。

第五节　推进市县政协协商制度化、规范化和程序化建设

市县政协不仅面对和服务于基层群众,而且其各界别代表人士本身许多也是来自于基层群众。他们既是建言献策者,也是第一线的生产劳动者;他们的协商活动代表了基层群众的利益,也最了解基层群众的心声。因此,市县政协必须要实现协商的制度化、规范化和程序化,将人民政协的民主协商延伸到基层群众的日常生活,实现市县政协层面的程序民主与实质民主的统一,才能够提升人民群众参与协商民主的积极性,扩大政协的社会影响。

一、完善新时代市县政协协商程序

不断完善新时代市县政协的协商民主过程。坚持改革创新精神,把

协商民主贯穿履行职能全过程，推进政治协商、民主监督、参政议政制度建设，不断推进社会主义协商民主广泛、多层、制度化发展。要不断创新政协协商的形式，推动网络技术与协商民主的结合，通过微信公众号、门户网站、小程序、移动 APP 等形式开展相关协商活动，提高政协协商的智能化和信息化，不仅可以促使政协协商更加有效率的开展，而且也适应了新技术时代社会治理的新方式。

要健全市县政协相关工作机制，在程序制度上规范政协协商。这包括，协商准备的充分全面，协商活动的规范组织，协商成果的报道渠道和协商成果的处理反馈。健全协商工作的程序制度包括，做好充分的协商准备，创造平等交流的协商氛围，保障委员能在规定时间内了解协商议题，并有机会和条件充分发表意见和建议。要搭建广泛的知情明政的平台，想方设法为政协委员提供充分的参政议政的材料、文件等。健全协商成果的反馈机制，就是要使政协委员在规定时间能够看到议题最终的协商结果和决策。党委办、政府办要及时通报办理情况，将政协委员提案的办理结果纳入年终考核，提高政协协商的实际效果。进一步坚持党委领导联系政协工作制度，政协主席列席党委常委会，副主席列席政府常务会议等。探索建立政协专委会联系市县部门的制度化，确保政协组织能够在市县重要部门的相关工作中履职尽责。

二、加强新时代市县政协协商制度建设

健全市县政协的目标管理，落实奖惩机制。建立相应的工作激励制度，量化市县政协委员履职情况，建立责任制和问责制，使委员更深入基层，贴近群众，为本地经济建设、为百姓谋实事谋发展作出进一步努力。出台系统的和可操作的政协委员履职量化考核评价办法，例如将政协提案率控制在75%左右，不搞“凡提必立”，让提案成为竞争性的提案，以此可以大大提高提案的质量。对于政协提案、调研报告、领导批示、媒体宣传等工作进行评分考核，对履职优秀的政协委员进行表彰，对履职不合格的委员进行批评、教育甚至警告、劝退，探索市县政协委员的退出机制。

完善履职统计信息网络,定期做好委员履职情况的统计和评估工作,及时进行通报,督促委员履职尽责。进一步完善激励机制,建立优秀委员、优秀提案、优秀社情民意信息评选制度,对履职尽责效果好的政协委员给予肯定和褒奖。

加强市县政协的制度建设,更好履行民主监督职能。市县政协作为协商民主与国家治理体系在基层的延伸,要高度重视"制度化、规范化、程序化"建设,推进政协制度体系建设和整体建设。推动同级党委出台进一步加强市县政协政治协商、民主监督、参政议政和参与社会治理等的意见和规定,把政协履职有效纳入党委的顶层制度设计与安排。拓宽民主监督平台,建立民主监督体系网络系统,让更多的监督主体便捷参与监督工作。重点监督党和国家重大方针政策和重要决策部署的贯彻落实情况。要积极探索、不断完善民主监督的组织领导、权益保障、知情反馈和沟通协调机制,确保履行民主监督职能有制度保障。市县政协也要积极探索,不断完善协商形式,并将成功经验上升为制度,对专题议政性会议、专题协商会、对口协商、界别协商、提案办理等程序进行具体化明细化,对政协协商与党委政府的衔接工作提出具体的制度化规定,推动市县基层协商在制度化、程序化、规范化上有实质性的提升。

发挥政协专门协商机构的作用,必须建立健全政协各项协商规则和制度。要坚持党委会同政府、政协制定年度协商计划制度,完善协商于决策之前和决策实施之中的落实机制,对协商的参加范围、讨论原则、基本程序、交流方式等,提供规范化的解答和服务,积极构建程序合理、环节完整的制度体系,确保人民政协协商民主有制可依、有规可守、有章可循、有序可遵。因此要建立和完善包括选题、调研、督办等在内的一系列制度和规范程序,才能有效推动协商议题的落实。建立政协委员的选题机制,重点围绕党委、政府年度中心工作来确定协商议题。建立党委、政府、政协的联合调研机制,确保全面准确地了解一手材料和情况,充分了解基层群众的心声和需求,精准把握协商内容。建立督办落实机制,明确落实主体,及时沟通反馈落实情况,推动协商成果取得实质性成效。

三、推进市县基层政协委员履职品牌建设

进一步加强对外宣传，提升政协委员在社会中的形象，扩大政协委员在基层的影响力、亲和力、感召力。既帮助委员增强依托政协工委履行职能的自豪感和自信心，又使更多的群众愿意通过政协工委反映情况，广泛收集民情民意，共同推动有关民生问题的解决。搭建展示政协委员风采的平台，构建基层政协委员履职的品牌，提升委员的“获得感”“荣誉感”和“成就感”。建立媒体宣传机制，扩大协商活动的社会关注度和参与度。通过各种宣传渠道和途径，向群众讲解市县政协的职能职责、队伍素质等，全方位展现政协工作面貌，使基层群众更直接、更全面、更直观地了解政协、理解政协、信任政协，有具体的矛盾或利益冲突能够想到通过政协来解决。另外，政协也要充分运用新媒体技术手段来扩大自身影响力。新时代，网络技术已经广泛运用于人民群众的学习、工作和生活中，成为当今最为便利的沟通手段。因此，市县人民政协应充分运用公众号、微信微博、抖音等新媒体，积极宣传履职活动，并搭建党政、政协和基层群众之间的沟通和议政平台，便利于人民群众参与基层社会治理。政协利用新技术新平台可快速广泛收集群众呼声和利益诉求以及征求意见建议，为党委政府科学决策、民主决策汇聚群众力量，达成共识，并为群众监督政府提供渠道和途径，提高党政社会治理的真实成效，维护和保障广大人民群众的切身利益。

总之，新时代加强和改进市县政协工作是一个不断探索、完善的过程。必须要从当地实际出发，从本辖区的委员实际出发，注重个性，体现特色，不断探索实践，推动政协工作在基层进一步创新发展，充分发挥市县政协在基层协商民主和社会治理中的重要作用，搭建协商民主的平台，调动社会各界参与基层治理的积极性。

第九章　加强人民政协网络协商民主的制度供给

现代社会的变革总是伴随着一定的科技进步。20世纪90年代以来，人类社会逐步进入互联网时代，网络化生存成为一种常态。互联网时代的到来对协商民主的发展产生了巨大影响，正在催生新的协商民主形式。全新的信息技术革命为现代民主政治的发展提供新的平台和载体，不仅促进了沟通交流技术的加速发展，使得协商渠道不断拓展，同时信息技术也愈发展现其独特的社会政治属性，伴随着参与主体的扩宽和协商内容的丰富，社会主义协商民主制度体系得以不断完善。

互联网时代的协商民主是指基于网络技术形成的协商民主实践方式，是网络民主的机制创新与协商民主的空间延伸之间的集合。① 网络协商民主依托大数据、区块链、人工智能等技术形式不仅可以形成多维度的政治参与渠道，同时也有助于实现社会主义民主政治的价值。② 公民政治参与以互联网为媒介，在网络搭建的交流平台上进行广泛的公共讨论，交换彼此的意见和诉求，以实现公共利益的最大公约数为目标，真正体现社会主义民主政治人民当家作主的真谛，做到有事好商量，众人的事情由众人商量。制度供给是实现制度转换和替代等变迁过程，用于约束

---

① 参见张爱军、张媛：《网络协商民主的实践优势、困境及其化解》，《江淮论坛》2019年第4期。

② 参见石浩男：《民主党派参政议政创新与国家治理现代化》，《中央社会主义学院学报》2018年第3期。

主体之间的互动关系,满足公民的需求和社会发展的一系列准则和规则。它总是与社会需求一起,在一个螺旋式的变迁过程中相互影响、相互促进,推动在新的水平上实现更高层次的制度化均衡状态。①

党的二十大报告对人民政协的工作如何完善制度提出明确要求,指出要“发挥人民政协作为专门协商机构作用,加强制度化、规范化、程序化等功能建设,提高深度协商互动、意见充分表达、广泛凝聚共识水平,完善人民政协民主监督和委员联系界别群众制度机制”。② 人民政协作为社会主义民主政治的重要组成部分,是我国特有的协商政治组织和民主形式,对于健全社会主义协商民主制度具有巨大作用。网络协商民主与人民政协在制度本质上是一致的,对于网络协商民主的进一步发展离不开人民政协的耦合。完善人民政协制度,提升国家治理能力,更是不能忽略网络协商民主的独特资源,因此不断推动人民政协与网络协商民主的契合成为中国政治发展的一种关键资源。加强人民政协网络协商民主的制度供给旨在聚焦人民政协作为专门的协商机构作用的主责主业,形成一种制度化的过程,以更具灵活性的动态结构适应社会结构和政治生态全面革新,有利于推进信息技术与协商民主实践方式的跨界融合,巩固网络协商民主运行机制,优化对网络协商民主的整体塑造,推动政协协商民主有序健康发展。

第一节 加强人民政协网络协商民主制度供给的重要价值

互联网在不断加速我国经济社会发展新业态的同时,也在对政治生态进行重构。协商民主是我国社会主义民主政治的特有形式和独特优

① 参见卢现祥:《新制度经济学》,武汉大学出版社 2004 年版,第 154 页。

② 习近平:《高举中国特色社会主义伟大旗帜 为全面建设社会主义现代化国家而团结奋斗——在中国共产党第二十次全国代表大会上的报告》,人民出版社 2022 年版,第 38—39 页。

势,是党的群众路线在政治领域的重要体现。作为协商民主的一个重要的组成部分和新的发展趋势,网络协商民主致力于在网络空间内按照一定的秩序和制度规则将人民大众和政府机构进行连接,以满足互联网时代民众的政治民主需求,进而产生系统效应。社会主义协商民主是伴随着人民政协产生的,是人民政协在政治实践中的一个高度凝聚,协商民主功用的发挥有赖于人民政协的引导作用。人民政协在协商民主领域具有强大的政治传统,因此,新时代构建以互联网技术为依托形成的网络协商民主运行机制不能缺少人民政协在其中的基础作用,不能撇开人民政协而单独谈网络协商,但是也不能将网络协商全部作为人民政协的事情,而是要重视人民政协在网络协商中的重要价值。在完善协商民主的政治体系,实现网络技术和协商民主深度融合,亟须人民政协融合其中,建立更多的合作和支持机制,增强网络协商民主的制度供给,打造"互联网+协商民主"常态化机制,促进网络协商民主实现多个层面的制度化发展。

本章论述的制度供给以正式制度安排为主,辅之以相关的规范,主要是从三个层面上进行分析,一是在基础维度上,强调人民政协制度供给对网络协商资源的整合效用;二是在中观层面上,强调人民政协制度供给对协商民主各项功能的结合能力;三是在宏观层面上,强调人民政协制度供给对增强网络协商民主系统稳定性的功用。

一、有助于网络协商民主的资源整合

加强网络协商民主的制度供给有助于加强网络协商资源的整合。网络协商民主离不开传统政治要素的支持,制度性规范既是网络协商民主理论提升的必然要求,又是民主发展的实践需要。人民政协制度供给对网络协商资源的整合包含对协商参与主体、协商信息和协商技术与平台的规制。将广泛存在于民主协商实践中的各类协商资源整合在网络空间中,不仅改变以往的分散格局,增加了协商民主的实现路径,有效地实现了网络协商资源与民主需求的融合,同时也激活了存量制度的资源,推进协商民主向社会领域的延伸。

第一，有利于保障网络协商民主参与主体的权利。实现互联网时代人民群众的政治参与就是要进行一系列恰当的制度安排，通过制度调节各参与主体的行为和互动关系。加强人民政协网络协商民主的制度供给可以从三个方面进行规制，一是保障人民当家作主的地位不动摇，二是明晰参与主体的权利和义务，三是推动实现政府与人民群众的互通。

加强人民政协网络协商民主制度供给有助于确保人民当家作主内核的实现。人民是中国社会各个阶层在中国共产党领导下凝聚而成的整体力量，社会主义民主的实质是人民当家作主。民主集中制作为实现社会主义民主政治的重要方式，在有效的汇聚民意、集中民智达成共识，并增强社会动员等有着独特的政治优势，而中国共产党领导的多党合作和政治协商制度是中国特色社会主义政治制度体系不可分割的基本组成部分。因此，充分发挥人民政协作为政治组织和民主形式的效能，提高政治协商的能力和参政议政的水平，有赖于人民政协能够不断地成熟和定型。现代政治的发展经验表明，对于任何一个国家来说，与现代化社会发展和科技发展步伐相一致对于发展出一套行之有效的制度，进而落实人们的主体力量，是一项至关重要的任务和使命。对于网络协商民主的制度规范来讲，不仅应当承袭中国特色社会主义协商民主的显著特色，也要让网络协商民主和人民政协相结合，将网络协商程序置身于规范化的框架中，各种政策路线制定都立基于民主集中制原则，将人民作为根本的出发点和落脚点。凸显人民当家作主的重要内核和原则。

加强人民政协网络协商民主制度供给有助于明细参与主体的权利和义务。以原则规范的方式明晰公民的权利范围，同时对政府行为进行规制是制度供给的主要内容。网络协商民主对大众参与效能的实现，是基于制度对平等政治权利的保障，在于公平对待每个个体的意见，提升大众认同进而提升真实的大众参与程度。网络协商民主机制在打破了时间和空间的阻碍后，快速地实现了公民参与政治生活的权利，而人民政协在制度供给层面则为公民提供了一个受保护的公共空间。并且，人民政协不仅能够在制度层面为政府提供明确指导，以奖惩兼顾的方式完善参与机制,丰富社会主义民主政治方式,保障网络协商民主的目标和基本原则能够有效实现。同时还能够培养主体理性化程度,成为加强网络协商民主的专门机构建设的主力军,有利于深化公民协商参与力度。

加强人民政协网络协商民主制度供给有助于实现有效和充分的政府与人民群众的互动。持续固化的权力结构会导致网络协商民主失去合理的机制建构和有效的政府输出。深入实践政协协商和网络协商的有效衔接,实现公民—论坛—人民政协—政府的双向互动轨道。一方面人民政协制度安排充分发挥拓宽民主渠道和强化平台建设的基础作用,建立各协商主体之间的良性互动,将国家机关和基层群众联系起来,让协商民主不仅是政协会议专属的制度,更是在“互联网+”的背景下的真实扩展,在新时代实现制度建设与现实社会实践的接轨。另一方面,通过深入对口协商、政策协商、提案协商等方式,把公共决策下放到人民群众可以接触到的平台中,从议题的征集到目标群体的定位,突破时间、身份、地位的限制,打破网络协商民主的政治精英垄断格局。从网络协商基本原则的制定到程序的管理,扩大并完善政府的前端信息公开,提升政府在公民心中的积极形象,同时促进后端政府回应机制的完善。

第二,有利于保证网络协商民主信息获取的质量。人民政协在构建有效的信息获取体系、消解网络社会机会主义以及保证民意的输入等方面[①]具有基础示范作用。对网络协商民主的制度供给不仅对人民群众和政府部门进行了内在要求的规定,而且也对协商信息的收集、分类、应用都进行了规范化的保障。

制度供给有助于帮助网络协商参与者获取有效信息。[②] 在网络政治参与中,公民对于信息的获取和甄别存在一定难度,获取信息的不充分以及信息传播的失真,都会导致公民在协商参与中无法进行理性客观的判断,容易被消极且激进的意见领袖所影响,造成信息茧房效应,使社会整

① 参见张峰:《人民政协在构建协商民主体系中的地位和作用》,《中国政治》2015年第4期。

② 参见李军鹏:《70年协商民主理论发展和制度创新》,《人民论坛》2019年第27期。

体福利无法得到保障。人民政协是集合大众参与、政府监督、界别协商等优势于一体的实效性的协商平台，有着较丰富的协商经验、较成熟的议事规则以及较完备的制度体系，对其他协商渠道和平台起着配合和支持的作用，对网络协商民主起着渗透协调作用。一方面，人民政协通过明确传播媒体、网络社区等在民主协商中的责任和义务，规定政府信息的公开范围和过滤机制，如进行政务信息的公开情况的规划设计，同时增强 APP 终端以及 RSS 订阅服务等技术对于信息筛选能力的提升，从源头上管控信息，优化信息传播环境。另一方面，尽管网络协商涉及非常广泛的议题，并随着信息技术的革新和社会转型的凸显，呈现出更具多样性的诉求。然而，网络协商民主效用的发挥，不单在于民意收集的全面性，还在于可以通过数据和资源整合，找到涉及人民群众切身利益的问题，实现线上协商与线下调研的真实结合。人民政协通过从网络平台中获得的声音和数据，加上事前对议题的调研，可以深入了解议题状况，进行真实性的考察，避免出现多数人的网络暴政。

制度供给有助于消减网络社会带来的交往格局的负面影响。随着网络社会的虚拟性、复杂性等特征在协商民主中的显现，网络化的人际交往导致人民群众之间、人民群众和政府之间沟通的成本上升，而有效的制度供给使得网络空间的社会关系结构清晰可见，加之其对于个体参与者权利限度的明确规定，从而了解参与者的行为预期，以减少行为的随机性和个体行为者的负外部性影响，实现社会成本内化，形成稳定的协商参与格局。同时制度结构的非正式约束可以克服网络协商民主中存在的“搭便车”行为，增加其在个体行为选择中的影响力，避免出现借助网络造势来吸引关注的情况，减少机会主义行为，实现对网络参与行为的内在约束。

制度供给有助于民意的合理长效凝聚，回应舆情的倒逼效应。在网络社会中，公民协商参与的逻辑体现出一种自发性。由于协商的过程也是信息凝聚的过程，新的信息的出现和传播总是基于两个原因，一是不存在有个体公民可以提前预知政治事务所有相关的观点，二是不存在有个体公民可以掌握所有相关的知识,①这就对政府造成一定的决策压力,关于主题的探讨很快便在空间中形成一股舆论飓风。然而,当新的议题出现时,舆论的导向便会迅速转移,以至于丧失了表达民意的最佳机会,降低网络协商民主的效能,对网络社会的政治参与秩序的构建也是一种冲击。因此,对网络协商民主的制度供给的强化可以增强民意的聚集力度,以对媒介的引导和议题时效的把握来确保每个上升到网络协商的主题都可以得到评价和反馈,而不至于陷入流量的旋涡,失去了民意聚集最初的目的。

第三,有利于支持网络协商民主技术的应用。在大数据、人工智能等信息技术快速发展的今天,互联网时代协商民主更要紧跟时代的步伐,加强制度供给在技术层面的支持,深入对网络协商载体的建设,进而完善公正理性的协商参与机制。

制度供给可以重构网络协商民主的程序,优化网络协商决策模式。②当前,对于协商民主的程序理论研究有两个集中的思路,一是程序主义的协商民主,指的是对网络协商的规制应该注重程序的公开和合理,一个理想的网络协商民主结果应当是从原则上经由特定的程序产生的正当性问题的思考。二是实质主义的协商民主理论,打破网络协商民主的传统僵局,即数据性的抽样方式或是密集型的平台讨论,都只会存在在一个完全信赖的理想条件下,而无法真正实现动态的决策。不管是程序主义还是实质主义的理论,网络协商民主不应当仅仅局限于此二分法,而是应当在结果和程序之间建立一个动态的相互关系,也就是说,程序原则不应当优于结果的正当性。③ 这种观点成为了今天人民政协网络协商民主的制度化程序重构的一个特点,即通过网络协商民主平台将多元主体纳入制度化

---

① CA.Seyla Benhabib, *Democracy and Difference: Contesting the Boundaries of the Political*, New Jersey: The Princeton University Press, 1996, p.71.

② 参见闫学超:《程序化建设是协商民主发展的必由之路》,《重庆社会主义学院学报》2015 年第 3 期。

③ CA.Amy Guttman and Dennis Thompson: *Democracy and Disagreement*, Harvard University Press, 1996, p27.

的协商渠道，对决策规则和民主机制进行重新设计，特别是对于协商什么、如何协商、协商成果如何运用都可以进行精准定位，同时积极调整相关的主题、内容和程序形式，来增加实质性的民主平衡，如此便得以覆盖全方位的参与主体，凸显了网络协商民主的特色，推进政策合乎民意、汇聚民智，成为新时代实现社会主义民主政治的最大效率价值的最佳政治选择。

制度供给可以优化网络协商的参与平台和社区，搭建适合民主协商的载体。① 网络互动沟通技术的研发和应用事关公民协商参与的深度，人民政协网络协商民主的制度安排可以通过鼓励研发网络参与和监督技术，健全参与制度和实施机制，特别加强对政府平台、媒体中介、网络论坛等进行规范建设，明确网络协商民主运行的前提。在对载体进行机制建设的过程中，从各网络平台的建立、到运行、再到回应反馈，由浅入深地进行了技术规划并从供给—需求的角度进行资源效益的配置，与公共意志保持一致并进一步彰显民意。另外，制度供给在完善已有的参与渠道同时，着重对大数据技术带来的新型语音处理技术、图片甄别技术、视频审核机制等进行整合，实现对传统人民政协协商方式的补充。并以应用程序和移动终端进行指南化分析，不仅帮助公民大众实现网络协商的平台对接信息，同时间接强化对网络空间政治参与的治理能力。

制度供给通过技术支持和技能培训，均衡网络布局，消减数字鸿沟的影响。掌握互联网时代信息技术等同于拥有了民主政治的主动权。网络空间仅提供了话语权的平等开放，然而对于信息权的掌握却难以实现平等的分配。因此为了确保参与主体协商机会的均等性，完善网络结构。一方面，人民政协制度供给可以对互联网技术覆盖薄弱的地区进行针对性的提升，鼓励对科研机构的研发并扩大应用范围，使各地公民都享有与政协委员接触的机会。另一方面，有计划的安排政协及相关人员的技能培训，使其熟练掌握各种网络终端以实现信息收发和意见交互，为网络协商民主奠定参与基础。

---

① 参见卢现祥：《新制度经济学》，武汉大学出版社 2004 年版，第 154 页。

二、有助于网络协商民主的功能融合

加强人民政协网络协商民主的制度供给有助于协商功能的融合。所谓功能融合,指的是制度供给可以作为网络协商民主机制中一个链条,将政府合法性、社会舆论结构以及协商文化和责任意识结合起来,实现协调合作,以规避政治参与异化的风险,抵消互联网时代隐晦规则与信息非对称等弊端,以激励、约束、惩戒等方式,实现网络协商机制的有序运行。①

第一,网络协商民主与政府合法性的功能融合。网络协商平台是国家、政府和公民在社会治理层面中激烈碰撞的场域,通过人民政协的制度安排,能够有效实现对民主利益的维护,缓解社会矛盾,增强政权的合法性。从网络调节的角度,人民政协的制度供给可以帮助预防和化解网络参与过程中意见难以疏导形成的个体或群体的冲突,减少摩擦,增强共识。从政策议程角度,制度供给可以确保网络协商是在参与主体平等互动和对话的前提下进行,在政策制定的过程中,引导不同利益诉求的个人和社会团体达成一致的民主价值共识。从政府回应的角度,网络协商机制的优势在于增进大众和政协间的互通有无,这就需要人民政协对协商议题和相关信息进行答复并及时采取行动,改变当前过于强调信息收集忽略了解决问题和反馈信息的能力,人民政协从规范层面上对这一过程增加了强制性。从社会治理的角度,将网络协商和网络化治理相结合,②通过吸收企事业单位、社会组织代表等参与协商,积极构建网络议事平台,同时加强网络信息栏、公告栏的议事过程的公开公示制度,推出公共事务处理实时直播的方式,接受群众监督,进而约束政府行为,改善政府形象,防止公共权力对网络协商参与的滥用,弱化公民和政府之间的紧张状态。

---

① 参见伍俊斌:《网络协商民主的契合、限度与路径分析》,《马克思主义研究》2015 年第 3 期。

② 参见欧阳康、曾异:《国家治理语境中的社会主义协商民主:认识历程、制度优势及其治理效能转换》,《西安交通大学学报(社会科学版)》2020 年第 3 期。

第二，网络协商民主与社会舆论结构的功能融合。在前互联网时代，社会权力结构总是可以决定社会舆论结构，然而，信息化时代给予了社会舆论新的发展空间。① 政府权力和社会舆论的分离为大众提供了全新的话语空间。话语权内在的多元性使得实际权力的配置的逻辑起点在于体现民意的制度供给，新时代国家治理体系正在朝着多元化结构展开，治理的规范化直接影响着网络协商民主开展的水平和空间。社会舆论的发展可以推动治理的重心从国家转向社会和人本身。同时，在网络空间中，虚拟身份的认证为少数人群的发声提供了全新的沟通空间，这也就容易使得原先占据传统舆论结构主流观点被边缘观点所排斥，形成不合理的舆论结构。而人民政协的组织化、系统性可以将协商和监督机制进行拓展和深化，不仅借助网络协商机制可以找到问题的症结，更加可以强化研读和处理机制，制定解决的方案。

第三，网络协商民主与网络政治道德的功能融合。罗尔斯指出，原始状态的假定给予了个体拥有理性和认知反思的能力，个体总是可以产生政治自主的观念。② 将人民政协与网络协商民主相契合的总体目标便是从制定制度入手，人民政协的网络实践可以把不同利益诉求的群体结合在一起，让个体在平等参与议题讨论中实现偏好的转化，促进人民群众以一种更具理性、逻辑、宽容的态度来实现自我批评并以公共利益为导向在交流互通中找到可以共同接受的合作品质。制度供给在对极端网络参与行动进行规制的同时，有助于实现协商民主的制度价值内化于心的转化，让广大群众理解协商的内涵、方式和意义，提升政治参与能力，推进协商文化在价值观和伦理层面的加深，让愿意协商、能够协商、乐于协商常态化，最终让网络协商民主变成一种道德习俗和矛盾的自我解决途径，对于减少网络场域的社会冲突，优化社会治理模式具有重要作用。

---

① 参见汪波：《社会网络视角下虚拟协商民主：逻辑、变迁与测评》，《当代世界社会主义问题》2016 年第 1 期。

② 转引自[美]罗伯特 · B.登哈特：《公共组织理论》，扶松茂等译，中国人民大学出版社 2003 年版，第 183 页。

制度供给有助于推进形成良好的网络政治道德。从行为教育和规范制定入手,推动正式与非正式的制度供给,促进公民在网络政治的协商文化的构建,形成公民政治道德。这不仅是公民参与网络协商的基本原则和要求,同时也是形成一系列政治价值观念的基础。人民政协制度供给在本质上包含了一系列行为规范和操作伦理,对私人领域和公共场域以及私人偏好和公共利益之间的界分起着重要作用。表现在它可以在内在品质上,对公民的参与行为进行要求。在协商意识层面,从长远大局观出发,以大众的根本利益为导向,促进理性协商意识的形成。在行为导向层面,对舆情煽动、网络暴力等状况采取抵制行动,以理智的说理的方式为政府留下政策调整的空间,督促网民有节制地参与网络协商。可以说,正是由于制度供给对网络协商民主在运行中不断出现的新情况、新问题进行分析,从实践形势发展的需要入手制定一系列制度规范,对公民道德薄弱的环节进行调整和变革,在继承传统道德体系的基础上,创新互联网时代公民政治参与的道德系统,找到更合理的意识和行为的交互模式,推进网络协商民主获得实质上的提升。

制度供给有助于深化责任意识以完善协商价值体系。民主生活的价值前提总是自由与责任相并存,个体的民主实践总是离不开公共场域,即总是在社会范围内行使权利,要使协商民主成为社会主义民主政治的重要实践方式,对权利追求的背后,就应当包含着责任。从这个意义上讲,网络协商是公民享有的参与权利,同时又应当有制度供给的加持,在法律法规允许的范围内行使言论自由,只有当参与网络协商的主体都能明晰自己承担的责任,便能推进网络协商民主有序进行。在促进公共政治参与的过程中,对参与者行为逻辑进行转变,使之更好适应现代化建设的需要,让决策在充分协商的基础上实现有效输入,构建参与者的行动惯性①,破除被动模式,避免将民主机制引向极端,陷入权利霸道的僵局。

① 参见张敏:《网络传播的困境与协商民主的规制——桑斯坦〈网络共和国:网络社会中的民主问题〉的评述与思考》,《领导科学》2015年第29期。

三、有助于维护网络协商民主系统的稳定性

人民政协的制度供给能够使得网络协商民主系统在稳定中不断吸收新的均衡的力量，不仅可以保障网络政治生态的平衡，同时还可以协调其他协商民主制度，让人民群众充分享受社会主义民主政治带来的优越性。

第一，保障网络政治生态的平衡。加强制度供给有助于保障网络政治生态的平衡，维持网络政治参与的正常运行。制度供给作为一种维持主体间持续正常互动关系的规则体系，是静态性和动态性的统一。政治民主不是简单的投票和表决，而是一种通过言语理性论证达到相互理解并取得共识的过程。协商政治理念旨在在公民之间、公民和政府之间形成一种独特的网络空间并能够积极与其他媒介系统、网络终端系统相交互，如建立一个政协公民网络论坛等。[①]，面对网络协商民主的实践需求，要想实现公民和政府的有效对接，实现数据资源的交换，就需要政治协商按照双轨进行，一端是具有宪法和法律性质的，另一端则是不具有正式形式的即网络协商民主。合理的协商不仅要通过正式的协商机制如人民政协，同时也要重视政策偏好的来源地，即人民群众的想法，一种合理的协商政治应当是公共意见和现代制度性组织的自我解释的结合。[②] 人民政协将博弈规则、互动结构确定下来，搭建各主体的参与秩序和交往模式，形成交往理性，借助网络空间设立民主程序来实现以政治决策为导向的协商，实现了政协委员与人民群众的良性互动格局。[③] 在加强网络协商子系统的输入和输出量的同时，深化其间行为主体对彼此意见行为的认知和反馈，从而减少交流成本和不确定性，在

---

① 参见谭诗赞、陈捷：《多维互动：人民政协协商民主发展的路径创新》，《中国政治》2017年第6期。

② 参见傅嘉佳：《浅谈哈贝马斯的协商民主理论——兼谈该理论对中国民主政治建设的启示》，《经济与法》2009年第4期。

③ 参见[德]尤尔根·哈贝马斯：《作为"意识形态"的技术和科学》，李黎译，学林出版社1999年版，第91页。

强化网络政治生态系统的稳定方面有着重要作用。另一方面,鉴于公民网络参与的失范行为具有“外溢效应”,即个体行为的负面影响部分或全部地由他人或社会买单,因此可以采用预防和治理双重方式,将网络协商纳入国家依法治理的轨道,使公民参与违法失范行为的负外部性内化,在政策落实和执行中吸收公众的反馈意见,并构筑公众对政府的认同感,推动协商民主对突发公共事件的引导力。对于保护网络社会的稳定运行,防止恶意造谣和政治欺骗等行为以及危害国家利益行为发生有着重要规范意义。①

第二,促进制度匹配协同。加强制度供给有助于促进制度之间的匹配,增强连接协同作用。从系统的运行方面来看,网络协商民主是新时代中国特色社会主义民主政治的有机组成部分,也是协商民主制度中一个全新的机制在民主实践中形成了较为完整的协商程序并经由制度化的保障得以实现。互联网政治生态处于动态变化之中,传统的协商民主原则对静态关系的界定需要进一步丰富和发展。现阶段,对于网络协商民主机制的探索,是在积极并稳妥的政策支持下,分期分批地进行协商规范的制定,在健全网络协商民主传统体制的过程中,创新制度供给可以助力形成快速反应机制等,推动构建程序合理,环节完整的协商民主工作体系,通过制度合力形成潜在的社会凝聚力量,凸显社会主义民主政治的优越性。

第二节　加强人民政协网络协商民主制度供给的基本路径

信息技术的民主潜能是当前一个急需开发和解决的问题,对信息技术的狂热追求者与乐观的民主主义者都忽略的一个问题是,民主政

① 参与伍俊斌:《网络协商民主的契合、限度与路径分析》,《马克思主义研究》2015 年第 3 期。

治根植于政治体制，如果我们想要让协商民主更好地发挥其优越性，必须要在政治制度的设计中进行努力，这种设计必须敏感地启发政权进行民主理论范式的建设，同时也可以规划市场力量使其不至于凌驾于民主之上。① 具体来讲，就是要在网络协商民主中增加一种组织化的团体，进而弥补信息技术在决定公民说什么以及什么应当被听见方面的缺陷。人民政协不仅能够服务于一种参与式的民主模式，同时也有利于纠正社会的非对称性，优化组织化的民众力量和政府力量的关系，可以说，尽管存在着有限的疏离，人民政协和网络协商民主在本质特征中所具有的耦合是深度的，应当利用其耦合性，同时克服疏离性，不断地完善网络协商民主的制度建设。②

加强人民政协网络协商民主的制度供给需要实现制度供给与民主实践的有机统一，协商程序设计制度供给，明确界定政府角色和责任，着力提升公民素质以及强化人民政协的纽带作用。

一、实现制度供给与民主实践的有机统一

民主制度不是一成不变的，网络协商民主制度建设需要结合不同的历史发展阶段的特点。在新时代的条件下推进网络协商民主不能止步于理论的反思，更要注重制度的实践，才能更好理解网络协商的政治价值。这不仅是对民主发展道路的全新探索和思考，更是丰富社会主义民主政治建设的多样性的内在要求。

（一）立足优秀传统文化

制度的革新总是离不开思想意识层面的改变和提升，优秀传统文化对参与网络协商的主体有着根深蒂固的影响，以人民政协为基点的协商民主之所以能够在新时代得到蓬勃发展，除了立足于本国国情之外，同时

① 参见［美］本杰明·巴伯：《数字政治的不确定性后果——民主与信息技术的难兼容性》，叶敏译，《天津行政学院学报》2012 年第 2 期。

② 参见张爱军、高勇译：《深度契合与有限疏离：人民政协与协商民主的关联研究》，《中国政治》2010 年第 8 期。

也内涵着中华民族的价值理念,人民政协网络协商民主的制度供给首先要立足于本国的优秀传统文化,将政治文化和传统文化相结合。为此,一是要以和而不同的思维方式承认差异存在的广泛性。《周易·乾卦》指出,君子当以厚德载物,即以宽厚的胸怀处理世间一切事物。网络协商民主源自和而不同的辩证思维,主张兼容并包的文化归因,更好地体现了基于公共理性的政治精神。它所要解决的就是不同界别和层次的主体对于多元庞杂的社会政治现象的论争,以更加温和的态度对待他人的意见,这才能成为凝聚共同的力量的基本。对议题进行相互理解、换位思考和有效沟通是对立与统一矛盾的解决方式,如此才既能充分凸显差异,又能协调沟通,既可以表达自己的诉求,又可以彼此之间共生共存。人民政协的特性更好地显示了最大范围的共识基础,将天下为公、求同存异等理念融入制度的设计中,在内生性的基础上,给出了处理意见的态度和思维方式,从互联网时代的特征入手,结合社会主义市场经济体制,合理配置社会资源,保障参与主体的平等性,注重民主的参与性和真实性,鼓励探索网络协商民主的新实践。实际上,真正符合国情的民主制度,不是单独作出的,而是包含了社会嵌入、外部吸收、整合性捆绑等多种途径,通过对制度化规范的深入研究,加强协同下的政策共识和治理共识,在广泛认同的基础上实施有利于社会治理的各种政策,以此来推动社会民主政治进程。二是要以中庸协调之道引导主体实现现实和理想之间的平衡。网络协商民主在扩宽参与范围的同时,也倡导最大公约数的真实性,都体现了执两用中的原则。尽管存在一定的无法完全的消解偏见,然而在人民政协的引导下可以推进行为主体在客观局限和主观意愿的平衡,这也是中庸之道力图倡导协调平衡的大众参与式公共决策,即公共利益和个人私欲矛盾的拆解,进而增强网络协商民主机制的弹性和承重力。① 人民政协一方面联系着党委政府,另一方面联系着广大群众,在程序设计中搭建适宜

① 参与薛风伟:《文化传统视域下的中国协商民主探视》,《中学政治教学参考》2020年第3期。

的网络协商平台，有序扩大政治参与的覆盖面，构建协商民主的同心圆。这也需要每一个政协工作者，有着宽广的历史胸怀和政协情怀，在人民群众中树立好的口碑和榜样，理性对待不同的党派、社会阶层、各族民众，营造宽松的氛围，慧言慧语，善作善成，不断释放其内在蕴涵着的调和之道。三是要以以人民为中心作为人民政协的协商使命，保障网络协商的民主导向。协商民主作为现代政策过程的核心词语，是民主政治在中国的一种新的形式。达尔曾在对民主制度的设计中指出，民主制度首要意味着政策相关者能够拥有阐述他们的诉求的权利和机会，其次则是要使得诉求能够完整地传递到议程中。网络协商民主在技术的辅助下能够很大程度上确保诉求的表达，然而对于如何更好地进入政策议程的建构，则是需要人民政协能够切实履行责任，始终以人民作为协商的全部出发点，以无产阶级的义利观为指引，实现政策的真实和正确。

（二）加强协调发展

网络协商民主的制度供给要坚持以宪法和基本法律为基础，加强与其他制度的协调发展。民主之所以能够充分发挥作用，关键在于有规范、完善的体制机制做保障，特别是在尚未高度民主化的社会意识环境下，尽管网络协商已经取得很大成就，但在发展过程中也面临着诸多挑战，如精英风险、信息孤岛、协商结果时效性等问题。协商民主本身就是一种以宪法法律为中心的程序民主。作为互联网时代实现人民当家作主的重要载体，网络协商机制最突出强调的便是参与各方的平等的地位，因此，在决策协商过程中确保平等性不仅是网络政治参与的要求，同时也是我国社会主义民主本质的要求。这就需要有一个公共认可的、具有最高权威的公共理性的存在。我国宪法是国家的根本大法，确立了人民民主专政的政体，体现了全国人民的根本利益，并具有调节社会关系，维护社会公正的重要意义。因此，让网络协商民主制度始终在宪法的监督下进行，从宏观上确立公共理性和根本利益，确保参与主体能够更深入地表达利益，强化网络协商民主机制运行的权威和公信力。在协商民主的制度形态中，正式的制度化建构与非正式的社会领域建构相互补充，对于政策决定的连续性非常重要。人民政协与网络协商民主相契合的另一个重要方面就是要加强网络非正式协商的力量,导入建制化的协商团体,进而可以被理解为一种过渡的纽带,实现力量的交互以及政府与民主意志的吸纳和回应,这也是一种混合形式的形态,目的是实现人民政协协商、政党协商、基层协商等制度与网络协商制度的互联互通。推进协商民主不同方式的相互借鉴,创新网络化政府协商机制,完善公众对事项的参与能力,在联系群众的基础上,将政治参与、网络议政等形式纳入协商民主的规则中,推进协商民主内在的系统化。[①] 在这个过程中需要确保的一点就是处于强势的一方需要更多的意愿去倾听,以及用新的方式主动出击,去理解市民的需要并对利益作出回应。[②] 网络协商民主与人民政协的不断融合,维持了公众领域和政策决定之间的连续性,在加速交往权力的生成和对政治权力的制约方面凸显其优越性。

(三)总体渐进性与单项制度针对性相结合

网络协商民主的制度供给可以将总体渐进性与单项制度针对性相结合。制度建构需要有一定的进程,才能更好地深入推进,制度供给需要一套完善的政治制度体系和规范的组织结构。中国网络协商的制度供给呈现从边缘到中心渐进变迁的整体格局,根据社会需求进行制度设计,形成以人民为中心的制度安排模式。将公民大众纳入其中,表现在政府制度安排呈现由边缘到核心的渐进性,以及单项制度安排的针对性,总体是渐进性的变迁格局,在保持总体不变的情况下,应对某一个激进的社会问题,加强单项制度的弥补作用并深入核心制度的变革来增强制度供给的有效性,以弥补渐进总体的不足,增加制度供给的效率。

二、加强网络协商程序设计制度供给

网络协商的规范和程序是与民主的价值相辅相成、相互推进的。因

---

① 参见李军鹏:《70 年协商民主理论发展和制度创新》,《人民论坛》2019 年第 27 期。

② 参见[美]罗伯特·B.登哈特:《公共组织理论》,扶松茂译,中国人民大学出版社 2003 年版,第 204 页。

此，不仅要在大政方针上进行制度推进，同时也要在详细的规则和程序中进行安排，强化网络协商民主的程序设计，建立网络协商民主的长效机制，进而成为网络协商运行的动力源泉。

“程序合理，环节完整”是构建社会主义协商民主体系的重要目标，协商的程序越是充分和详细，就越是可以规避很多意外因素。程序在这里强调为了实现更好的网络协商所进行的规则和规范的制定，因此，从制度供给入手，对网络协商民主进行程序的健全和完善以产生一个能够提供审慎思辨、连续一致并获得社会认可和证明合理的程序设计。① 要使程序设计有利于贯穿自议题筛选到决策的全过程，由浅入深地渗入各个环节，就需要从横向和纵向两个角度加强制度供给。

（一）加强横向供给

横向供给指的是制度供给的宽度，侧重于对那些互动频率高、信息增量大的议题进入协商场域的流程设计。议题是协商民主的主要对象，议题的合理性深刻影响协商的意义和价值，首先，对无序性的议题进行设置。真实契合民众的公共议题总是在互动中产生，随着网络协商中公民对议题关注的增多，自下而上的议题设置的现象也逐渐凸显。网络协商民主更多的是希望解决政治共同体成员所关注的社会和民生问题。因而，网络空间中的议题分布总是较为原初和分散，涉及各个层面的群体和阶层的利益，并具有相当的隐匿性，这就需要重新进行议题的设置，使得议题能够被感知、被查找、被聚焦。其次，对议题内容增加公共性的逻辑内核。公共性作为元属性的概念和讨论起点被构建在网络协商民主的逻辑思维中。人民政协可以借用舆论导向，加强对网络社会中语言内容的选择。特别是对社会问题的关注，更加能够抓住主要矛盾，因为这种问题往往具有足够的社会性但是并不一定是政治性，如此才能由表及里，把隐藏在对象中的最重要的要素提取出来，避免价值高的话语被淹没在事件的情绪化表达中，方能直逼问题蕴含的公共性内核。再次，对多

① Cf.David Held：*Models of Democracy*，Cambridge：Polity Press，2006.p.233.

样性的议题进行类型划分:对进入网络协商场域的议题大多来自于对感性实践经验的概括,因而需要对议题进行分类,根据决策倾向和治理中出现的一系列问题,将其界定为必须协商和临时协商的类别。对于必须协商的,将纳入协商文本和计划中;对于临时加入的,要对参与主体进行界定,并对接下来的协商效果进行评估和分析。同时,制度供给要优化议题的讨论机制,形成集中化共识的达成。围绕议题进行规范表达和精准分析是网络协商民主的重要步骤,通过增加发言顺序、完善表达流程,①在不同的层级和框架中找到特定的切入点并进行细化,鼓励主体在理性论证的过程中提炼出重点议题和方案,采用精炼化的表达增强网络协商的着力点。

(二)加强纵向供给

纵向供给指的是与整个链条的链接,侧重于整体性和贯通性。鉴于网络协商涉及社会领域的不同主题和多样化主体,人民政协制度供给应注重程序的链接的有机性,将不同层级的信息和意见进行整合和贯通,层层推进,不仅要体现某一个网络协商渠道的独特性,还要体现渠道之间的相互联系,凸显人民政协在网络协商民主运行中的纽带作用。

一方面,发挥人民政协上下联动的功能。协商民主是协商和民主的有机体,它不仅需要理性的协商,同时还需要精英和大众的参与,这种逻辑的构建给予网络协商民主本身的发展脉络的思考,也是对精英协商和多数人协商逻辑的超越,只有当大众和精英同时进入网络空间,才能避免单一主体散乱的参与。人民政协是一种制度性民主,不仅具有民主功能,还有团结功能。促进人民政协和网络协商民主的深度融合,客观上需要加强网络协商和人民政协的上下互动,畅通公民—政协—政府的利益输入体系。作为一个专门的协商机构,人民政协形成了以政协章程为核心的工作制度体系和完备的组织体系,以及多层级、相互配合的履职平台,有效组织各党派团体和社会各界人士参与网络

① 吴先宁:《协商民主程序原则研究》,《中国政协理论研究》2020年第1期。

协商。同时,通过加强网络议程的设置逻辑,构建政策议程的框架,从非正式的参与角度,实现上下联动,在强化公众的网络监督和人民政协的民主监督的基础上实现普通民众到政府的多重互动,从根本上解决了现有的政治权力结构中协商参与主体话语不平等的问题,有效避免协商成果落实不到位的问题或决而不行的情况,提升人民政协的独立性和协商的效力。

另一方面,构建一个多重渠道的协商同心圆,共同抵御网络风险。由于网络空间的碎片化和分散性会导致参与者注意力的分散,因此,需要对信息从输入到输出的全过程进行大数据记录和保存,在层层递进的协商过程中,制度供给可以通过正式文字或非正式的信息输出使得共识得到层层固化,避免由于下一个环节对上个环节情况的不了解而误解了议题的核心内涵,保证网络协商的开展始终围绕一个既定的议题,对关注点进行聚焦,形成完整的分析逻辑。

总的来讲,这里关注的是协商民主实践范围的问题,目的就是从更深层次强化人民政协与网络协商民主的耦合性,建构多样化的协商网络。在内容上,涉及公共性决策制定以及与人民直接利益相关的民生性内容都应该交由民众进行协商,并给予参与者都能接受的公共性理由;在场域上,包括人大立法过程、地方政府听证会、村民民主恳谈会都可纳入协商网络中;在形式上,有关政治协商、参政议政、民主监督,都应该都可包括在内;在空间上,物理空间和网络空间都可以开展民主协商。

三、明确界定政府角色和责任

通过对政府角色和责任进行再定位,保障持续有效的制度供给。合理有效的制度供给常常会受到外部效应如个体差异、利益分配等复杂因素的影响而难以自动实现,政府作为主要的制度供给者,对其角色和责任进行再定位是为了更好地以服务型制度供给替代强制性垄断式制度安排,推动网络协商民主以满足大众的需求为整体出发点,实现政府和社会的深入沟通,把内部整合和技术嵌入结合起来,在更广阔的维度上进行创新和发展,找到网络协商民主的本质意义。

第一,改革传统政府评价体系,保障人民的主体地位。社会主义制度就是要彰显全体人民意志,进入更广阔的政治过程,这一理念包含了社会、国家和个人的有机结合,同时更是一种适应新时代发展的创新,营造出有利于网络协商民主运行的生态环境。

第二,树立政府柔性治理理念,提升吸纳网络舆论能力。随着当前我国社会转型的加速,在蕴含着庞大数据量的信息时代,各种社会矛盾凸显,网络舆论成为了社会矛盾的展示场。与传统舆论相比,网络舆论以其自身特有的社会性和传播性对网络协商的有序性带来了深刻挑战,不能依靠刚性手段来控制舆情的传播。柔性治理是指在熟悉网民心理和网络发展规律的基础上,采用多种非强制性方式,引导、调动网民的自我管理、自我约束的积极性,自觉接受系统化平台化的约束机制。一方面,柔性治理可以为网络舆论的发展提供舒适场域,削减刚性管理的张力以及负面的舆论情绪,启发民众对于网络协商的认知,在保障网民享有更多社会资源的权利的基础上,更加有效的聚合民意,推进网络协商民主向着正确的方向发展。另一方面,柔性治理理念可以促进政府在协商民主中的角色从权威型向对话型转变,实现真正的公民与政府之间的平等对话。

第三,促进立法防控与技术防控相结合,健全网络社会双重保障机制。将立法防控与技术防控两者相结合,是优化网络协商民主机制、推进网络社会有效治理的重要途径。一方面,加大力度完善网络立法体系。现阶段,涉及网络治理的法律法规已经多达70余部,然而我国立法体系的成效性并没有得到显著提升,存在立法效力层次低下导致的法律权威不足,特别是对于网络公民参与的责任等没有进行明确的界定,这就需要监督政府尽快完善网络立法体系,保障公民参与和公开立法,以适应瞬息万变的网络格局,提升法律的可预测性。另一方面,加强专门领域的针对性立法,如完善网络权益保护制度,保护网络参与者在网络社会中不受到虚假信息的欺骗、维护个人隐私等权益。通过制度安排来有效遏制谣言的传播，严厉的惩罚机制可以实现负外部性内化。同时给公民提供更多维护权利，表达诉求的途径，增进网络协商活动的安全感，解决因层出不穷的网络社会问题对协商民主带来的困扰。①

同时政府要注重技术防范体系的升级。网络协商民主的运行模式是围绕着信息的获取、收集、互动、反馈等几个环节循环展开的，其内容传播质量与网络信息的管控密切相关。网络媒介和平台在网络协商民主中有着重要作用，然而冗杂的信息量所带来的眼球效应有可能产生负面溢出的状况，进而对网络协商民主带来损害。因此有必要从技术应用的角度，对网络信息进行过滤和界定。传统技术方法采用的是防火墙、数据加密技术、过滤技术、身份认证技术等，但随着大数据时代的到来以及人工智能、区块链等技术的应用，政府在网络社会的监管上仍然存在技术壁垒，如对音视频内容的智能分析、网络非法取证等方面还没有达到技术监管的要求。因此，制度供给应当在相关网络研发、终端产业等领域加大政策和资金的支持，同时也可以借鉴国外先进的技术手段，通过将网络信息按照预设的标准进行分级，借助网络巡逻、网络保姆等方式，以关键词搜寻为基础，从而对有用的信息进行保留，对不合法的信息进行屏蔽，实现对信息过滤和对参与者的保护。随着技术防范准确性的提升，网络风险对民主协商的冲击将会大大减少。

四、强化对网络协商精神的引领

思想是行为的先导，人民政协要高度重视互联网时代思想文化领域的变化，正确处理好有序和活力的关系，要更加活跃，又要凸显其精神领袖的作用，主要从以下三个方面进行，一是提升公民素质，强化公民协商民主的自觉意识；二是优化公民的话语表达方式；三是完善网络

① 参见黎慈、孟卧杰：《法治视域中网络政治参与的效度研究》，苏州大学出版社2017年版，第176页。

道德和法治建设。

第一，着力提升公民素质，加强积极公民身份和心态建设，保障网络协商民主制度的健康运行。个体的公共话语表达在网络社会中被增强，并能够感知公共事务对自身的影响，而社会一体化进程加快，不论在利益关联还是在情感认同方面，都表现出地域性社会链接的功能正在走向式微，新型的社会联结正在被不断扩大。这就需要对传统的观念进行重构。Web3.0 时代的观念是一种双向的聚合模式，深度的参与体现在合作、授权以及供给控制，只有具有真正意义上的公民观念，形成理性的公民自觉，才能形成畅达有序的公共表达空间。① 塞格尔指出，对自我的认知存在三个层次，首先是对身体和生理的需求，其次是人际关系的认知，最后则是反思性的自我，由于人不仅要在实践中证明对象的真理性，也要在思维中证明自己思维的此岸性，因而，最高层次的反思和改造自身的能力才是网络空间发展所需求的关键因素。所以为了助力网络协商民主更好解决公共问题，可以从公民身份和心态建设的角度对网络协商民主进行制度化建设。

网络社会心理不仅是构建协商文化的一个部分，同时也是维系网络社会平稳运行的重要环节。网络社会心理指的是在一段时间内网络空间社会成员所表现出的社会心境，健康的心境意指对包容、公共精神等的认可以及对欲望和不信任等因素的调节。网络社会心理存在有静态和动态两个方面，静态更像是一种深层的文化和价值观，动态则是与公民的欲求、利益等相关联并对公民的行为有着驱动作用。增加网络社会心理调适机制有利于直接形塑网络社会心态。一方面，在网络协商民主中深化社会主义核心价值观的引导和约束，同时关注负面舆论，树立反面教材，惩罚相关的行为者。另一方面，尽可能拓展一个公共表达的空间，建立各种社会心理的疏导和宣泄机制，从而使各种可能的消极体验、情绪、意见

① Cf.Sherry Arnstein, "A Ladder of Citizen Participation", *Journal of the American Institution of Planners*, 1969, 35(4).

都能得到及时有效的、制度化的释放和调解。

第二，变革公民话语表达的范式，①完善话语的自律机制。将话语表达置身于大数据时代，进行重新审视，为网络议政增加更多的人文因素、社会责任和家国情怀，进而将网络协商平台打造成人与人之间，公民和政协之间独特的渠道，这是促成共识的重要步骤。正如福柯所言，力图把话语作为对象来进行分析，才能以不同的领域视角，不论是生物学、社会学还是物理学，都能够在独特的话语体系和表达实践中被重建。人民政协借助语言范式的变革，定义话语主体的时代性和角色特征。一方面可以通过缓解主体理性的差异，削弱公民对理性的过度追求，重新审视较为情绪化的观点。② 同时在实践层面上化解政治上的贫困，就需要人民政协充分考虑协商参与者的知识、能力和协商原因的要素。另一方面，网络协商民主是公民个体进行意见诉求的主要机制，但是它不应该被沦为一个监管的盲区，需要对其进行规则和制度的维护，摒弃丛林法则的滋生，因此，人民政协应当引导公民自觉进行网络表达，合理发声，同时也要将自律和公共情怀提升为自我的道德要求，坚决批驳错误言论，抵制不良思潮。

第三，完善网络道德教育和法治教育体系。人民政协更要在保障公民表达自由的基础上，健全网络协商民主的法治约束力度，将自身的制度体系融入网络协商的运行中，加强网络道德和法治教育。网络道德教育倡导人们在网络公共领域应当做什么，网络法治教育体系向人们警示人们在网络空间中不应当做什么。道德教育就是通过道德准则和信仰的力量，将外在的法律规范内化成道德或义务；法治教育则是通过宣传法律制裁所引起的心理效应来抑制或弱化行为人的犯罪动机。坚持道德和法制教育的结合，主要是将公民的外在行为和内心世界结合在一起，在共同价值目标的指导下，全面提升网民素质，规范网民行为，推动稳定的网络秩

① 赵宬斐，赖乐涵：《网络空间公共话语表达范式转向》，《教学与研究》2020 年第 10 期。

② 王梅琳，李安增：《当代中国协商民主的推进机制：一个网络组织的视角》，《湖北行政学院学报》2017 年第 6 期。

序的生成,在培育良好公民道德的过程中实现的目标的契合①。政府作为社会资源的调配者,在公民教育的方面,应当承担起体系建设的重任,鼓励公民广泛参与的过程中,保障参与者的素质。在落实“谁执法,谁普法”的过程中,加强责任机制。同时对网民进行知识的普及,特别是对于涉及重大公共利益事项的问题,进行公开评析,增强公众对于法律的认知和理解,以活动和奖励机制增进公民对于法律规范的认识。在执法过程中,结合案例进行充分的释法说理,不仅能够告知行为人相关的法律依据和申诉途径,还可以增强他们对于法律强制力和规范性的认知,强化法律道德意识。

五、深化对网络空间意识形态的领导

信息革命加速全球化的开放进程,网络空间的低门槛、高开放特征的凸现,使社会主流观点遭到了一定程度的分散,特别是新型传播方式的涌现,直接给予网络民粹主义、历史虚无主义等思潮以滋生的空间。西方国家通过互联网对我国社会主义制度的诋毁和渲染,在社会矛盾错综复杂的网络空间中被进一步放大,给我国网络空间的意识形态安全管理增加了重重困难。目前,网络空间日益成为了思想舆论的重要场域,突发事件经由网络发酵变得更加复杂,影响逐步加强,网民对碎片化信息的接受意向不断增强,拼盘式回应为网络舆情不断升温,对网络协商民主的稳定性增加了信息整合和巩固安全的难度。

人民政协是我国社会主义民主政治持续健康发展的有力保证,必须要围绕互联网时代带来的双刃剑作用,站在思想激荡的前沿,对网络空间进行维护并对网络意识形态进行防范,将政协工作置于新时代全方位的数据化生活中,保障网络协商民主的顺利运行。同时人民政协可以实现对网络各个环节的渗透,通过大数据等技术为大众提供思想上的指导,保

① 参见胡颖:《技术与法律的博弈—网络空间治理之道探究》,《福建师范大学学报》2013年第3期。

障网络协商在共同思想基础上有序开展，强化协商意识形态的阵地，在网络空间发挥政协的统领作用，形成有序的参与模式。

其一，以正能量的宣传风格把握主流意识形态的方向和底线。马克思曾深刻地指出意识形态的重要性，由于特定的意识形态总是会对它所处的时代具有强大的操控能力，这种能力在网络时代突出表现为网络语言表达和协商议题的选择等。而福柯则是详细地描绘了主流意识形态和非主流意识形态之间的博弈，称之为控制和反控制的关系，并在相当大的程度上是共生共存的状态。① 当环境偏理性时，主流意识形态就可以控制非主流意识形态，并成为优势话语，因此，必须要在理解意识形态的基础上，警惕两种意识形态的对立，促进主流意识形态的发展。人民政协在进行协商工作时应当始终坚持我国主流意识形态政治立场、原则、方向等。将意识形态的管理工作贯彻到网络协商民主建设的全过程，增强主流意识形态的渗透力和凝聚力。

首先就是要进行主流意识形态的激励和凝聚宣传教育工作，将社会主义核心价值理念转化为参与主体的思想信念和行为准则，同时对舆论进行引导，占据制高点，不断传达中国价值，同时正确处理多元化的网络价值观，掌握网络协商民主的多种理论和传播理论，贯通“在场空间”和“缺场空间”，以正确的政治舆论导向，以大众喜闻乐见的回应方式，净化和塑造网络空间，构建充满主流意识形态符号的虚拟空间，通过消解主体的反抗和批判否定性，增强主流意识形态的传播密度以及公民对于人民政协组织和安排的认可度。其次，人民政协对议题和政策的阐释要具有可操作性，浅显易懂，可以通过隐喻的手法将政治问题大众化，帮助公民提升价值判断能力，确保网络话语和现实话语实现同频共振。运用网络平台提升主流意识形态的网络空间的社会吸引力，培育民众的广泛的价值认同和稳定的文化心理。同时要发挥人民政协委员积极的网络意见领

① 参见卢岚：《新时代网络意识形态的风险防范与实践逻辑》，《湖湘论坛》2021 年第 1 期。

袖作用,这对于推进网络协商民主的舆情引导,有着不可忽视的作用。借助他们的网络话语力量和内容,帮助协商参与者了解真相,突破认知陷阱,从而抵挡错误意识形态的侵蚀,发挥最大化的思想引领效能。①

其二,以多样化的参与方式拓展主流意识形态的话语空间。人民政协通过建立全新的网络话语信息处理机制,完善官方与非官方的传播渠道以及进行全媒体直播方式进入网络协商,引领建立一套系统化的协商话语体系。

一方面,建立全新的网络话语信息处理机制。人民政协将组织延伸到网络空间中,这是介入网络协商的重要步骤,也是人民政协不断向下延伸工作所需要的。话语空间和意识形态在本质上都是思想和观念的产物,也是对现实世界建构的符号系统和虚拟环境,因此要想更好地发挥政协在网络协商民主中的引领效果,就需要形成一个全新的信息处理模式。一个重要的路径便是通过完善官方与非官方的传播渠道,消解负面意见领袖的影响。在大数据等技术的支持下,为公民的日常参与提供了一个开放空间,网络新媒体组织不仅掌握着大量的网络社区,同时还拥有众多虚拟社群的领导权,当多重利益主体充斥在网络协商平台中时,如何最大化拓宽人民政协委员与网络群体的意见交互,弥合不同网络群体之间的分歧和裂痕,政协委员可以通过网络平台征集民意,设立网络化的公民协商论坛,加强同群众的联系,围绕群众关心的问题履职。② 这其中可以包含没有专业知识背景的普通民众,也可以包含具有一定政治性的各界代表,这就有效避免了网络协商中只存在一种声音的问题,不至于在激烈的竞争中把协商精神消亡掉。同时在人民政协内部制定合理的激励制度,对于网络协商过程,决策咨询场景和决策共同体圈层的嵌入式咨询服务,加速信息交换的解码过程,为公民提供更多的关于公共政策问题的网络

① 参见李紫娟、辛向阳:《网络意识形态风险的生成机理与系统应对——一个整体性分析框架》,《中共杭州市委党校学报》2020 年第 5 期。

② 参见阿丽雅:《大数据时代人民政协开展网络议政远程协商的实践思考》,《内蒙古统战理论研究》2020 年第 1 期。

化研究模式。从建立政协工作网络，到对各类政治参与的网络论坛、平台等进行互动参与，促进政协资源和公民资源的更好整合。

另一方面，进行全媒体融合，加强客户端互动，全媒体主要侧重于对媒体形式的关注、媒体内容的更新以及对媒体功能层面的融合，可以说，这是一种信息集大成的表现形式，在网络媒体为核心的基础上，并不排斥传统媒体的应用，网络协商民主旨在打破媒体的简单连接方式，实现各种形式自身的全面互融，因而成为了更具时代魅力的一种信息展示机制。在这个过程中，协商主体的参与程度被极大范围的拓展，但同时也增加了政治表达的复杂性，因此，要促进网络话语权的实质性转化，关注公民权利的感性化和流变性。人民政协可以在社会各界的监督下，促使信息形态转化为内生动力，打破传统的委员—承办单位—委员的内循环系统，催生各种信息服务方式的变革，将生硬的政策标准转化为感性的理解内容，同时在网络终端的生产和细分专业化的推动下，优化协商成果的上传和反馈形式，为推进人民政协协商民主作出应有的贡献。①

其三，以规定性的监督审查弱化负面信息的传播力度。伴随着网络媒体智能化发展程度的加快，信息技术在算法的推演下不断地进行网络协商中的数据收集、意见生产、政策收发和反馈。② 因此，重视对算法前段的价值引导是维持网络协商内容正规化的关键步骤。一方面，加强人民政协对网络协商内容的方向规定，完善讨论要求。大数据算法给予足够的信息影响力，但是对内容的生产尚不足够，极易出现偏轨的现象，即负面信息在缺乏足够的证实度的情况下，加深对政协和政府的压力，因此，从源头上进行算法规制，展开良性内容，规避价值导向偏差的问题，可以采取网络协商民主内部的规范化管理体制，及时进行网络舆情的监察，加大力度完善网络危机的处置原则。另一方面，打造网络时代的智慧政协，提升精准融合能力。智慧是一种经验和能力，将智慧政协作为政协委

① 参见范敏：《推进网络协商，打造智慧政协》，《中国政协》2019 年第 10 期。

② 参见于璇、郭海威：《智能算法对意识形态安全的挑战与应对策略》，《科技智囊》2020 年第 10 期。

员履职的重点方面,有利于促进人民政协的工作理念的不断创新,履职方法的不断升级和改进,进而迸发出更多的活力。信息技术体现着时代发展的趋势,而网络协商不仅是一种技术革新,同时也是思维方式的变革,政协要把新的理念、新的技术转化融为一体,推进内部运行生态的优化。其中最重要的就是要加强干部队伍建设。对负面信息的监管离不开既拥有政协情怀,又能全方位把握信息技术的队伍。人民政协可以通过社会化力量和机制,组织起相应的适应网络协商运行机制的人才队伍,以专业知识为背景,建立关于公共政策的专题研究,产生既具有深厚的理论功底,同时又有咨询能力的人才队伍,进而在协同治理理念基础上,实现精准融合,为人民政协更好地履行职能,发挥作用,提供了全新的思路。

总的来说,随着中国特色社会主义协商制度的发展和完善,网络协商民主的制度供给研究得到了理论和实践领域的广泛重视,保持理论形态和社会发展的有效匹配,建立一种动态化的制度建设机制是优化网络协商民主必不可少的路径。实现人民政协和网络协商的有效对接以及对其进行制度和程序变革可以实现有效引导下的大众参与的平衡,从而健全的网络协商民主制度,为社会主义民主政治的实现增添更多形式和机会。

第十章　新时代地方政协系统党的建设与创新

——以广东省政协为例

推进新时代政协系统党建创新是当前以及未来政协系统一项重要而紧迫的任务。党的二十大报告指出，“全党同志务必不忘初心、牢记使命，务必谦虚谨慎、艰苦奋斗，务必敢于斗争、善于斗争，坚定历史自信，增强历史主动，谱写新时代中国特色社会主义更加绚丽的华章。”①毫无疑问，“三个务必”是对毛泽东同志提出的“两个务必”的发展。其中，“务必不忘初心、牢记使命”是我们的政治方向，“务必谦虚谨慎、艰苦奋斗”是我们的作风，“务必敢于斗争、善于斗争”是我们的精神状态。这就为我们新时代推进人民政协特别是地方各级政协党的建设提供了时代遵循和行动指南。广东省政协系统围绕把牢“方向盘”、构建“同心圆”、发挥好“助推器”、唱响政协“好声音”等有效举措来精准定位、高效推进省政协系统党的建设工程，同时严格按照党的二十大精神的要求，在压实政协系统党建责任和强化政协系统履责能力、以“四个深化”推进习近平总书记关于加强和改进政协工作的重要理论的学习、把着力抓好贯彻落实《关于新时代人民政协党的建设工作的若干意见》（以下简称《意见》）与党的二十大精神结合起来，为政协系统党建创新提供理论指南和实践遵循。

---

① 习近平：《高举中国特色社会主义伟大旗帜　为全面建设社会主义现代化国家而团结奋斗——在中国共产党第二十次全国代表大会上的报告》，人民出版社2022年版，第1—2页。

为此,我们要把党的二十大精神与《意见》作为新时代政协系统党建工作的重点任务、努力在“三个全面”上着力把《意见》精神学习好落实好等方面工作中探索了有益经验,同时,在面临新时代背景下政协系统党建工作遇到的一些新问题新挑战也有必要作出深入的研究。为此,需要从进一步努力探索构建常态化长效机制来推进政协系统党的建设工作。

第一节　加强新时代地方政协系统党建的重要意义

中国特色社会主义进入了新时代,新时代赋予人民政协新定位新职责。人民政协何以能够在新时代体现新担当、展现新作为呢?首要的是抓住人民政协事业的灵魂,始终不渝地坚持中国共产党的领导,将党的建设放在政协工作的龙头地位,以党建明方向、促履职、带队伍,增强人民政协履职的针对性、有效性、前瞻性,为推动高质量发展、加快社会主义现代化强国建设作出新的更大贡献。

一、党的领导永远是人民政协事业健康发展的灵魂

随着党和国家事业的不断发展,人民政协的性质和职能也不断拓展,由最早的统一战线组织发展为集统一战线组织、多党合作和政治协商的机构、人民民主的重要实现形式、社会主义协商民主重要渠道和专门协商机构、国家治理体系重要组成部分、具有中国特色的制度安排于一身。所有这些性质和职能可归结为两条:一是统战工作;二是协商民主。统战性质在人民政协的各项性质定位中居于首位。这不仅是人民政协历史传统延续的结果,更是人民政协本质特征的重要体现。统一战线是指不同社会政治力量在一定条件下,为了共同目标而建立的政治联盟。中国人民爱国统一战线是在中国共产党的领导下,为了完成党的奋斗目标和历史使命结成的政治同盟,是党领导下的统一战线。政协的历史贡献、当代发展,并且在新时代之所以能担当、有作为,都是因为坚持了党的领导。党的领导是统一战线的本质特征和内在属性。反之,如果没有党的领导,统

一战线就失去了存在的价值和意义。同理,政协的民主属性,其灵魂也在于坚持党的领导。一方面,协商民主是党的群众路线在政治领域的重要体现,另一方面,协商民主是实现党的领导的重要方式,把党的领导与发扬社会主义民主有机统一起来,体现了党的领导与协商民主的内在逻辑联系:民主是党的领导下的民主,党的领导是民主基础上的领导。只有充分发扬社会主义民主,才能加强和改善党的领导;只有坚持党的领导,才能真正实现社会主义民主。因此,没有党的领导,协商民主就会失去正确的政治方向,就会处于一盘散沙的状态。

人民政协自诞生之日起,为夺取我国革命、建设、改革事业的胜利作出了重大贡献。在新民主主义革命时期,人民政协作为中国共产党领导的、各民主党派和无党派人士参加的、多党合作的统一战线的政治组织,为巩固新生的人民政权、完成社会主义改造、推进社会主义革命和社会主义建设作出了重要贡献。在社会主义建设时期,人民政协充分发挥了自身优势,调动一切积极因素,团结一切可以团结的力量,为改革开放和社会主义现代化建设作出了重要贡献。在中华民族迎来伟大飞跃的新时代,人民政协正是发挥了社会主义协商民主重要渠道和专门协商机构作用,推动人民政协制度更加成熟、更加定型,为实现党和国家"两个一百年"奋斗目标作出了新的更大贡献。这一切成绩都是在党的领导下取得的,只有坚持党的领导,才能确保政协工作正确的政治方向,才能充分发挥新时代政协的各项职能作用。人民政协党的建设是政协坚持党的领导的重要政治、思想和组织保证,因此,可以说人民政协党建的水平决定着人民政协统战职能发挥的好坏。

二、加强党的建设是新时代发挥政协职能作用的必然要求

新时代,党中央赋予人民政协更多新的历史使命,要完成这些新的历史使命,加强政协党的建设是前提和基础,也是动力和力量之源。新时代充分发挥人民政协统战职能,必须加强政协党的建设。当前,中国特色社会主义进入了新时代,党的十九大报告将实现中华民族伟大复兴作为新

时代党的历史使命,实际上对政协如何充分发挥统战作用提出了新的更高要求。我们的目标越伟大,使命越艰巨,责任越重大,就越需要进一步巩固和发展最广泛的爱国统一战线,充分发挥人民政协的优势和作用,把党中央决策部署和对政协工作要求落实下去,把海内外中华儿女实现中华民族伟大复兴的智慧力量凝聚起来,为实现党的十九大确定的目标任务而奋斗。从目前来看,人民政协在坚持大团结大联合方面做了大量工作,取得了突出的成效。随着协商民主建设的不断推进,政协协商工作得到有力加强,协商内容不断拓展、协商平台不断丰富、协商密度不断增加、协商实效不断增强。当然,在肯定成就的同时,随着新的环境形势的变化,在团结统战的各个领域仍然还存某些短板或亟待提升的空间,比如对政协各界别的思想动态、利益诉求方面有待深度跟踪了解和研究,在统战工作的平台构建方面略显单一,在应用新技术提高统战工作的针对性、有效性方面也亟待加强,等等,这些短板弱项的存在,很大程度上都与政协系统党的建设存在的思想认识不够高、组织设置不够健全、政协特色不明显等高度契合,进一步说明党的建设直接决定着政协统战职能发挥的效果性。

新时代充分发挥人民政协作为专门协商机构和在国家治理体系和治理能力现代化进程中的重要作用,必须加强人民政协系统党的建设。毛泽东同志曾说,“所谓领导权,不是要一天到晚当作口号去高喊,也不是盛气凌人地要人家服从我们,而是以党的正确政策和自己的模范工作,说服和教育党外人士,使他们愿意接受我们的建议。”①当前,我国经济社会发展呈现出利益格局深刻调整、新社会阶层不断涌现、思想观念多元、经济转型升级爬坡过坎等新特点。党的十八届三中全会作出推进国家治理体系和治理能力现代化的重大部署,开启了国家治理体制和方式的深刻变革,从以党和政府为主导的国家管理向以群众广泛参与为特征的国家治理转变,逐步建立健全党委领导、政府负责、社会协同、公众参与、法治

① 《毛泽东选集》第二卷,人民出版社 1991 年版,第 742 页。

保障的现代国家治理体制。

人民政协是国家治理体系的重要组成部分，担负着推进国家治理、巩固党的执政基础的重要职责。协商民主是实现党的领导的重要方式。作为协商民主重要渠道和专门协商机构，人民政协要适应国家治理体系和治理能力现代化的要求，既要坚决贯彻党委的决策部署，又要对群众广开言路，将群众纳入国家治理，把对上负责与对下负责有机结合起来，实行共建共治共享，从而把各党派团体和各族各界人士紧紧团结在党的周围。只有加强党在政协系统的全面领导，才能把发挥政协在国家治理中的重要作用作为重大政治责任，切实增强参与国家治理的责任感使命感，自觉担当、主动作为，从而积极发挥人民政协作为党委、政府联系群众的重要桥梁纽带作用，健全协商民主机制，扩大群众有序政治参与，把握好协商民主的分寸和节奏，做好畅通渠道、反映民意、化解矛盾、弥合分歧的工作，以民主促团结，以团结实现更高层次的民主，不断巩固和扩大党的执政基础。

新时代充分展现人民政协的责任担当，必须加强人民政协党的建设。众所周知，界别构成是人民政协区别于其他政治组织的重要特征，组织化是人民政协的显著特征之一。但就现实客观现状而言，一方面，除党派团体外，人民政协其他界别的组织化程度亟待提升，这一定程度上造成政协在组织方式上存在松散性。另一方面，政协委员大多是兼职的，受委员履职时空等方面的客观制约，对委员责任担当也会产生不利影响；同时有些机关干部深入基层调研也很不够。面对这些问题，要依据人民政协独特的组织形式和工作方式，有针对性地采用柔性管理方法，不是发号施令，而是从政协系统内部来深挖委员们担当履职的主动性和创造精神，实现“以党的正确政策和自己的模范工作，说服和教育”方式来激发内在动力。具体来说，一方面可以通过加强政协内部的民主协商，激发委员和机关干部两支队伍的主人翁精神，增强委员履职和干部工作的积极性、主动性和创造性；另一方面，必须要不断加强人民政协党的建设，以党建提高精神境界、强化责任担当、提升能力水平，特别是通过发挥党员先锋模范带动作用,切实提升政协委员和机关干部的精神状态、凝聚力和政协自身管理水平。

第二节　新时代地方政协系统党建创新的理论框架

党中央全面部署人民政协党的建设,突出了政协党的领导制度建构的任务。上述《意见》把加强党的领导与严密组织体系相联系,是党的组织体系在人民政协工作领域的具体化,为有效开展党的工作提供人民政协实践的组织体系支撑。人民政协组织体系与政协党的组织体系具有不同的结构。政协党的组织体系不是在政协组织体系之外另设一个体系,而是使党的领导融入政协工作之中的实践机制和作用平台。政协党组、政协党员领导干部和党员委员只有以严格的标准要求自己,才能以严密的组织体系发挥其应有作用。中国特色社会主义进入新时代,人民政协要有新气象新作为,必须严密政协党的组织体系,加强党的领导制度系统化建设。

一、党的组织理论是人民政协党建的基本依据

组织体系是政治组织正常运行的内在需要,也是马克思主义政党具有严密的组织体系的本质体现。习近平总书记指出:"党的领导,体现在党的科学理论和正确路线方针政策上,体现在党的执政能力和执政水平上,同时也体现在党的严密组织体系和强大组织能力上。"①这里把党的领导与严密组织体系相联系,是对共产党执政规律认识的升华,也是加强党对人民政协工作的领导重大思想创新。为此,《意见》明确指出:"坚持全国政协党组、机关党组和专门委员会分党组的组织体系"。② 可以这么认为,在人民政协理论和实践发展中,正式提出"组织体系"问题,这还是

① 《习近平关于全面从严治党论述摘编》,中央文献出版社 2016 年版,第 100 页。

② 中共中央办公厅:《关于加强新时代人民政协党的建设工作的若干意见》,2018 年发布。http://www.xinhuanet.com/2018-10/14/c_1123556794.htm。

第一次。坚持党对人民政协的领导，必须从政协党的组织体系这个新概念加以深刻认识。政协党的组织体系是党的组织体系在人民政协工作领域的具体化，它为有效开展党的工作提供人民政协实践坚实的组织体系支撑。党的组织体系与政协党的组织体系设置不同，存在一些关系上的区别。党的组织体系形成的是三个层级机构设置，即中央、地方和基层委员会，政协党的组织体系则按照全国和地方两个层级机构进行设置，体现的关系特征不一样。党的组织体系是上下垂直的系统架构，三个层级机构之间是领导与被领导、上级与下级的关系。政协党的组织体系则是扁平横向的系统架构，全国政协与地方政协不构成垂直的隶属关系，两个层级只是工作指导而不是组织领导。组织架构设置这样的差别以及关系特征，决定了各自工作的不同要求。

党的十八大以来，全党共同经历了全面从严治党的实践历练，人民政协党的建设在党中央整体部署下也迈出了新的步伐，并取得卓越成效。党的十九大深刻总结全面从严治党的经验，从新的历史方位出发提出了新时代党的建设总体要求，发出了深化全面从严治党的动员令。因此，《意见》突出加强新时代人民政协党的建设，具有鲜明的问题导向和实践遵循，并就人民政协系统党的建设存在的短板和不足作了针对性的剖析，指出，"人民政协党的建设同新时代新使命新要求还不完全适应，特别是存在思想认识不到位、组织设置不健全、政协特点不突出、党员委员作用发挥不充分等问题，需要从实际出发切实加以解决"。① 这些问题揭示了人民政协加强党的建设的迫切需要和努力方面，其中重要的一点就是明确要求必须以严密的政协党的组织体系来实现党对人民政协的领导。以党组的设置构成政协党的组织体系，要求推进人民政协"党的组织"和"党的工作"有效而全面地覆盖。"两个全覆盖"是改革开放不断深入发展中加强党的建设提出的重要思想，主

① 中共中央办公厅：《关于加强新时代人民政协党的建设工作的若干意见》，2018 年发布。http://www.xinhuanet.com/2018-10/14/c_1123556794.htm。

要针对的是国内新的社会组织、经济组织以及新的社会阶层不断产生的新情况，要求使党的影响力覆盖到各个领域、各个行业和各项工作，这对保证党的全面领导具有重要意义。也因此，《意见》根据这"两个全覆盖"思想对人民政协加强党的建设提出了明确要求，即"党的力量来自组织。要加强政协党的组织建设，做到哪里有政协委员哪里就有党的工作，哪里有党员哪里就有党的组织，哪里有党的组织哪里就有健全的组织生活和党的组织作用的充分发挥，实现党的组织对党员委员的全覆盖、党的工作对政协委员的全覆盖"。① 人民政协以党组设置形成党的组织体系，正是党的组织和党的工作实现全覆盖的具体化，政协党组织、党员以及党的工作要更好地发挥作用，就必须以严密的党的组织体系作为根本保证。

二、党的组织体系是人民政协组织体系的政治保障

政协组织体系与政协党的组织体系是两个不同的概念，前者是人民政协作为工作机构形成的组织体系，后者是党发挥对人民政协领导作用所需要的组织体系。政协组织体系的结构由全国委员会、常务委员会、主席会议构成。在全国各省、自治区、直辖市、市、自治州及部分县和市辖区，设政治协商会议地方委员会和常务委员会，它的组成是根据当地情况，参照全国委员会的组成来决定的。政协党的组织体系由全国和地方政协分别设立党组、机关党组和专门委员会分党组构成。这两种组织体系互不交叉，具有不同的功能。

《意见》指出："人民政协作为统一战线的组织、多党合作和政治协商的机构、人民民主的重要实现形式，是国家治理体系的重要组成部分，是具有中国特色的制度安排"。② 应该说《意见》对人民政协这一新的性质

① 中共中央办公厅：《关于加强新时代人民政协党的建设工作的若干意见》，2018 年发布。http://www.xinhuanet.com/2018-10/14/c_1123556794.htm。

② 中共中央办公厅：《关于加强新时代人民政协党的建设工作的若干意见》，2018 年发布。http://www.xinhuanet.com/2018-10/14/c_1123556794.htm

定位赋予了新时代人民政协的新属性。一方面,作为国家治理体系的重要组成部分,政协组织体系关系到其履行政治协商、民主监督、参政议政职能,是人民政协得以参与国家治理的重要体现;另一方面,作为中国特色的制度安排,政协组织体系关系到其紧密联系各民主党派、无党派人士、人民团体、各少数民族和各界代表的重要职能。也就是说,依据人民政协工作要求而形成的相应的严密政协组织体系是推进人民政协服务国家治理体系和治理能力现代化的需要,这是中国特色的制度安排。而政协党的组织体系不是在政协组织体系之外另设一个体系,而是使党的领导融入政协工作之中的实践机制和作用平台。从政协党的组织体系看,党对人民政协的领导体现在两个层面:一是贯彻执行党的路线方针政策的总体领导,全国和地方政协在同级党委的领导下开展工作。各级党委要切实加强对政协工作的领导,将政协党的建设工作纳入党委工作总体布局,一体谋划、一体推进。这是党的组织体系领导政协工作的规定。二是政协组织体系中党作为领导核心发挥组织作用。人民政协构成中,中国共产党列入其中与各民主党派、团体等一样,都是政协的参加单位,政协党员领导干部和党员委员在职能履行和责任担当上与所有政协委员有着共同的要求。与人民政协构成中其他团体不同的是,中国共产党作为一个界别需要在政协组织体系中形成相应的组织机制,使政协党员领导干部和党员委员牢固树立政协委员和共产党员双重身份意识,注重发挥党员委员在政治引领、发扬民主、合作共事、廉洁奉公等方面的模范作用。这就是为何要严密政协党的组织体系的原因所在。政协组织体系的结构特征是一种平行机制,政治协商会议全国委员会和地方委员会之间以及地方委员会上下级之间是工作指导关系。这样一种机制有利于各级政协根据自己的实际情况充分发挥政治协商、民主监督、参政议政的职能。政协党的组织体系形成了紧密的内部机制,它的结构特征是由各级政协党组直接领导机关党组、专门委员会分党组。这一国家机制设计有利于通过加强党的建设实现对人民政协工作的全面领导。

三、党的领导制度是人民政协有效运作的制度前提

《意见》首次揭示中国共产党的领导是人民政协最本质的特征，这是基于长期实践经验，尤其是党的十八大以来人民政协工作创新发展经验形成的重大论断。以习近平同志为核心的党中央在治国理政中，突出强调坚定不移地坚持党的领导，强化党中央的领导权威，突出党领导一切的核心作用，为党的十八大以来取得全方位、开创性的成就，发生深层次的、根本性的变革提供了有力保证。坚持党的领导，制度建构非常重要。作为中国特色的制度安排和政治组织，人民政协已经形成了比较完整的制度规范，开展工作有着一系列明确的制度遵循，需要继续坚持下去并根据形势发展不断完善。中国特色社会主义进入新时代，人民政协更要有新气象新作为，必须严密政协党的组织体系，加强党的领导制度系统化建设。《意见》结合推进新时代人民政协发展新要求，全面部署党的建设，明确提出了一系列人民政协党的领导制度的构建任务。

新时代党中央切实加强党对人民政协工作的全面领导，完善政协党的领导体制，开创了政协工作新局面。《意见》中还涉及人民政协其他一些制度建构的要求，比如要加强如集体领导制度、学习制度、党的组织生活制度、"三会一课"制度、谈心谈话和民主评议党员等制度的建设，以及加强纪检监察等方面的相关规定的完善等，从而逐步形成系统的制度架构，以保证人民政协党的领导制度的完整性。因此，贯彻执行党中央的决策部署和《意见》要求，使党的领导制度落实到位是人民政协加强党的建设头等重要的大事。为此，《意见》提出，"各级政协党组要树立做好政协工作必须抓好党的建设的观念，深化抓好党建是本职、不抓党建是失职、抓不好党建是不称职的认识"，认真务实地做到以党的建设引领和推动履职实践，以履职成效检验政协党的建设工作的质量和水平，要求"建立健全政协党组织党建工作责任制，各级政协党组书记履行抓党建第一职责，其他党组成员抓好职责范围内党的建设工作，各级政协党组在指导下

级政协工作中把党的建设作为重要内容”。① 强调这些思想，都体现了人民政协加强和完善党的全面领导的迫切要求。构建政协党的领导制度，对于坚持和巩固中国共产党的领导地位和长期执政地位，更好坚持人民政协这一新型制度安排，坚持和完善中国共产党领导的多党合作和政治协商这一新型政党制度，巩固和发展最广泛的爱国统一战线，不断推进国家治理体系和治理能力现代化，坚持和发展中国特色社会主义，具有重大而深远的理论与实践意义。

第三节　地方政协系统党建工作的探索与经验

党的二十大报告全面回顾了党的十八大以来深入推进全面从严治党取得的伟大变革，提出“全面从严治党永远在路上，党的自我革命永远在路上”的重大判断，要求全党持之以恒推进全面从严治党，深入推进新时代党的建设新的伟大工程，以党的自我革命引领社会革命。当前，我们必须认识到人民政协系统党的建设工作是站在历史的新起点上面临的重大任务，党中央对我们做好新时代政协党建工作提出了新要求。然而对照这些新要求，人民政协系统党的建设工作也面临着亟待解决的新问题。

以广东为例，在实际调研的过程中，地方政协系统党建工作确实面临着一些短板和不足，主要表现：一是强化党的建设抓好思想政治引领方面有待加强。从近年来广东人民政协系统党建工作实践来看，尽管在强化党的建设和政治引领方面，广东省人民政协系统作了许多工作，也取得了一些经验，但面临新形势新挑战并对照中央要求来看，一些方面的工作仍亟待加强。事实上，思想引导是党对人民政协工作的最新提法，也是新任

① 广东省人民政协研究会课题组：《以党建领航政协工作高质量发展：2019 年党建工作情况汇报》，2019 年 6 月。

务新要求,目的就是通过思想政治工作引导参加政协的各党派团体和各界人士。客观地看待现状,亟待我们通过人民政协系统党的建设来深刻领悟“两个确立”的决定性意义,切实增强“四个意识”、坚定“四个自信”、做到“两个维护”,增强政治认同、思想认同、理论认同、情感认同。二是健全政协系统组织生活制度、确保党建工作落实方面还有待强化。健全和完善的组织生活制度是实现制度治党,确保党建工作落到实处的根本保证。党的十八大以来,在广东省政协党组的领导下,政协系统机关党的建设不断得到加强。但在各级组织系统中,尤其是基层党支部设置的科学化、各级党员干部民主生活会组织方式的创新性和党风廉政建设等方面还存在一些不足,党员政治能力还有待强化和提高。比如从调研的情况来看,基层支部生活规范化、党内政治生活的严肃性等方面都仍显不足,现有党建工作制度中需要探索建立新的体制机制亟待完善。三是政协系统党的基层组织战斗堡垒作用和党员先锋模范作用还有待强化,等等。

针对现实中实际存在的问题,按照中央统战工作的部署和要求,在中共广东省委的统一领导下,广东省政协系统对加强新时代政协系统党的建设工作进行了探索,取得了一些富有成效的经验,对于推进各级政协更加自觉更加有效地做好党的建设工作提供理论探讨和实践参考。

一、将政协党建作为一项长期性、系统性、战略性工程

广东省委提出政协系统党的建设要突出“两个维护”,突出“学懂弄通做实”,突出“政协系统党建全覆盖”,突出“从严从实”,突出“忠诚干净担当”,全力推进政治、思想、组织、作风、纪律五项建设,全面落实加强政协党的建设的目标任务。同时,围绕中心、服务大局是政协党建的职责所在,政协系统党的建设成效要用履职成果来检验。全省各政协组织要把党的建设工作与履行职能有机结合起来,紧扣推动高端产业发展、科技创新、对外开放、深化改革、“四个走在前列”等重点工作,开展协商议政、

调研视察、民主监督，多建有用之言、多献务实之策，最大限度凝聚各方智慧力量，一步一步把美好蓝图变为现实。围绕把牢“方向盘”、构建“同心圆”、发挥好“助推器”、唱响政协“好声音”①等有效举措来精准定位、高效推进广东省政协系统的党的建设工程。

（一）坚持党建引领，把牢省政协履职“方向盘”

广东省政协要求地方各级政协始终站稳政治立场，把准政治方向，提高政治把握能力，确保政协工作沿着正确的政治方向前进。

首先，始终突出政协系统政治建设。深入开展习近平总书记关于加强和改进人民政协重要论述学习研讨活动，通过发放资料、组织集中学习、撰写学习心得体会、召开交流研讨会等方式，引导委员读原著、学原文、悟原理，扎实推进开展党中央统一安排部署的各项学习教育活动。通过学习教育，团结奋斗的共同思想政治基础进一步夯实，工作热情和履职能力得到进一步提升。其次，坚持强化政协系统党的领导。自觉坚持在省委领导下，依照政协章程开展工作。政协年度《工作要点》《民主协商工作计划》报省委批转，重要会议、重要活动报省委审批，重大事项、重要工作主动向省委请示报告，政协全会、议政性常委会、重大议题专题协商会主动报请省委领导出席，邀请省政府领导参加。会议形成的协商建议、视察报告、调研报告及时报省委、省政府决策参考。最后，健全政协系统党组织体系。在政协党组领导下，政协机关设一个机关总支部，总支下设一个机关支部和一个老干部支部，每个党支部设两个党小组，在政协系统各界别小组中设立党支部，并将部分党员委员编入机关党小组，实行委员参加双重组织活动制度。同时，建立党组成员联系党员委员、党员委员联系党外委员制度。坚持政协全会、外出考察学习等重大活动设立临时党支部，强化党对政协工作的领导。

① 广东省人民政协研究会课题组：《以党建领航政协工作高质量发展：2019 年党建工作情况汇报》，2019 年 6 月。

(二)强化政协系统党性教育,画好凝心聚力的党建"同心圆"

政协系统中党员结构有其特殊性,政协委员中一般 50%—70%是党外人士,①为了提升政协党组织的政治引领力和贯彻执行力,及时准确地把党的方针政策主张转化为参加政协的各族各界人士的思想共识和自觉行动,广东省政协从加强党性教育着手,团结各方,凝聚共识,把委员聚在党旗下。

首先,用党的理论成果引领政协人。中国共产党在一百年的奋斗历程中,形成了许多优秀理论成果,其中蕴含着科学的思想方法和工作方法,对增强政协委员工作本领,提高解决问题水平有很强的指导意义。在委员学习培训过程中,党组把党的理论学习放在首位,把学习习近平新时代中国特色社会主义思想作为重点,党组成员带头学,委员自觉学原著读原文,每次政协常委会组织委员交流学习心得。近年来已组织集中学习培训若干次,邀请党校理论专家授课超过 20 次,学习研讨会达到 30 次。通过理论学习,引导广大政协委员深刻认识人民政协是一个政治共同体,必须共同落实党中央对人民政协的领导和对政协工作的要求,在道路、方向、目标上形成统一意志和步调。其次,用红色资源教育政协人。广东有着深厚的革命历史底蕴,留下许多可歌可泣的革命历史故事,传承下来顽强斗争的革命精神。省政协党组发挥现有的红色资源优势,创新学习教育形式,每年清明节、建党纪念日、烈士公祭日等重要时间节点都组织各界别政协委员到烈士纪念园、廉政教育基地等参观学习,聆听革命故事、追思革命先烈、接受党性教育,在潜移默化中传承革命精神、提升党性觉悟。最后,用先进典型感召政协人。榜样的力量是无穷的。广东省政协党组既在每年委员集中学习培训活动中,组织学习各界各行业代表委员的先进典型事迹,还在委员活动日中开展"学知识、赛履责、比奉献"表彰先进典型活动,号召委员向榜样学习,向身边的典型学习,充分发挥好委

---

① 参见广东省人民政协研究会课题组:《以党建领航政协工作高质量发展:2019 年党建工作情况汇报》,2019 年 6 月。

员主体作用，界别群众中的代表作用，本职工作中的带头作用。这些年来，政协加大优秀政协委员典型宣传力度，在《政协报》刊登“委员风采”进行正面宣传，产生了巨大的正效应。

（三）发挥政协系统党员作用，当好人民政协系统脱贫攻坚“助推器”

2012年以来，广东把脱贫攻坚任务作为最大的政治任务之一，省政协围绕实现脱贫摘帽目标，把助推脱贫攻坚作为一项重要工作。政协党组织和党员委员走在先、干在前，务实而为，倾力贡献智慧和力量，为全省脱贫攻坚工作提质增效发挥了先锋表率的作用。

首先，让政协当好帮扶人。政协机关全体党员干部始终把脱贫职责扛在肩上，把脱贫任务抓在手上。比如广东许多市县政协党组成员按照县级领导包乡联村责任分工，认真落实扶贫工作制度，带头走农户、送温暖、抓协调、解难题、办实事，积极为所帮扶的村协调争取资金、改善基础设施、发展集体经济，促进重点贫困村按时出列、建档立卡贫困户早日脱贫。机关党员与贫困户结成“亲戚”，帮助找“穷根”、定计划、建产业，还通过慰问交流、资金帮助、指导就业、帮助联系用工等措施，包保的贫困户都稳定脱贫。同时还协助乡村引进实业投资，兴办产业推进产业扶贫，村合作社以入股和托管的方式，为贫困户有效增收拓宽了渠道。其次，让政协当好脱贫引路人。精准扶贫不仅要“授鱼”，还重在“授渔”。政协党员委员在做大自身产业的同时，发挥带动作用，带领贫困户脱贫增收。摸索出一条“产前投入、产中技术指导、产后合同价回收”的成功扶贫方式，带动贫困户种植名贵药材，实现户均增收成倍翻番。有些政协委员实行订单农业的帮扶模式，按高于市场价的价格收购茶叶，助力联系的贫困家庭如期脱贫。最后，让政协当好贫困群众的贴心人。有困难找干部，有难处找党员。政协动员党员干部、党员委员主动亮身份，竭力为基层贫困群众解难事、办实事、送温暖，使政协工作接地气、贴近民心、惠及民生，让群众感到政协委员就在身边。近两年来，党员委员共捐赠支持物资价值上亿元，为贫困户办实事，组织技术和就业培训，解决就业出路等实际问题。

（四）紧扣省委中心工作，唱响人民政协履职"好声音"

坚持"把弱者的声音放大，把德者的声音播远，把正确的声音叫响"①的履职理念，以党的建设推动政协各项工作上水平，力求各项工作围绕中心不偏离、服务大局不缺位。

首先，推进协商民主实践探索。认真学习借鉴全国各地省市政协协商的先进经验，探索协商民主进基层，将调研建言与民主协商融为一体的协商新机制。近年来在省政协引领下，广东围绕"中药材产业发展""三乡工程""千万工程""健康扶贫"议题开展协商建言活动。按照"协商议题务实、调查研究扎实、建言献策真实、成果转化落实"的标准，在中药材产业发展协商会上，提出的"深度认识、深度开发、深度融合"的建议，得到省委省政府主要领导的充分肯定，并指示相关部门认真吸收落实。其次，地方政协民主监督稳步推进。2018 年专题听取地方政协党风廉政建设和反腐倡廉、扫黑除恶工作情况通报，为委员搭建了知情明政的平台，委员们围绕支持民营经济发展、打掉黑恶势力"保护伞"等方面内容提出意见建议超过 5809 余条。② 2019 年，省政协继续围绕群众关心的法院"执行难"和检察院"公益诉讼"听取情况汇报，开展民主监督。同时，选派委员担任与人民群众生活休戚相关的住建、环保、交运、物价、教育、卫生、供电等部门的行风监督员，参加行风评议、专项检查、行政听政、案件庭审，将民主监督溶于服务过程。为保障地方政协参政议政积极有效，省政协对代表民意的 3000 多件委员提案，采取专题会议交办、省委常委领衔督办、委员评议催办等形式，有力推动了一大批民生热点提案得到及时办复。③ 如在《关于加大外出人员返乡创业政策扶持的建议》提案办理过程中，省委、省政协主要领导亲自参与并带队到实地与外出人员代表座谈，吸引能人回乡，并促成了回乡创业优惠政策出台。在主要领导的重视

① 朱永新:《把智者的声音远播　把弱者的声音放大》,《中国远程教育》2011 年第 4 期。

② 参见《以党的建设高质量推动政协工作高质量发展——全省政协系统党的建设工作座谈会发言摘要》,《协商论坛》2018 年第 8 期。

③ 参见《以党的建设高质量推动政协工作高质量发展——全省政协系统党的建设工作座谈会发言摘要》,《协商论坛》2018 年第 8 期。

和带动下，实现了提案办理见面率99.9%、回复率100%、综合落实率93%、满意率99%。① 同时，地方政协精准捕捉群众聚焦的苗头性、倾向性问题，报送《深化农村土地改革，推动乡村振兴》《加快农村养老产业发展》《壮大民营经济，增强发展动力》等社情民意信息，及时反映不同阶层、不同利益群体的心声。

二、全面压实政协系统党建责任，提升履职能力

敢于担当责任、勇于直面矛盾，压实责任是广东省政协系统推动政协系统党建工作的关键。做好党建工作，需要做到强化政治责任，要把持之以恒推进管党治党的要求落在实处。必须切实发挥基层党组织战斗堡垒作用和党员先锋模范作用。要带头增强政治定力、履行政治责任，更好地感染人、凝聚人、团结人。要推进党的领导全覆盖，从领导体制上强化"一岗双责"，确保把党的领导贯彻到政协工作全过程、各方面。新一届省政协班子在分工时，创新党建分工和业务分工一体考虑，实现党的领导和党的工作全覆盖。省委要求政协严格按照《意见》要求，明确目标任务和责任分工。强化政协机关党委的具体领导责任，研究制定《省政协机关党建工作量化考评办法》，将机关党建工作的"柔性要求"转化为定量考核的"刚性目标"，通过全年量化考评，促进了责任落实和工作提升，压实了党建责任，强化了履职能力。

三、加强政协理论学习

在省政协统一组织领导下，围绕深化对坚持和加强党对政协工作的全面领导的认识、深化对加强思想政治引领的认识、深化对发挥人民政协作为专门协商机构作用的认识、深化对凝聚共识和建言资政"双向发力"的认识、深化对政协工作提质增效的认识，持续推进习近平总书记关于加

① 广东省人民政协研究会课题组：《以党建领航政协工作高质量发展：2019年党建工作情况汇报》，2019年6月。

强和改进政协工作重要论述的学习。近年来,广东省政协系统不断把加强思想政治引领、广泛凝聚共识作为发挥政协党组织和党员作用的中心环节,加强思想政治引领的制度机制建设,深化同各民主党派、无党派人士等党外委员的交流交往,引导广大委员不断增强政治认同、思想认同、理论认同、情感认同。切实有效地把协商民主贯穿履行职能全过程,切实落实协商于决策之前和决策实施之中的原则,聚焦党委政府中心任务精选协商议题,认真组织协商活动,完善协商议政内容和形式,提升协商议政的质量和实效。同时,坚持凝聚共识和建言资政"双向发力",紧扣广东改革开放先行区经济社会发展的关键问题调查研究、协商议政,提出高质量发展的意见建议,鼓励和支持政协委员深入界别群众,正面发声,宣传政策,解疑释惑,理顺情绪,维护稳定。积极主动适应新时代新任务新要求,省委按照《意见》要求,大力支持省政协系统通过建立思想理论学习、知情明政、加强和改进调查研究等工作制度,提高政协各项工作的制度化、规范化、程序化和信息化水平,不断提升政协履职质量、针对性和实效性。

四、将贯彻落实《意见》作为重点任务

深入学习贯彻习近平新时代中国特色社会主义思想、不断提高政协组织党的建设工作质量,切实承担管党治党主体责任,更好发挥政协中的党组织和党员作用。要推动全体党员、各界委员深入学习党的一系列思想理论,持续在学懂弄通做实上下功夫,坚持和创新学习制度,建立习近平新时代中国特色社会主义思想学习座谈会制度,真正把深入学习贯彻习近平新时代中国特色社会主义思想这项基础性工作做细做实。[①]从这些年的实践来看,省委、省政协积极努力,高质量地做好政协党的建设工作,政协机关党组、各专委会分党组也尽快进入到任务角色,坚持完

① 参见广东省人民政协研究会课题组:《以党建领航政协工作高质量发展:2019 年党建工作情况汇报》,2019 年 6 月。

善制度、健全机制，承担起了相应的主体责任和工作职责，有效地开展工作。省政协严格执行党建工作责任制，政协党组、机关党组、专委会分党组、机关党委、各党支部，一级抓一级、层层抓落实。同时，坚持党建工作和履职工作一起谋划、一起部署、一起考核，把抓政协党的建设同加强思想政治引领结合起来，全面推动了政协工作上新水平。进一步健全完善政协党组织和共产党员更好发挥作用的体制机制，密切党组成员同参加政协的各民主党派、无党派人士的经常性联系制度；寓思想政治引领于团结民主之中的谈心谈话制度；党组成员联系相关界别、党员委员联系党外委员的结对制度；走访看望委员制度以及接待和处理委员来信来访制度；党员常委履职建言点评制度；党的建设各项工作会议制度等。

着力把《意见》精神学习好落实好。组织动员各方面全面深入地学习贯彻中办《通知》、省委《实施意见》和李希书记讲话精神；按照全面从严治党要求，贯彻落实省委加强政协党的建设工作的各项决策部署；对党外委员、党外人士全面做好宣传引导工作。[①] 省委、省政协要求牢固树立做好政协工作必须抓好党的建设的观念，政协机关党组和各专委会分党组切实地把中办《通知》、省委《实施意见》列为党组理论学习中心组学习重要内容，列入机关各级党组织学习计划和党员干部教育培训计划，把学习贯彻工作同学习贯彻习近平新时代中国特色社会主义思想和党的十九大精神结合起来，同学习贯彻习近平总书记关于加强和改进人民政协工作的重要论述结合起来，同学习贯彻党章、政协章程结合起来，同学习各项决策部署结合起来。树立了坚持高标准、严要求、重实效，不走过场的工作作风，杜绝形式主义，提高党的建设工作质量，发挥政协党的组织和党员作用。全力落实党建工作责任制，把属于政协职责范围内的任务逐条逐项抓好落实，做到政治思想工作实，干部精神风貌新；党建程序工作实而规范，干部工作到位，广泛调动干部工作积极性；服务中心工作实和

---

① 参见广东省人民政协研究会课题组：《以党建领航政协工作高质量发展：2019 年党建工作情况汇报》，2019 年 6 月。

履职质量上水平,团结凝聚工作实,形成真心交流、畅所欲言的良好政协氛围。

在看到成绩的同时,广东省政协也清醒地认识到,与新时期做好党建工作的新要求相比,我们工作还有一定差距,尤其是市县政协层面,其基层党的建设还存在一些不足:贯彻落实抓党建要求上还有差距,党员委员作用发挥不充分,党建工作方式方法总体较为单一等。这些问题要求地方政协在今后的工作实践中逐步加以整改和解决,进一步创新思维,强化举措,狠抓落实,以钉钉子的精神做实做细做好地方政协工作,努力推动地方政协党建工作再上新台阶。

第四节　推进新时代地方政协系统党建工作创新

党的二十大报告立足新时代新征程的历史定位,号召全党全军全国各族人民为实现第二个百年奋斗目标而团结奋斗。团结奋斗是中国共产党克敌制胜的重要法宝,是创造百年伟业的宝贵经验,更是人民政协在党的领导下取得历史经验和未来继续取得成功的根本保证。为此,政协各级系统必须带头做到深刻领悟"两个确立"的决定性意义,切实增强"四个意识"、坚定"四个自信"、做到"两个维护",巩固和加强全党团结统一。

一、充分发挥党组织在政协履职中的领导核心作用

地方政协党组及其各专门委员会分党组必须要将加强党对政协工作的领导、加强政协党的建设落实到具体工作中,确保各专委工作沿着正确方向发展。充分发挥政协各级分党组在政治上的引领作用。一是加强对政治方向的引领,做到旗帜鲜明讲政治。政协各级分党组要坚持把政治建设作为工作统领,把旗帜鲜明讲政治摆到各项工作中,增强履职活动的政治性、方向性。二是加强对政治信仰的引领,做到信念坚定。坚持把学习贯彻习近平新时代中国特色社会主义思想作为重大政治任务,坚定中

国特色社会主义理想信念。三是加强对管党治党的引领，做到责任到位。切实发挥地方政协各级分党组职能作用，履行对上级党组决策部署的落实责任，坚持请示报告制度，明确分党组履行主体责任。充分发挥分党组在工作上的引领作用，还包括引领委员会工作围绕中心、服务大局，将研究制定年度工作计划、年度重点协商和视察计划纳入分党组议事日程，在对协商、调研、视察选题的把握上紧扣中心任务，确保各委工作始终服务全省经济社会发展大局。引领委员会工作坚持标准、争创一流，按照一流标准推进委员会履职，拉高工作标杆，提高工作质量。引领委员会工作履职尽责、注重实效，认真建言献策，充分发挥分党组在作风上的示范作用。分党组成员在严守党的纪律规矩方面作示范，严格执行党章党规党纪，把纪律规矩挺在前面，严于律己以身作则，发挥以身正人表率作用；同时在严肃党内政治生活方面作示范，在坚持改进工作作风方面作示范，分党组成员带头坚决反对“四风”，倡导树立严谨、务实、高效的工作作风。

二、以党建工作高质量推进专委会工作整体提升

在庆祝人民政协成立70周年讲话中，习近平总书记指出：“协商民主是党领导人民有效治理国家、保证人民当家作主的重要制度设计，同选举民主相互补充、相得益彰。人民政协在协商中促进广泛团结、推进多党合作、实践人民民主，既秉承历史传统，又反映时代特征，充分体现了我国社会主义民主有事多商量、遇事多商量、做事多商量的特点和优势。”①这要求对地方政协系统高质量党建工作作出全面的部署和规划。从微观层面和操作层面来着眼，各级政协工作委员会分党组要全面加强党的建设，充分发挥分党组把方向、管大局、抓落实的重要作用，以高质量党建工作推动地方政协专委会工作提质增效、创新发展。从坚持党要管党、全面从严治党的高度，充分认识专委会分党组职责使命，不断提高政治觉悟和政

① 习近平：《在中央政协工作会议暨庆祝中国人民政治协商会议成立70周年大会上的讲话》，人民出版社2019年版，第8页。

治能力。一是提升政治站位,坚决维护核心。工作标准主动向以习近平同志为核心的党中央对标看齐,工作情况及时向省政协党组请示报告,确保在事关政治方向和根本原则的问题上立场坚定、旗帜鲜明、行动自觉。二是增强党建意识,压实主体责任,认真履行全面从严治党主体责任。三是发挥"头雁效应",带头示范引领。专委会分党组成员带头学理论、讲党课、以普通党员身份参加支部活动,积极参加廉政警示教育活动,坚决守住道德底线。紧扣政协履职,发挥引领作用,将党的建设贯穿于专委会各项工作始终。一是借鉴"党建+学习培训"模式,专委会分党组将习近平总书记关于加强和改进人民政协工作的重要思想作为年度学习重点,引导推动各级专委会全体委员和党员干部自觉以科学理论武装头脑、指导实践。二是积极探索"党建+履行职能",发挥党建工作把关定向和激励作用,推动各级专委会工作始终与全省中心任务同向同行,激励党员领导干部和党员委员始终在履职尽责中当主角、打头阵。三是积极推动"党建+专项活动"。以专项活动促专项整改、以专项整改促党建提升,增强党建工作的针对性和实效性。坚持问题导向,不断创新思路,坚持不懈将专委会党建工作引向深入。一方面,发扬民主谋划开展工作,突出特点创新方式方法。探索建立专委会办公室党支部与党员委员所属党支部沟通联系机制,在重大活动中成立临时党支部,推动专委会党建工作全覆盖。另一方面,求真务实提升调研质量。把调查研究作为履职的基本功,发扬求真务实作风,为推动地方政协工作创新发展贡献智慧力量。

三、构建常态长效机制推进地方政协系统党的建设

发挥人民政协专门协商机构作用需要完善制度机制。要坚持党委会同政府、政协制定年度协商计划制度,完善协商于决策之前和决策实施之中的落实机制,对明确规定需要政协协商的事项必须经协商后提交决策实施,对协商的参加范围、讨论原则、基本程序、交流方式等作出规定。各级政协认真贯彻落实以习近平同志为核心的党中央关于加强新时代党的

建设的新要求新部署以提升政协党的建设制度化规范化水平。但离目标要求还有一段距离。为此,我们要紧紧围绕“坚持党的全面领导”这个根本政治原则,推进党的建设制度化规范化。要建立并严格执行请示报告制度,把政治建设摆在党的建设的首位,把坚持党对政协工作的全面领导作为根本政治原则,把党的领导贯彻到政协工作全过程各方面,确保中央和省委决策部署在政协组织落地生根。紧紧围绕“抓住管党治党责任”这个“牛鼻子”,推进党的建设制度化规范化。地方政协党组要带头从建立健全基础制度、规范抓起,把履行党建主体责任与有序推进政协协商民主融为一体,通过党建引领、制度保障,准确把握和履行把方向、管大局、保落实职责,有效发挥党组领导核心作用以及班子成员“关键少数”作用,进而激发内生动力,有效推动政协“党的建设”从“宽松软”向“严紧实”转变。紧紧围绕做好“严肃党内政治生活”这篇大文章,推进党的建设制度化规范化。要坚持和创新党内学习制度,把学习融入日常、抓在经常;严格执行民主集中制,健全和落实民主集中制的各项具体制度;更加注重加强和规范党的组织生活,进一步增强党内生活的政治性、时代性、原则性与战斗性。紧紧围绕“坚持求真务实”这个作风导向,推进党的建设制度化规范化。要认真贯彻落实中央和省委关于从严从实改进作风的部署要求,提升调研、视察和协商能力水平。积极探索和建立有效发挥政协领导班子及其成员示范引领作用、委室主任组织协调作用、委员主体作用、机关干部服务保障作用的“四级联动责任”机制,推动地方政协良好工作局面的形成。

四、以党建促进作风大转变

广东省政协党组要坚持以党的政治建设为统领,全面加强党的建设,以党建大加强促进作风大转变,以作风大转变促进形象大提升,为政协履职高质量提供了有力保证。这就要求地方政协要切实加强党建引领、着力转改作风、提升政协形象。

加强党建引领。一是要提升认识。牢固树立做好政协工作必须首先抓好党建的观念,把党建工作同履行职能有机结合起来,扎实履行全面从严治党的主体责任,努力以党建高质量推动履职高质量。二是要抓住关键。地方政协党组要突出领导核心作用,坚持以政治建设为统领,加强管党治党,切实把党的领导贯穿落实到党对政协领导全过程。三是要完善制度。严格制度落实,加强督导考评,将党建工作的“柔性要求”转化为“刚性目标”。

着力转改作风。一是要在理论武装上下功夫,坚持把学习贯彻习近平新时代中国特色社会主义思想作为重大政治任务,深入开展理论学习、强化思想武装、解决政治站位问题。二是在思想作风上下功夫,大张旗鼓地讲责任、话使命、谈奉献,不断增强政协队伍干事创业的内生动力,强化精神动力。三是要在求真务实上下功夫,将“精选题、深研究促转化”的理念贯穿调研工作全过程,解决调研不深的问题。四是要在精简高效上下功夫,提倡短、实、新,突出政治性、思想性、针对性和可操作性,解决会风文风不实的问题。五是要在遵纪守法上下功夫,引导委员始终把政治纪律挺在前面,深入开展“作风纪律整顿年”活动,正确处理新型政商关系,解决纪律不严的问题。

提升政协形象。通过加强党建总抓手,时刻牢记人民政协是政治组织,不忘初心,牢记使命,持续推进作风转变,政协系统呈现新气象,展现政治忠诚、务实为民、会参善谋、团结合作的新形象,广泛团结社会各界力量,不断争取最大公约数,画出最大同心圆,努力为实现转型跨越发展凝聚共识、凝聚智慧、凝聚力量。

五、加强理论学习,推进地方政协工作高质量发展

广东省政协坚持把加强理论学习摆在党建工作的突出位置,以理论学习促进思想武装,以抓党建推动地方政协工作高质量发展,收效良好。地方政协要进一步提高思想认识,把理论学习摆在突出位置,紧密联系党的百年奋斗历程,特别是党的十八大以来新时代十年的伟大变革,深刻领悟“两个确立”的决定性意义,加深对习近平新时代中国特色社会主义思

想、马克思主义中国化时代化、中国式现代化等重大问题的认识，深刻理解党的二十大对全面建设社会主义现代化国家作出的战略部署，切实把思想和行动统一到党中央精神上来，具体而言就是要求我们政协系统：一要把学习贯彻党的二十大精神作为提升政协理论水平和政治站位的重要保证。人民政协是中国共产党领导下的政治组织，讲政治是第一位要求。二要把理论学习作为提高能力素质的重要途径。通过开展理论学习，锻造机关干部和委员过硬的政治素质，提高履职尽责的本领。三要把加强理论学习作为推动地方政协工作的有力抓手。通过加强理论学习，坚定政协工作正确政治方向，推动各项工作提质增效。

探索方法途径，持之以恒抓好理论学习落实。一是要持续抓好集中学习。中央和省委重要会议召开、重大决策部署出台，都要通过召开党组会议、主席会议、常委会议、机关全体人员会议和集中办班的形式，组织机关干部和政协委员集中学习。二是要坚持请进来、走出去。每次召开常委会议和开展重大履职活动都安排专题讲座，分别邀请各方面专家解读有关政策。三是要发挥党支部作用。把理论学习作为各党支部组织生活的一项重要内容，由机关党组统一安排、各党支部具体组织实施，每月至少组织一次理论学习。同时要注重用好“三个载体”，即结合深化省级文明单位创建抓学习，结合开展政协活动抓学习，利用“政协委员之家”等方式抓学习。①

建立长效机制，推动理论学习深入持久开展。省政协党组明确提出要求，地方政协各级党组要把抓理论学习作为一项政治任务，认真履行组织领导和监督检查责任。在此基础上，制定周密学习计划，严格考核评比。要把开展理论学习情况纳入年度履行职责情况考核中，作为评先表彰的重要依据。此外，搞好服务保障。经常向机关干部配发学习书籍，在新媒体开设学习园地栏目，进一步拓展委员学习交流的渠道。

---

① 参见《以党的建设高质量推动政协工作高质量发展——全省政协系统党的建设工作座谈会发言摘要》，《协商论坛》2018年第8期。

六、抓学习抓作风抓落实

以抓学习抓作风抓落实推动政协机关党建工作高质量发展。从我国政治实践的成功经验来看,人民政协在我国政治运行系统中重要的功能就是发挥好“桥梁”与“纽带”的伟大作用,也是其不可替代的制度优势。习近平总书记指出:“能听意见、敢听意见特别是勇于接受批评、改进工作,是有信心、有力量的表现。发展社会主义协商民主,要把民主集中制的优势运用好,发扬‘团结—批评—团结’的优良传统,广开言路,集思广益,促进不同思想观点的充分表达和深入交流,做到相互尊重、平等协商而不强加于人,遵循规则、有序协商而不各说各话,体谅包容、真诚协商而不偏激偏执,形成既畅所欲言、各抒己见,又理性有度、合法依章的良好协商氛围。对各种意见和批评,只要坚持党的基本理论、基本路线、基本方略,就要让大家讲,哪怕刺耳、尖锐一些,我们也要采取闻过则喜的态度,做到有则改之、无则加勉。”①这是对人民政协工作性质的最好概括,也是抓作风抓落实推动政协机关党建高质量发展的基本要求。

广东省政协机关党委认真贯彻落实新时代党的建设总要求,围绕机关中心任务,在抓学习、抓作风、抓落实方面狠下功夫,着力推动机关党建工作高质量发展。紧扣中心抓学习,不断提升站位强素质。要把学懂弄通做实习近平新时代中国特色社会主义思想作为首要任务,突出“三个注重”:注重示范引领,注重抓常抓细,注重求实求效。② 中心组要把学习习近平新时代中国特色社会主义思想与学习总书记系列重要讲话、中央重要会议文件精神相结合,增强全面性、系统性、深入性;党支部把学习习近平新时代中国特色社会主义思想与贯彻新时代党的建设总要求、党支部建设实际相结合,实现常态长效;党员坚持读原著学原

① 习近平:《在中央政协工作会议暨庆祝中国人民政治协商会议成立70周年大会上的讲话》,人民出版社2019年版,第8页。

② 参见广东省人民政协研究会课题组:《以党建领航政协工作高质量发展:2019年党建工作情况汇报》,2019年6月。

文悟原理,坚持“三个摆进去”,变“要我学”为“我要学”。

严明纪律抓作风,不断优化环境干事业。一是要着力建强组织。对机关党支部设置进行调整,将专委会主任、副主任党组织关系转入省政协机关,编入各专委会办公室党支部,做到党建工作全覆盖。二是要着力加强教育。及时召开党风廉政建设工作会议,分解责任目标,各处室负责人签订目标责任书,各级党员干部签订廉政承诺书。三是要着力转变作风。围绕增强机关执行力、强化服务意识,扎实开展“找差距、转作风、抓落实”专项活动,通过狠抓问题整改,机关风清气正、干事创业的氛围更加浓厚。

要完善制度抓落实,不断提高标准明规范。一是要强化党建责任。机关党组履行机关党建工作主体责任、党组书记履行第一责任人责任、领导班子成员履行“一岗双责”,一级抓一级、层层抓落实。二是要强化制度规范。目前机关党建方面的规章制度很多,有待互相配套衔接,彼此呼应,形成了系统完备、务实管用的制度体系。三是要强化常态督查。采取集中检查、专项督查、随机抽查等多种方式,建立“月台账、季督查、年考核”制度,有力促进机关党建各项工作的落实。

七、坚持党建引领推进地方政协委员高质量履职

提高政治站位筑牢思想根基,坚持党建引领推进高质量履职。首要任务是抓好政治理论学习。地方政协委员来自各个界别、各个方面,差异性是客观存在的,这就需要我们按照习近平总书记的要求,坚持一致性和多样性的统一,着眼形成最大公约数、画出最大同心圆。在省政协党组的领导下,广东各地方政协开展了系列学习活动,在内容上、形式上都有新的探索和实践,对地方政协工作产生了重要的推动作用。如:新任委员培训班、委员暑期读书班、政协报告厅、党组领导讲党课、党员干部集中外出学习培训等,在现有平台的基础上,不断创新工作机制,把习近平总书记关于加强和改进人民政协工作的重要论述学深悟透,把政协党建工作做实,把思想政治引领贯穿到政协履职各项工作的始终。引导和带领广大

政协委员、机关党员干部把思想上的认同逐步转化为行动上的自觉，做到潜移默化、润物无声。

近年来广东省各级政协党组全面落实新时代基层党组织建设新部署新要求，积极探索有政协特点的党建工作规律和方法，把党的领导体现到政协履职各方面取得了明显成效，但是对照差距，我们仍然要不断引领政协党建工作高质量发展方面加大努力，推进地方政协系统强化思想武装，打牢党建基础。一是要突出新时代人民政协的政治责任和使命担当，突出坚定不移全面从严治党等重要问题，及时传达学习重要会议精神。二是要党组成员发挥关键少数的“头雁效应”，发挥示范引领作用，带动机关政治生活更加严肃规范。三是要定期有针对性地加强对委员的学习培训，持续深化委员们对中国共产党和中国特色社会主义的政治认同、思想认同、理论认同、情感认同。

突出党建引领，做优政协履职。一是把加强地方政协党建与落实好党赋予政协工作使命紧密结合，推动地方政协工作与中心工作保持同向同行。二是要切实发挥好政协党组把方向、管大局、保落实的重要作用，研究制定地方政协委员履职量化考核办法，调动委员工作的积极性和创造性。三是要充分发挥各级政协党组的领导力、影响力和凝聚力，进一步加强与委员中的党外人士、有关党派团体的沟通联系，切实把各级党委政府的决策部署转化为政协各党派团体和各界代表人士的思想共识和自觉行动。坚定初心使命，展现党员担当。不断丰富和完善党组织机构设置，做到党的工作对象全覆盖、工作无盲区。充分发挥党员委员模范带头作用，做到在履职活动中当主角、打头阵。

八、发挥党员委员先锋模范作用，引领全体政协委员忠诚履职

各级地方政协要主动以推动党的二十大精神走进基层、走进群众为目标，通过政协的独特优势和渠道，把党的二十大的部署和要求落实到经济社会发展各领域各方面。广东省各级政协始终以问题为导向探索党建工作，在如何更好地发挥党员委员先锋模范作用、引领全体委员忠诚履职

以及如何将政协打造成为名副其实的政治组织等问题上进行了一系列深入探索。一方面，地方政协要科学布局党员委员，积极发挥政协组织的政治优势，主动与地方各级党委相关部门沟通衔接，把政治素质高、党性强、社会公认度高的优秀共产党员吸纳进政协组织，将高素质的共产党员委员科学安排到不同界别里，为有效发挥政协组织的政治优势、保证政协履职的正确方向提供坚实的组织保障。另一方面，在履职实践中，地方政协要注重发挥党员委员先锋模范作用，带动全体委员在各个领域建功立业，推动全体委员的共同进步。以党建促履职、推动政协工作提质增效，地方政协要围绕地方党委重点工作积极开展广泛而深入的调研活动，提出高质量建设性提案，为地方党委决策提供参考；要做到服务大局求实效，围绕地方重点项目建设，切实服务地方党委提质增效、转型发展；围绕队伍建设，树立标杆榜样，同时对涉嫌违法的委员，根据政协章程要求和相关程序，撤销其委员资格。

参考文献

1.《习近平著作选读》(第一卷),人民出版社 2023 年版。

2.《习近平著作选读》(第二卷),人民出版社 2023 年版。

3.《习近平谈治国理政》(第一卷),外文出版社 2018 年版。

4.《习近平谈治国理政》(第二卷),外文出版社 2017 年版。

5.《习近平谈治国理政》(第三卷),外文出版社 2020 年版。

6.《习近平谈治国理政》(第四卷),外文出版社 2022 年版。

7. 中共中央党校:《习近平新时代中国特色主义思想基本问题》,人民出版社、中共中央党校出版社 2020 年版。

8. 中共中央宣传部:《习近平新时代中国特色社会主义思想三十讲》,学习出版社 2018 年版。

9. 中共中央宣传部:《习近平新时代中国特色社会主义思想学习纲要(2023 年版)》,学习出版社、人民出版社 2023 年版。

10.《中共中央关于坚持和完善中国特色社会主义制度　推进国家治理体系和治理能力现代化若干重大问题的决定》,人民出版社 2019 年版。

11. 习近平:《在中央政协工作会议暨庆祝中国人民政治协商会议成立 70 周年大会上的讲话》,人民出版社 2019 年版。

12. 习近平:《在庆祝中国人民政治协商会议成立 65 周年大会上的讲话》,人民出版社 2014 年版。

13. 习近平:《坚持和完善中国特色社会主义制度推进国家治理体系和治理能力现代化》,《求是》2020 年第 1 期。

14.《在全国政协十三届三次会议上汪洋作的政协常委会工作报告(摘登)》,《人民政协报》2020 年 5 月 22 日。

15.《中共中央关于加强人民政协工作的意见》,《人民日报》2006 年 3 月 2 日。

16. 胡锦涛:《坚定不移沿着中国特色社会主义道路前进　为全面建成小康社会而奋斗—在中国共产党第十八次全国代表大会上的报告》,人民出版社 2012 年版。

17. 政协全国委员办公厅,中共中央文献研究室编:《人民政协重要文件选编(中)》中国文献出版社,中国文史出版社 2009 年版。

18. 中共中央办公厅:《关于加强新时代人民政协党的建设工作的若干意见》,2018 年版。

19.《人民政协学习贯彻〈中国的政党制度〉白皮书加强中国共产党领导的多党合作和政治协商制度建设实务全书》(第一卷),2012 年版。

20.《十八大以来重要文献选编》(中),中央文献出版社 2016 年版。

21. [美]戴维・赫尔德:《民主的模式》,燕继荣译,中央编译出版社 2004 年版。

22. [美]罗伯特・达尔:《多元主义民主的困境》,周军华译,吉林人民出版社 2006 年版。

23. [美]罗伯特・B.登哈特:《公共组织理论》,扶松茂译,中国人民大学出版社 2003 年版。

24. [美]约・埃尔斯特:《协商民主:挑战与反思》,周艳辉译,中央编译出版社 2009 年版。

25. [美]罗伯特・B.登哈特:《公共组织理论》,扶松茂等译,中国人民大学出版社 2003 年版。

26. [美]詹姆斯・博曼、威廉・雷吉主编:《协商民主:论理性与政治》,陈家刚等译,中央编出版社 2006 年版。

27. [美]詹姆斯・菲什金、彼得・拉斯莱特:《协商民主论争》,张晓敏译,中央编译出版社 2009 年版。

28. [美]约翰・罗尔斯:《正义论》,何怀宏等译,中国社会科学出版社 1988 年版。

29. [德]尤尔根・哈贝马斯:《作为"意识形态"的技术和科学》,李黎译,学林出版社 1999 年版。

30. [韩]吴锡鸿,金荣枰:《政策学的主要理论》,金东日译,复旦大学出版社 2005 年版。

31. 李君如:《协商民主在中国》,人民出版社 2014 年版。

32. 张平夫:《人民政协概论》,中央编译出版社 2008 年版。

33. 张梦涛:《中国特色协商民主发展研究》,人民出版社 2016 年版。

34. 本书编写组:《基层协商民主典型案例选编》,人民出版社 2015 年版。

35. 陈家刚:《协商民主与国家治理》,中央编译出版社 2014 年版。

36. 陈剩勇,何包钢:《协商民主的发展》,中国社会科学出版社 2006 年版。

37. 俞可平:《推进国家治理与社会治理现代化》,当代中国出版社 2014 年版。

38. 卢现祥:《新制度经济学》,武汉大学出版社 2004 年版。

39. 李永刚:《我们的防火墙:网络时代的表达与监管》,广西师范大学出版社 2009 年版。

40. 何包钢:《协商民主:理论、方法和实践》,中国社会科学出版社 2008 年版。

41. 黎慈,孟卧杰:《法治视域中网络政治参与的效度研究》,苏州大学出版社 2017 年版。

42. Joseph M Bessette:The Mild Vioce of Reason:Deliberative Democracy & American National Government,Chicago:The University of Chicago Press,1994.

43. Sherry Arnstein:A Ladder of Citizen Participation,Journal of the American Institution of Planners,1969.

44. David Held:Models of Democracy,Cambridge:Polity Press,2006.

45. 张峰:《人民政协在构建协商民主体系中的地位和作用》,《中国政治》2015 年第 4 期。

46. 汪仕凯,陆迪秦:《制度构成 · 理论基础 · 实践路径—习近平推动人民政协制度成熟定型的重要论述》,《治理现代化研究》2021 年第 1 期。

47. 闫学超:《程序化建设是协商民主发展的必由之路》,《重庆社会主义学院学报》2015 年第 3 期。

48. 李军鹏:《70 年协商民主理论发展和制度创新》,《人民论坛》2019 年第 27 期。

49. 何包钢:《儒式协商:中国威权性协商的源与流》,黄徐强译,《政治思想史》2013 年第 4 期。

50. 伍俊斌:《网络协商民主的契合、限度与路径分析》,《马克思主义研究》2015 年第 3 期。

51. 欧阳康,曾异:《国家治理语境中的社会主义协商民主:认识历程、制度优势及其治理效能转换》,《西安交通大学学报(社会科学版)》2020 年第 3 期。

52. 汪波:《社会网络视角下虚拟协商民主:逻辑、变迁与测评》,《当代世界社会主义问题》2016 年第 1 期。

53. 陈惠丰:《我国协商民主的由来》,《中央社会主义学院学报》2015 年第 4 期。

54. 刘毅:《协商文化对中国政治发展的影响》,《中央社会主义学院学报》2013 年第 6 期。

55. 李君如:《协商民主在中国有着深厚的文化根源》,《北京日报》2014 年 9 月 15 日。

56. 陈家刚:《协商民主研究在东西方的兴起与发展》,《毛泽东邓小平理论研究》2008 年第 7 期。

57. 张健:《站在国家治理体系的格局中谋划政协工作》,《中国政协》,2020 年第 1 期。

58. 杨卫敏:《人民政协统战团结功能新论:简析习近平对新时代人民政协理论的贡献》,《浙江社会科学》2018 年第 3 期。

59. 许耀桐:《新中国的国家治理和 70 年的发展》,《中国浦东干部学院学报》2019 年第 4 期。

60. 张爱军、张媛:《网络协商民主的实践优势、困境及其化解》,《江淮论坛》2019 年第 4 期。

61. 石浩男:《民主党派参政议政创新与国家治理现代化》,《中央社会主义学院学报》2018 年第 3 期。

62. 陈剩勇:《协商民主理论与中国》,《浙江社会科学》2005 年第 1 期。

63. 林尚立:《协商民主是我国民主政治的特有形式和独特优势》,《求是》2014 年第 6 期。

64. 张敏:《网络传播的困境与协商民主的规制——桑斯坦〈网络共和国:网络社会中的民主问题〉的评述与思考》,《领导科学》2015 年第 29 期。

65. 谭诗赞,陈捷:《多维互动:人民政协协商民主发展的路径创新》,《中国政治》2017 年第 6 期。

66. 傅嘉佳:《浅谈哈贝马斯的协商民主理论——兼谈该理论对中国民主政治建设的启示》,《经济与法》2009 年第 4 期。

67. 毕宏音:《网络协商民主研究的三维视角》,《天津社会科学》2017 年第 5 期。

68. 李辉,王建莲:《协商嵌入式信访治理的制度性考量:逻辑、系统与模式》,

《理论导刊》2019 年第 10 期。

69. 张鑫:《新时代网络协商治理的优化路径》,《闽江学院学报》2019 年第 3 期。

70. 佟德志,程香丽:《当代西方协商系统理论的兴起与主题》,《国外社会科学》2019 年第 1 期。

71. 李京丽:《网络社会风险研究的宏观图景与三个核心向—兼评陈华明教授专著〈网络社会风险论:媒介、技术与治理〉》,《新闻界》2020 年第 2 期。

72. 王太明:《民主协商视域下网络空间治理的现实挑战及路径调适》,《领导科学》2019 年第 6 期。

73. 王雄:《制度化视角下的人民政协民主监督现状,问题与优化》,《广州社会主义学院学报》2018 年第 4 期。

74. [美]本杰明·巴伯:《数字政治的不确定性后果——民主与信息技术的难兼容性》,叶敏译,《天行政学院学报》2012 年第 2 期。

75. 张爱军,高勇译:《深度契合与有限疏离:人民政协与协商民主的关联研究》,《中国政治》2010 年第 8 期。

76. 李军鹏:《70 年协商民主理论发展和制度创新》,《人民论坛》2019 年第 27 期。

77. 吴先宁:《协商民主程序原则研究》,《中国政协理论研究》2020 年第 1 期。

78. 胡颖:《技术与法律的博弈—网络空间治理之道探究》,《福建师范大学学报》2013 年第 3 期。

79. 赵宬斐,赖乐涵:《网络空间公共话语表达范式转向》,《教学与研究》2020 年第 10 期。

80. 王梅琳,李安增:《当代中国协商民主的推进机制:一个网络组织的视角》,《湖北行政学院学报》2017 年第 6 期。

81. 卢岚:《新时代网络意识形态的风险防范与实践逻辑》,《湖湘论坛》2021 年第 1 期。

82. 李紫娟,辛向阳:《网络意识形态风险的生成机理与系统应对——一个整体性分析框架》,《中共杭州市委党校学报》2020 年第 5 期。

83. 阿丽雅:《大数据时代人民政协开展网络议政远程协商的实践思考》,《内蒙古统战理论研究》2020 年第 1 期。

84. 范敏:《推进网络协商,打造智慧政协》,《中国政协》2019 年第 10 期。

85. 叶娟丽:《协商民主在中国:从理论走向实践》,《武汉大学学报(哲学社会科学版)》2013 年第 2 期。

86. 张健:《站在国家治理体系的格局中谋划政协工作》,《中国政协》2020 年第 1 期。

87. 杨卫敏:《人民政协统战团结功能新论:简析习近平对新时代人民政协理论的贡献》,《浙江社会科学》2018 年第 3 期。

88. 许耀桐:《新中国的国家治理和 70 年的发展》,《中国浦东干部学院学报》2019 年第 4 期。

89. 齐卫平:《政协党的组织体系与党的领导度建设——关于加强新时代人民政协党的建设工作的若干意见学习札记》,《中国政协理论研究》2019 年第 1 期。

90.《以党的建设高质量推动政协工作高质量发展——全省政协系统党的建设工作座谈会发言摘要》,《协商论坛》2018 年第 13 期。

91. 广东省政协:《以党建领航政协工作高质量发展:2019 年党建工作情况汇报》2019 年第 6 期。

92. 李源潮:《积极建设具有中国特色的社会主义政党制度——在省政协学习〈中共中央关于进一步加强中国共产党领导的多党合作和政治协商制度建设的意见〉座谈会上的讲话》,《江苏政协》2005 年第 6 期。

93. 王中汝:《推进人民政协党的组织和党的工作有效覆盖》,《中国党政干部论坛》2019 年第 6 期。

94. 陈立明:《新型政党制度与人民政协》,《上海市社会主义学院学报》2019 年第 5 期。

95. 冯铮:《创新机制加强政协建设——东城区政协试行〈关于政协委员履行职责的管理办法〉》,《北京观察》2008 年第 2 期。

96. 都江堰市政协党组:《抓好新时代基层政协党的建设工作的思考》,《先锋》2019 年第 4 期。

97. 文婧、刘之福、张爱明:《推进基层政协党的组织体系和队伍建设研究》,《长江论坛》2020 年第 3 期。

98. 佟文利:《发挥人民政协专门协商机构作用 推动国家治理体系和治理能力现代化建设》,《华兴时报》2020 年 1 月 8 日。

99. 吴杰华:《社会主义协商民主的政治文化构建》,河北师范大学博士学位论文 2013 年。

100. 吕慧燕:《中国社会主义协商民主的文化渊源研究》,吉林大学博士学位论文 2015 年。

101. 史博:《中西协商民主制度比较研究》,吉林大学博士学位论文 2017 年。

102. 马慧亮:《中国传统协商文化的历史演进及其价值研究》,辽宁大学硕士学位论文 2016 年。

103. 胡雪莲、洪晓龙、王锐:《培育适应时代需要的中国特色协商文化——以广东省政协在不同时期的不同举措为中心》,广东省人民政协内部资料 2020 年。

104. 杨竞业、肖莉:《新时代协商文化的培育与提升》,广东省人民政协内部资料 2020 年。

105. 亢升、张娟:《新时代中国特色协商文化的意蕴和培育进路》,广东省人民政协内部资料 2020 年。

106. 周淑真:《人民政协制度的历史演进》,人民网,2019 年 8 月 8 日。

107. 叶伟东:《发挥政协统战功能和专门协商机构作用探析》,2020 年 4 月 14 日 http://www.wzzx.gov.cn

后　记

协商民主是当代中国民主政治建设中重要的理论和实践课题。本书是在广东省人民政协理论研究会中共广东省委党校研究基地2019年—2023年度课题的研究基础上丰富拓展深化形成的阶段性成果，其中既有协商民主的基础理论研究，也有协商民主的实证研究。本书试图实现理论与实践、宏观与微观、中国风格与广东特色的紧密结合。

本书由中共广东省委党校校委委员伍俊斌教授、中共广东省委党校科学社会主义教研部主任郭丽兰教授担任主编，负责组织课题研究和全书修改统稿，由中共广东省委党校八位学者撰写。各章写作分工如下：第一章、第五章：詹扬扬（中共广东省委党校科学社会主义教研部副教授）；第二章：郭丽兰、孙馨团团（中共广东省委党校科学社会主义教研部教师）；第三章：李鹏（中共广东省委党校科学社会主义教研部教授）、郭丽兰、刘龑君（中共广东省委党校科学社会主义教研部副主任、副教授）；第四章、第十章：文小勇（中共广东省委党校科学社会主义教研部教授）；第六章、第七章：刘龑君、孙馨团团；第八章：尹胜（中共广东省委党校党史教研部副教授）；第九章：伍俊斌、于雅茹（中山大学马克思主义学院博士研究生）。

在课题研究和写作修改过程中得到广东省政协党组书记、主席林克庆，广东省政协党组成员、秘书长陈文明，广东省政协副秘书长洪晓龙，广东省政协办公厅研究室主任申长江，中共广东省委党校常务副校长张广宁，副校长潘向阳、尹德慈，校委林盛根、刘朋，广东省人民政协理论研究会广东省社会主义学院研究基地、中山大学研究基地、华南理工大学研究基地、广东财经大学研究基地等单位领导的鼎力支持。人民出版社李之美同志为本书出版付出了大量心血。谨在此一并表示诚挚的谢意!

本书从课题立项、社会调研、写作分工,到拟定提纲、书稿写作、修改定稿,历时近五年。这是广东省人民政协理论研究会中共广东省委党校研究基地阶段性成果的体现。本书尝试对当代中国特色社会主义协商民主的理论和实践作出初步探索,恳请学界同仁和读者朋友批评指正。

伍俊斌、郭丽兰

2023 年 10 月于广州黄华园

责任编辑:李之美

图书在版编目(CIP)数据

人民政协协商民主:理论与实践/伍俊斌,郭丽兰主编. —北京:
人民出版社,2024.2
ISBN 978-7-01-026302-1

Ⅰ.①人… Ⅱ.①伍…②郭… Ⅲ.①中国人民政治协商会议-民主协商-研究 Ⅳ.①D627

中国国家版本馆 CIP 数据核字(2024)第 012352 号

人民政协协商民主:理论与实践

RENMIN ZHENGXIE XIESHANG MINZHU LILUN YU SHIJIAN

伍俊斌 郭丽兰 主编

伍俊斌 郭丽兰 刘龑君 文小勇 李 鹏 詹扬扬 尹 胜 孙馨团团 著

人民出版社 出版发行

(100706 北京市东城区隆福寺街 99 号)

北京九州迅驰传媒文化有限公司印刷 新华书店经销

2024 年 2 月第 1 版 2024 年 2 月北京第 1 次印刷

开本:710 毫米×1000 毫米 1/16 印张:18

字数:250 千字

ISBN 978-7-01-026302-1 定价:78.00 元

邮购地址 100706 北京市东城区隆福寺街 99 号

人民东方图书销售中心 电话 (010)65250042 65289539